速　成　讀　本
A CRASH COURSE

印象派藝術

Impressionist Art

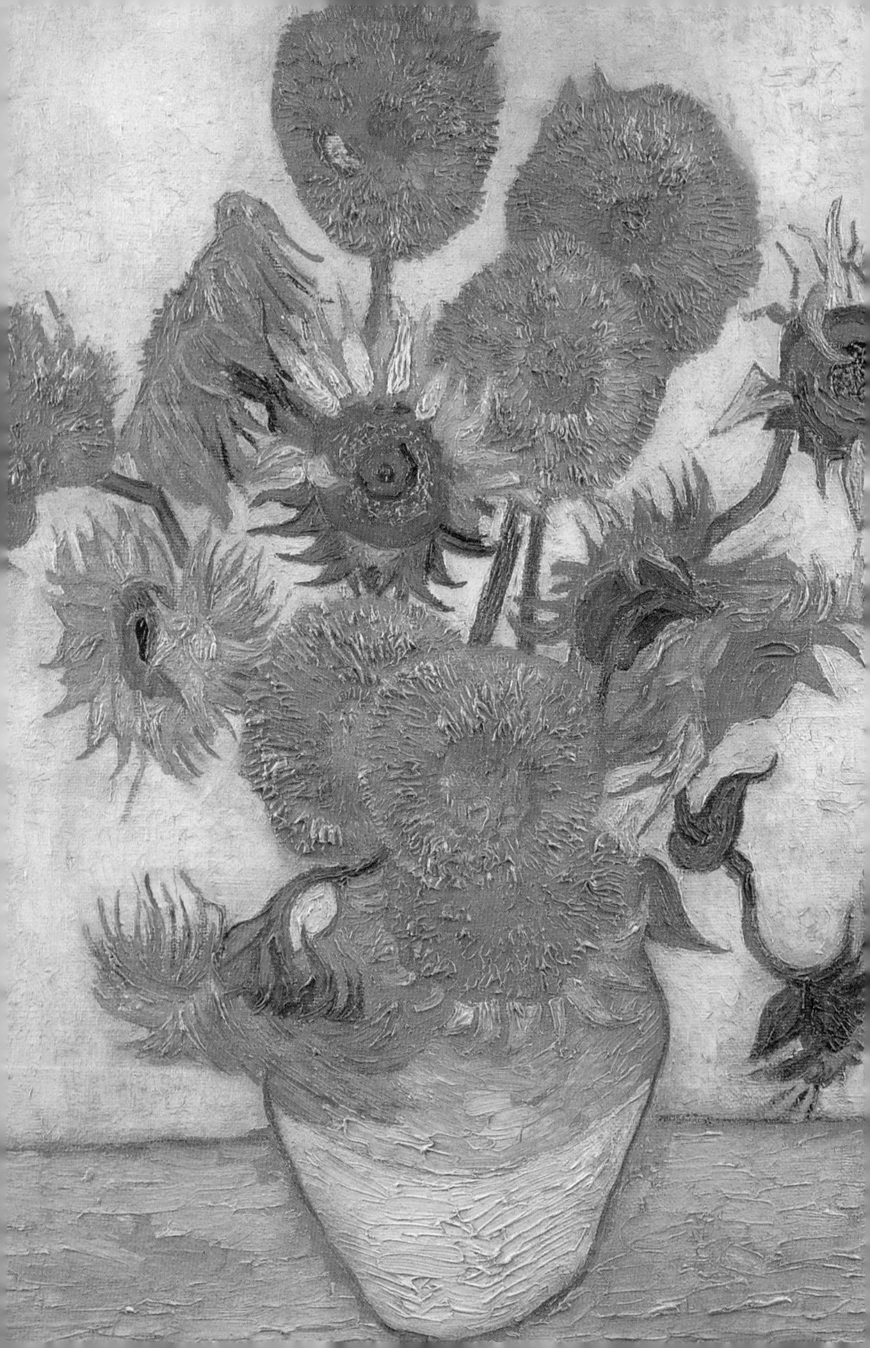

速 成 讀 本
A CRASH COURSE

印象派藝術

Impressionist Art

David Boyle
大衛·博伊爾 著　　賈月／劉松濤 譯

三聯書店(香港)有限公司

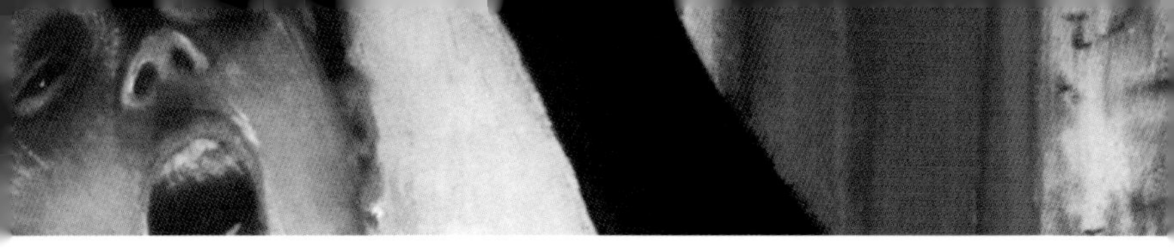

被拒之門外者
"落選者沙龍" 52

奇異的午餐
草地上的野餐 54

咖啡和苦艾酒
巴蒂哥諾勒斯大街和蓋爾波瓦咖啡館 56

腳踝的魔力
德加 58

花瓣的力量
摩里索 60

美麗的浴女
青蛙潭畔的莫奈和雷諾阿 62

野蠻的外族人
普法戰爭 64

畫商之死
迪朗—呂埃爾 66

第一印象
1874年畫展 68

殘酷的收割者
印象派作家 70

麻木不仁者
喝苦艾酒的人 72

爭論不休的畫匠
另外七次畫展 74

餓死在閣樓
玩世不恭與頹廢主義 76

糾結的形體
加萊特磨坊的舞會 78

煙靄茫茫
聖拉查爾火車站 80

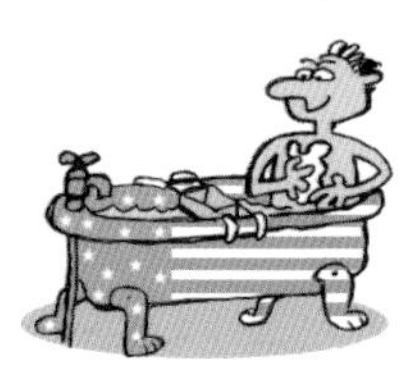

顏料罐
羅斯金 vs. 惠斯勒 82

與美國的聯繫
卡薩特 84

香汗淋漓
明星 86

搖搖擺擺的桌子
高腳果盤上的靜物 88

朦朧的野餐
遊船上的午餐 90

將點點連結起來
修拉和點彩畫法 92

歸來吧，拉斐爾，一切都過去了
雷諾阿的意大利之行 94

都市風情
費里—貝熱爾酒吧 96

投奔點彩派
畢沙羅的新印象主義時期 98

本性的回歸
高更與綜合主義 100

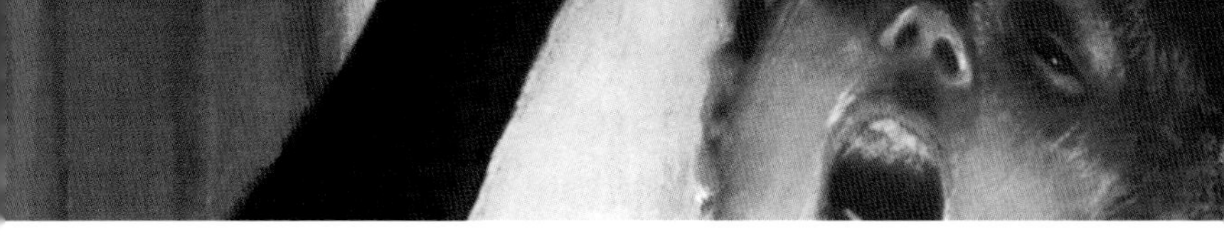

零碎的人體
羅丹 102

色彩絢麗的音符
印象派音樂 104

瘋狂、有害而又危險的領域
後印象主義 106

室內印象派藝術家
西客爾特和卡姆登城派 108

油彩的宣言
修拉的星期天下午 110

借我你的耳朵
梵高 112

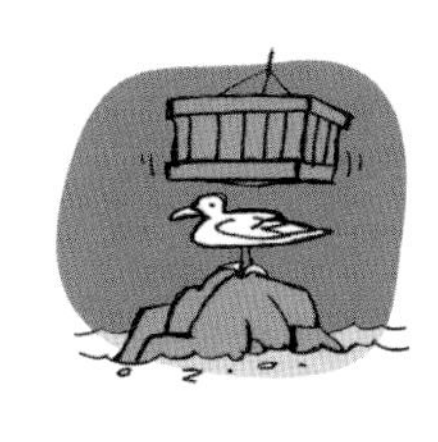

舉世皆揮毫
走向世界的印象主義 114

舞台喋血
契訶夫和印象派戲劇 116

海報畫家
圖盧茲—羅特列克 118

在乾草堆中尋找教堂
莫奈的系列畫 120

第二代
勃納爾和維亞爾 122

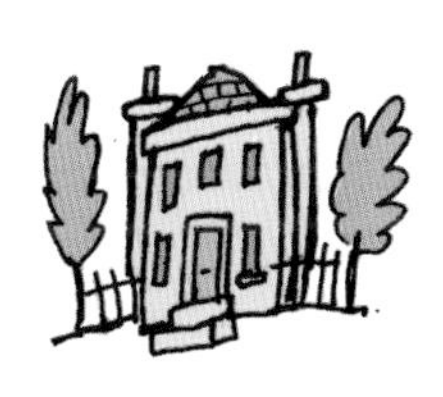

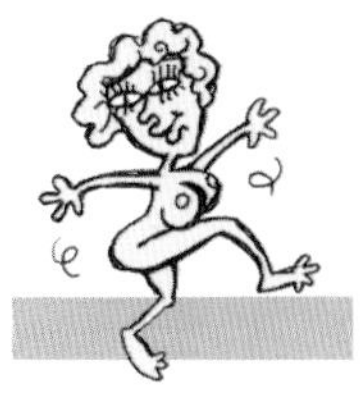

世紀末的頽廢
新藝術運動與唯美主義 124

電影工業
愛迪生、呂米埃以及電影 126

潮濕與藍色
睡蓮 128

霧、裸體和睡蓮葉
老去的印象派藝術家 130

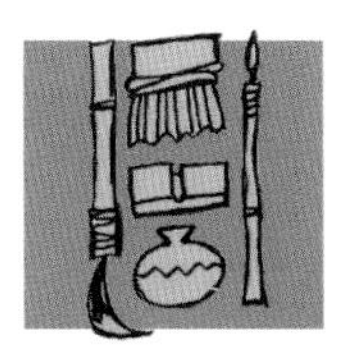

挪去場景
抽象印象主義 132

相對的陰莖妒忌
愛因斯坦、弗洛伊德以及印象派遺產 134

狂熱的拍賣
印象派畫家身後的榮顯 136

印象派作品導航 138

藝術流派速讀篇 140

索引 142

照片來源 144

概述

1876年，在第二屆印象派作品展期間，《費加羅報》的藝評家這樣寫道：“五、六個失意的畫匠，包括一個女人，他們每個人都為變態的野心所困擾，卻聚在一起展示他們的作品。”雖然他們希望給人以“印象派”的第一印象，但公眾卻幾乎不為所動。

“他們將那些粗野的玩意兒公之於眾，卻絲毫不顧忌這樣的展覽可能造成的惡劣後果。”《費加羅報》繼續評論道，“昨天，一個年輕人剛離開展覽會就被拘留了，因為他在勒佩爾蒂埃街上咬傷了路人。”

在那個年代，

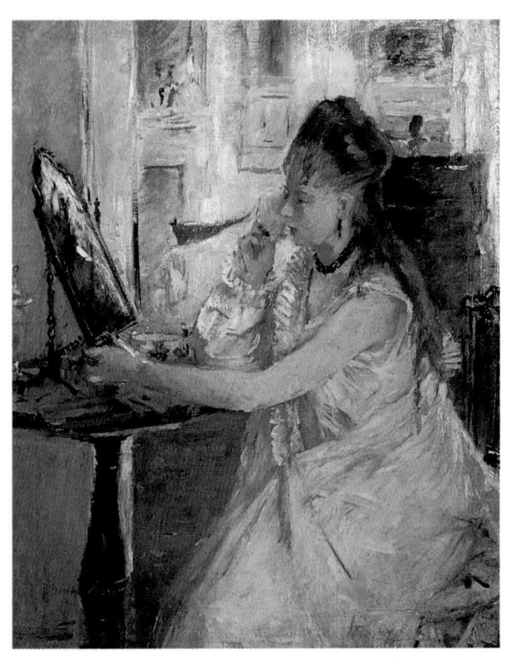

摩里索（Berthe Morisot）：《擦粉的年輕女郎》（Young Girl Powdering her Face, 1877）：並非所有印象派畫家都以風景為主題。

大事記

在大事記中加入了相關年代的更多信息，因為藝術家與當代的運動經常是交疊的。列表中包括了藝術家所處時代發生的重大事件、發明和發現，用以勾勒出他們所處時代的面貌。

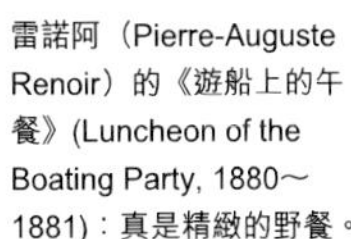

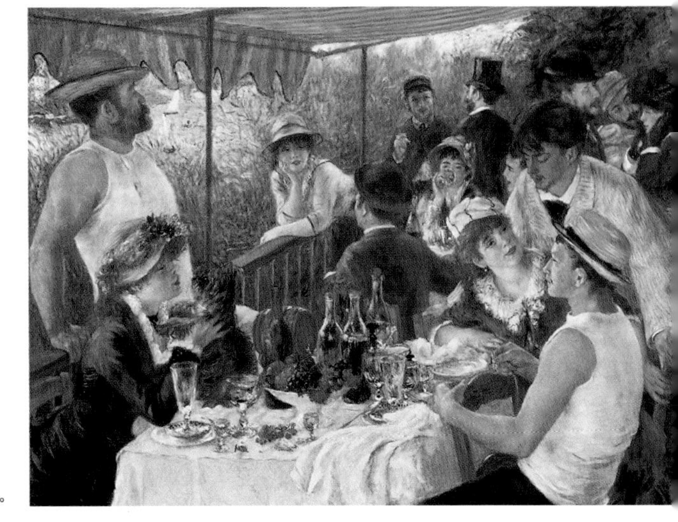

雷諾阿（Pierre-Auguste Renoir）的《遊船上的午餐》(Luncheon of the Boating Party, 1880～1881)：真是精緻的野餐。

印象派藝術家的作品可能太具革命性，以至於非難他們也並不牽強：它們驅使公眾瘋狂、恐嚇戰敵，還導致婦女流產。然而，用一個多世紀以後的眼光去看待他們的作品，卻難以理解當時的情緒。當我們在今天欣賞莫奈、雷諾阿以及德加的作品時，無論如何也很難想像它們在當時被認為是危險的並引起了恐慌。

正如當時的公眾所認為的：印象派畫家們決意去表現他們所見，原原本本地描繪當時的日常生活，並且將作品繪畫得彷

技法

關於新材料和新技術的權威性知識，這些方法有助於印象派畫家創造特殊效果，並改變傳統繪畫的用色方法。

畫框中的名字

介紹擁有同樣風格或同樣創作主題的其他藝術家、作家、戲劇家或音樂家。他們雖然是背景人物，但是也相當重要。

佛“未完成”一樣，正是這些使當時的人們感到震驚，因為從沒有過這樣創作的畫家。他們認為印象派是懶散的，更糟糕的是，他們認為印象派極端地不道德。他們竟然對着妓女作畫（當然在許多情況下，他們並沒有這麼做），就好像這些畫家們完全沒有道德觀念。

二十多年的時間，才使得人們對這些印象派先鋒當時嘗試的作法稍稍理解了一些。而自從人們開始去理解，他們就再沒有動搖過對印象派畫家的欽佩之情。現在，那些著名的作品，例如莫奈的《睡蓮》和雷諾阿的《雨傘》都已成為經典。所到之處，我們都可以看到它們。

莫奈(Claude Monet) 的《睡蓮》（The Waterlily Pool, 1904）：初窺莫奈的睡蓮系列作品。

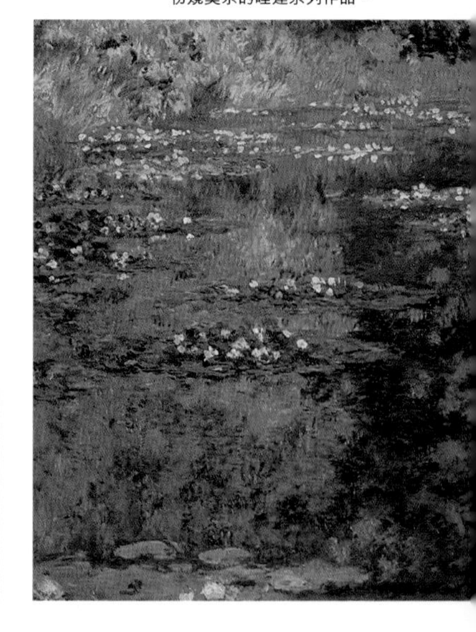

如何閱讀本書

每兩頁一面，以一位藝術家或者一個有共同之處的藝術家群體為主題，故事基本上按照年代排序。每一面都有一些共同特徵。你很快就會明白，不過你也可以查找第8～11頁的欄內文字介紹，從中獲得更多的信息。

本書將帶領你更貼近地了解當時為數不多的幾個特別的藝術家，以及他們奇異的喜好（從棄用他們調色板中的黑白兩色，到堅持到戶外日曬雨淋地作畫）和內心的矛盾。他們是浪漫主義者，還是現實主義者？他們是否在描繪真實的事物？還是像莫奈所說，僅僅是在描繪虛無？究竟是什麼，使那些1860年代和1870年代間的巴黎藝術家突然之間獲得了靈感？而又是什麼，永遠地改變了繪畫，並使藝術迸發出20世紀瑰麗多彩的表現形式？

德加(Edgar Degas) 的《十四歲的小舞者》（The Little Dancer of 14 Years, 1879～1881）：是浪漫主義還是現實主義？為什麼他總是追隨着芭蕾舞者呢？

花絮
更多關於傳聞逸事、引文和閒談的小片段，使故事的全貌得以呈現。

關於這些問題，你可能在這本書中找不到確定的答案，但你將從中獲得足夠的資料以形成良好的初步印象。

大衛·博伊爾

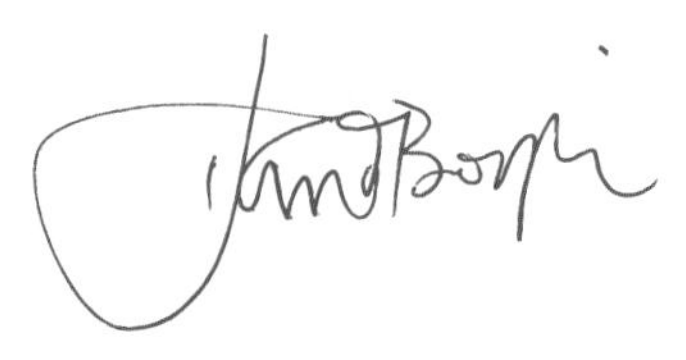

1757年
本傑明·富蘭克林（Benjamin Franklin）的《悲慘理查德的年曆》的最終版本面世，該書的主旨是一句經典格言："早睡早起，身強腦健，財源不斷。"

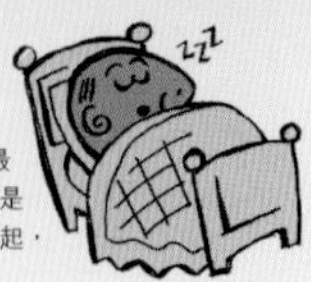

1762年
"高尚的蠻族"理論的創建者讓·雅克·盧梭宣稱"人是生而自由的，但卻無往不在枷鎖之中。"

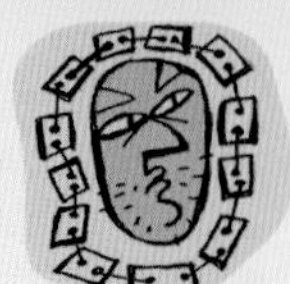

1776年
托馬斯·傑斐遜（Thomas Jefferson）起草了《美國獨立宣言》的初稿，"意欲表達美國的心聲。"

1755年～1870年
愛情與死亡
浪漫主義運動

想想看，在18世紀下半葉的某個時候，一個鬱悶的人清晨醒來，心中充滿了對父輩習俗的反感。那些假髮，那些中規中矩、理性理智的看法還有那些自命不凡的風趣機智！唉，他們對不解之謎、命運和榮譽的認識又在哪裡呢？難道他們不明白，在癡迷和激情的主宰下，我們會還原在外表之下的動物本色？

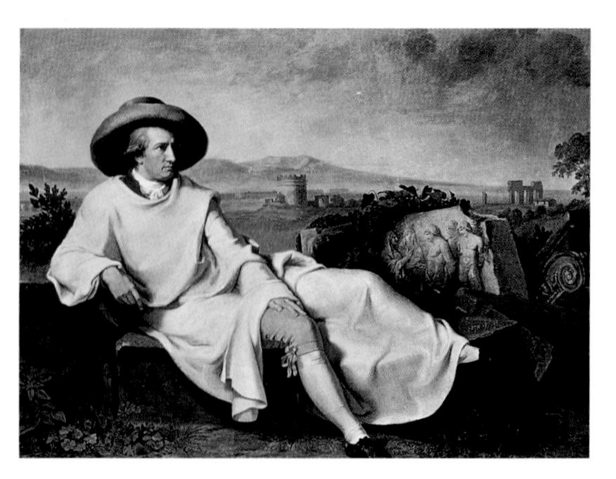

歌德在蒂施拜恩（Johann Heinrich Wilhelm Tischbein）於1787年為他所畫的肖像中採用了與古典主義背景相抵觸的浪漫主義姿勢。

所謂的浪漫主義運動就是這樣開始的。它無本無源，但瞬息之間就席捲了從平民到皇室的整個世界。

當然，浪漫主義的先鋒們實際上是在閱讀德國大師歌德（Johann Wolfgang Von Goethe,1749～1832）的詩歌或者湯姆·潘恩（Tom Paine）的政治作品的過程中覺醒的，一種奇異的躁動感和可能性逐漸地成熟了。

這一代人或投身於巴士底獄的暴動，或誦讀着浪漫主義詩歌中的革命作品：威廉·華茲華斯（William Wordsworth, 1770～1850）與薩繆爾·泰勒·柯爾律治（Samuel Taylor Coleridge, 1772～1834）合著的《抒情歌謠集》（Lyrical Ballads, 1798）。不然就是在拜倫勳爵（Lord Byron, 1788～1824）的作品中享受着極樂之旅和性的發掘。華茲華斯在法國大革命爆發時寫道："它是福音，因為黎明將至，它是天堂之於青年"，這正是浪漫主義的精髓。

"浪漫主義"是18世紀出現的一個英語詞彙，主要指中世紀式的浪漫。但是，浪

1798年
拿破侖入侵埃及，但旋即被英國軍隊驅逐出境。

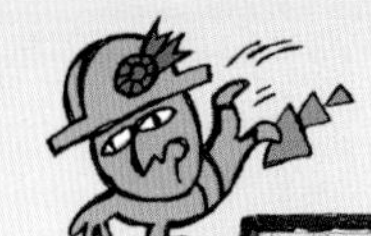

1843年
在狄更斯的小説《聖誕歡歌》中，斯克魯奇飽受着過去、現在和未來聖誕幽靈的困擾。

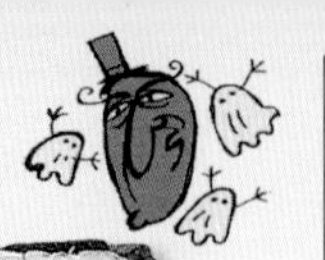

1870年
在將近兩千年之後，羅馬重新成為統一後的意大利的首都。

漫主義運動的理念是在法國得以確立的，這要歸功於曾經做過雕刻工學徒、音樂教師和小説家的盧梭（Jean Jacques Rousseau, 1712～1778）。盧梭認為自然狀態下的人遠比那些造作地漫步於巴黎街頭的過度文明的人優越得多。不過，鑑於他一直生活在歐洲各國的首都城市，我們只能認為他並不在乎自己的人緣如何。

畫框中的名字

法國的浪漫主義畫家們早已鎖定了拿破侖，他們從 ***大衛*** *（Jacques-Louis David, 1748～1825）的戰爭作品中獲得靈感，而他們的熱情在* ***席里柯*** *（Théodore Géricault, 1791～1824）展現人類苦難的系列畫作中達到了頂峰。畢竟，苦難與光榮同樣浪漫。席里柯最為著名的作品《梅杜薩之筏》（Raft of the Medusa, 1818～19）描繪了不幸遇難的艦艇上的倖存者在死亡邊緣掙扎的不同階段，作品得到了公眾的喜愛。*

當法國擁有了革命前的一個卑微的科西嘉軍官——拿破侖·波拿巴（Napoleon Bonaparte, 1769～1821）作為浪漫主義英雄原型的時候，文學和藝術就更為狂熱和情緒化了。這些似乎離印象派畫家尚有距離，但是浪漫主義所帶來的是激情，是對風景、戶外生活、田間勞作的普通人民的激情——最為重要的理念是，所謂"文明"人的見識並不是真實的。正是這些在觀察真實事物並且在繪畫時表現其本來面目——即"印象"時出現的困擾，才使印象派先鋒們在數十年後脱穎而出。

思與感

盧梭宣稱，我們應當尊重那些與本能和激情相聯的"高貴的蠻族"。這一點着意衝擊着另一位法國哲學家笛卡爾（René Descartes, 1596～1650）為陳舊的古典主義時代創造的格言——"我思故我在"。正如盧梭所言，在浪漫主義周圍是另一種方式："感而後思"。

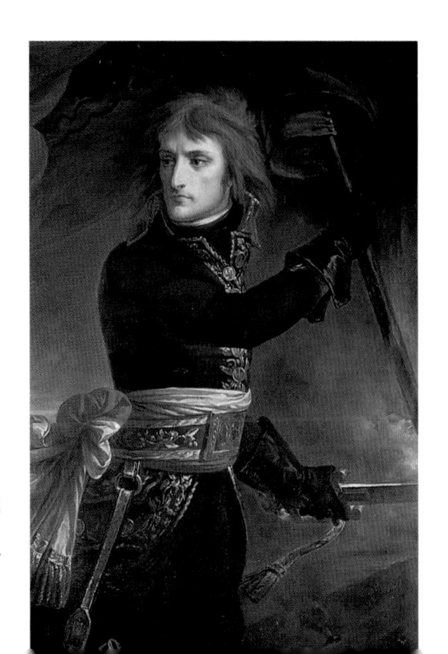

浪漫主義英雄拿破侖·波拿巴指揮對奧地利作戰。讓·安瑞·格羅（Antoine-Jean Gros）於1791年作。

1768年～1771年
詹姆斯·庫克船長實現了環繞新西蘭航行，證明新西蘭是一個島嶼。

1775年
印度南部的馬拉塔王子開始了對抗英國殖民者的第一次戰爭。

1784年
發明了內含球形小彈片的榴霰彈殼。它們可以在敵軍附近由定時信管引爆，並高速散射出大量彈片。

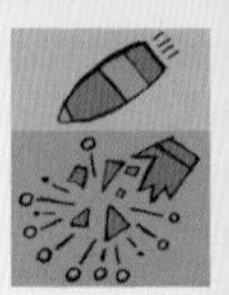

1776年～1828年

模糊的殘暴

戈雅

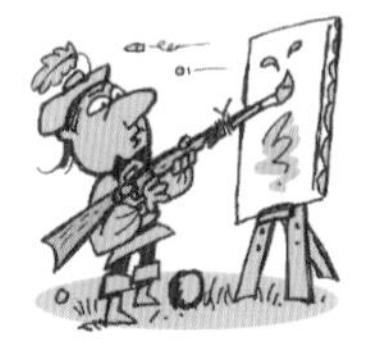

戈雅不同尋常的職業選擇

如果你為印象派追本遡源時走得過遠，你會發現自己已經越過文藝復興，回到了繪畫藝術的源頭，一直到洞穴壁畫。不過在某個時期，浪漫主義運動和現實主義似乎在西班牙畫家戈雅（Francisco Goya, 1746～1828）的作品中實現了第一次交匯。戈雅的職業生涯充滿混亂和波折：他經歷了半島戰爭的恐怖，後來又現身馬德里，成為一名宮廷畫師。但是，在他暮年流離於巴黎的生活中，你可以看到印象主義的最初痕迹。

夢魘！

正如馬奈和後來的印象派畫家一樣，戈雅結合了浪漫主義和恐怖的現實主義。他著名的夢魘般的“黑色”作品代表了一種全新的藝術形式：他主張表現出自己內心最深處的思想。半個世紀後，印象派畫家們將宣布戈雅的作品是他們的重要先鋒。

看看他的這兩幅作品：現保存於馬德里普拉多博物館的《1808年5月2日》（Second of May 1808）和《1808年5月3日》（Third of May 1808）。這並不是他所謂的“黑色繪畫”、夢魘般的怪獸、或者關於戰爭的強有力的野獸派作品。他同時為雙方作畫的奇特方式也不屬於以上風格。他同時為波旁王朝和自由主義者工作；他在教堂裡畫濕壁畫，同時也對天主教的暴行

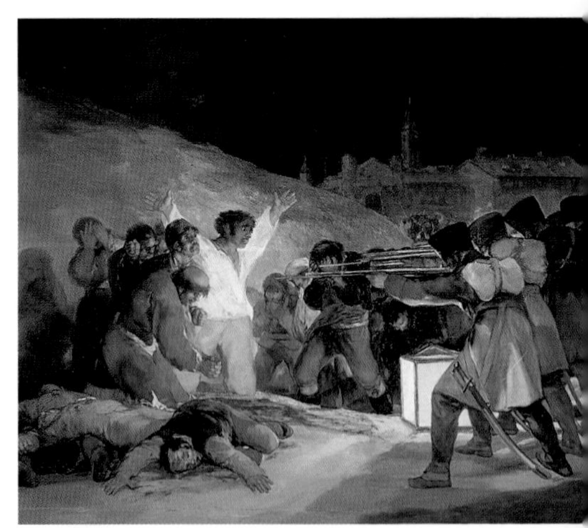

戈雅的《1808年5月3日》（作於1814年）：試與第65頁上馬奈關於同一場景的作品相比較。

1793年
路易十四和瑪麗·安托瓦內特在法國革命的狂熱中被斬首。

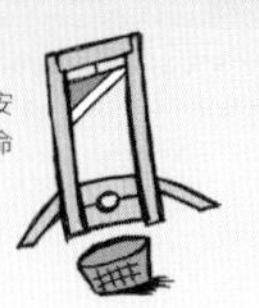

1803年
法國以1500萬美元的價格將路易斯安那州出售給美國。有傳言説，法國希望擺脱掉該州，因為那裡的人民太過桀驁不馴。

1821年～1824年
濟慈在羅馬死於結核病；1822年雪萊在斯培西亞海灣溺亡；1824年拜倫勳爵在與希臘的民族主義者的戰鬥中患熱病去世。

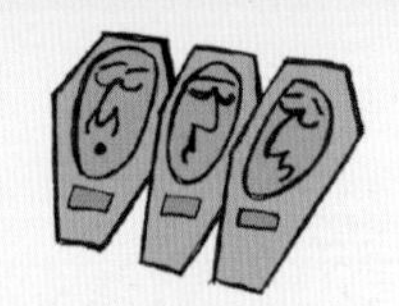

進行攻擊。但是，他那明亮的色彩和革命性的煙霧般的視覺效果使他成為比馬奈（Manet）早半個世紀的印象派先鋒（參見第40頁）。

他的作品還有其他可取之處。他在馬德里的聖·安東尼奧·佛羅里達教堂的塔樓裡創作的壁畫就是一例。他使用海綿作畫，這是一種將顏料塗擦上去的技巧。而且戈雅也是最早開始嘗試以不同於傳統的繪畫方式完全忠實地描繪瞬間的藝術家之一。他關於兒童嬉戲的作品生動地描繪了瞬間，在多年以後雷諾阿開始創作他的遊園會情景作品（參見第78頁）之前，前所未見。總之，你可以從他的作品中參詳出這一點。

為什麼在戈雅堅持如實反映被畫物體的原貌進行創作時，西班牙的波旁皇室還一直請戈雅為他們作畫呢？在流傳後世的畫像中，他們的模樣有如殘忍的屠夫，還帶着令人厭惡的癡呆表情。在臉龐下面，戈雅僅突出了閃亮的金質織物和勳章，而並沒有忠實地記錄服飾的細節。這種做法還沒有先例。

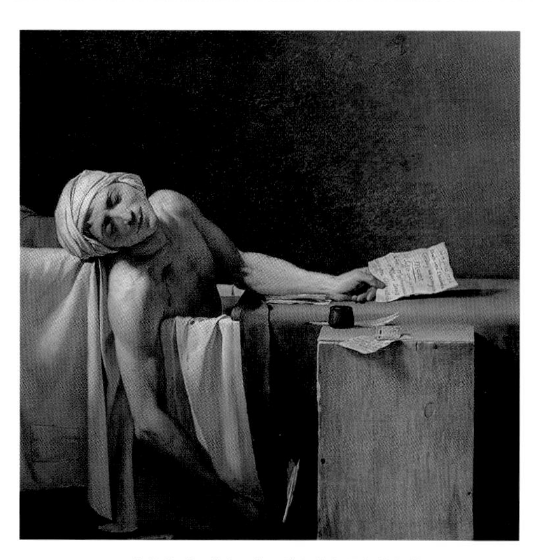

大衛的《馬拉之死》：動人的浪漫主義姿勢。
作於馬拉被夏綠蒂·柯爾黛利刺殺後不久。

畫框中的名字

在戈雅所處的時代，舊時代的衛道士仍然沿用傳統的新古典主義方式作畫，但即使是他們也嘗試着以一種浪漫主義的方式這樣做。與戈雅同時期的法國的 **大衛** *（參見第13頁）是一位幾乎以法國革命為全部作品題材的畫家。在他的作品《馬拉之死》（The Death of Marat, 1793）中，除了那位革命領導者被謀殺在浴缸中的高貴的軀體以外，幾乎省略了一切細節，只留下斑駁的血迹供人鑑賞。該作品一絲不苟，充分地表現了“非印象主義”的風格。*

1804年
布萊克（William Blake）創作了《耶路撒冷》一詩；這首詩在第一次世界大戰時被譜為一支愛國歌曲。

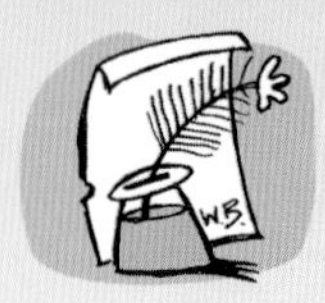

1815年
拿破侖在滑鐵盧之役失利後被放逐到聖·海倫娜島；也許他應當遵從自己的格言，即不能過於頻繁地對同一個敵人作戰，否則他們會窺察到你的戰略。

1829年
羅伯特·皮爾（Robert Peel）在倫敦創建了城市警察。這些英國警察的全副裝備只有一頂高帽和一根警棍。

1803年～1837年

乾草車

康斯太勃

純粹的鄉野

與英國浪漫主義運動的眾多畫家一樣，康斯太勃也從湖區得到了許多靈感。1806年，當他到達那裡的時候，與他同時代的華茲華斯（參見第12頁）正在格拉斯米爾的一個小村裡奮筆疾書。但是他最為擅長的還是純粹的風景。提到薩克福的鄉野時，他說，"這些景致讓我成為了一名畫家"。正是這些，再加上對17世紀荷蘭風景畫長期艱苦的學習，使他踏上了成名之路。他的繪畫習作中的印象主義風格甚至更為濃厚：參見他的《樹幹的習作》（Study of Tree Trunks,1821），現收藏於倫敦的維多利亞·埃伯特博物館。

無論你是否相信，印象派其實植根於英國的郊野鄉村；但是毫無疑問，英國的風景畫家康斯太勃（John Constable, 1776～1837）是印象派的先驅之一。現在，在世界各地的海報、擦盤巾和餅乾罐上都能看到他那由池塘和原野組成的田園詩般的作品。

1824年，當康斯太勃著名的《乾草車》（The Hay-wain, 1821）在巴黎的沙龍裡第一次展出時，他已經在英吉利海峽兩岸愉快地度過了二十多年繪畫生涯。這幅作品看來似乎不過是一個農民莫名地選擇了在清淺的溪水中趕車，而棄道路於不顧；但畫中明亮的色彩和廣闊的天空卻轟動了法國藝壇。康斯太勃曾經受到法國風景畫家普桑和洛林（Claude Lorraine, 1600～1682）的影響，這也許正是其中淵源所在。

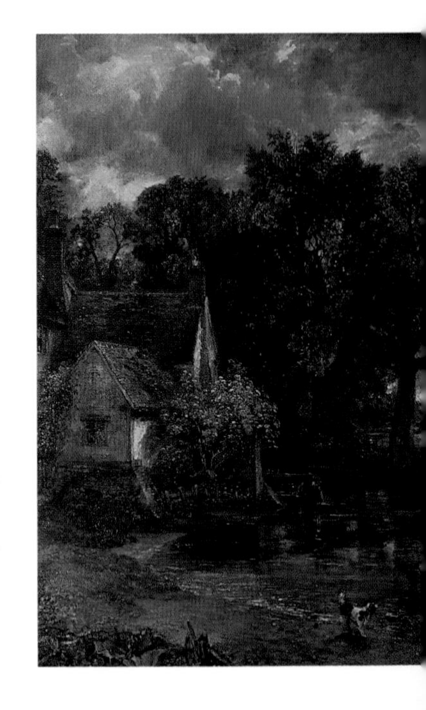

1830年
埃德溫·巴丁（Edwin Budding）在英格蘭的伊普斯威奇發明了割草機。

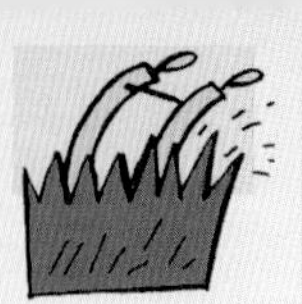

1834年
英國國會大廈焚毀，查理·巴里（Charles Barry）在比賽中贏得了新建築的設計權。

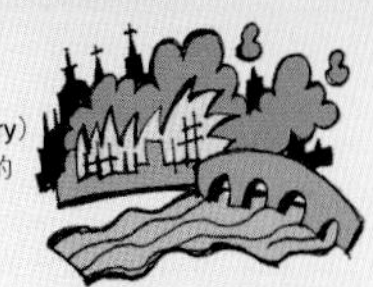

1836年
布爾人不堪忍受文明的英國人對待非洲黑人的政策，開始了從好望角到南非內陸的“大遷徙”。

英國的印刷品和旅行書籍當時在法國十分流行，但康斯太勃卻是匠心獨運。不久，人們發現他筆下的植物之所以如此生動，原因在於他並不是只畫草地在一種光線之下的陰影。他在相互分離的綠色陰影處勾勒了許多小筆觸，這樣才成就了我們眼前的田園風光。

但是，我們看到的真實景象並不與我們在想像中的事物一致——這也正是印象主義的精髓。在現實世界中有許多的色彩和印象，有明有暗，有光有影——這就是意大利文藝復興先驅們所謂的“明暗對照法”。在畫布上捕捉到這些實屬不易。“自然界中的露水、清風、花朵和新鮮氣息中的明暗對照，不同於世界上任何一位畫家在畫布上創作的完美作品。”康斯太勃如是說。

英國畫家在法國大出風頭，這並不多見；但康斯太勃的觀點卻使法國的思想家和藝術家們折服。他經常說，“記住，光和影永遠不是靜止的。”如果真是這樣的話，你又怎麼能夠以一成不變的定義去描繪事物呢？

畫框中的名字

在法國美術學院中，一場對17世紀偉大畫家的論戰已經劃清了戰線。這就是色彩和構圖之爭。魯本斯主義者師從佛蘭德畫家 **魯本斯**（*Peter Paul Rubens, 1577～1640*）*，認為色彩是表現現實最為重要的手段。康斯太勃的偶像* **普桑**（*Nicolas Poussin, 1594～1665*）*及其追隨者——普桑主義者則認為素描更為重要。印象派畫家與魯本斯主義者觀點一致，不過他們也從康斯太勃那裡得到了關於色彩的靈感。*

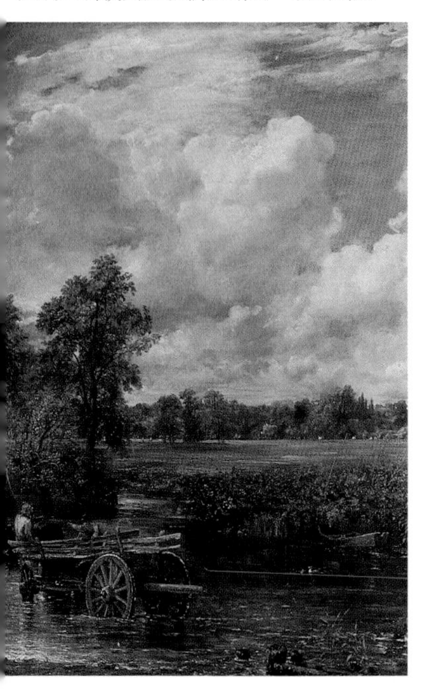

康斯太勃的《乾草車》（1821）能否稱得上第一幅印象派作品？它無疑引起了英吉利海峽兩岸的思考。

1819年
托馬斯·斯坦福德·萊弗士爵士發現了新加坡城。1886年，為紀念他而修建的一家著名飯店在當地開業。

1825年
俄國一些被稱為"十二月黨人"的政客發動兵變，要求建立君主立憲制度；後來，他們中的絕大多數被處決。

1836年
愛默生(Ralph Waldo Emerson)在《自然》一文中闡述了他的先驗主義哲學，並認為："沒有什麼事物邪惡到連雪亮的光線也不能使其變得美麗。"

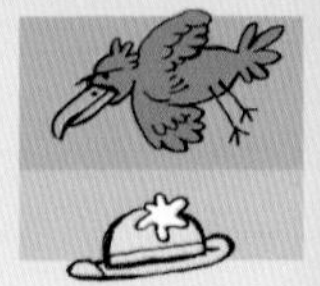

1819年～1863年

血與鐵

德拉克羅瓦和透納

技法

德拉克羅瓦的調色板中沒有暗紅色和棕色一類表現土地陰影的顏料，他喜歡使用純粹的未經混合過的色彩。他選擇其他顏色來替代將色彩與黑色混和用作陰影的做法。他將所有色彩與白色混合以將光線引入作品中，儘管現在看來這不足為奇，但在當時確實是一種創舉。

問題是：浪漫主義並非只有一種。有一種流派觀察自然並且將其恬淡地表現出來，但另外一種就要危險得多。在19世紀中葉以前，後者湧現出了更多的代表人物，而這些人物也極富熱情。這些都是加里波第（Giuseppe Garibaldi, 1807～1882）式的革命者，他們或者希望復興偉大的民族主義，如拿破侖；或者希望建立新的國家，如奧登·馮·俾斯麥（Otto von Bismarck, 1815～1898；其座右銘正是"血與鐵"）。浪漫主義可以用於非常軍事化的目的。

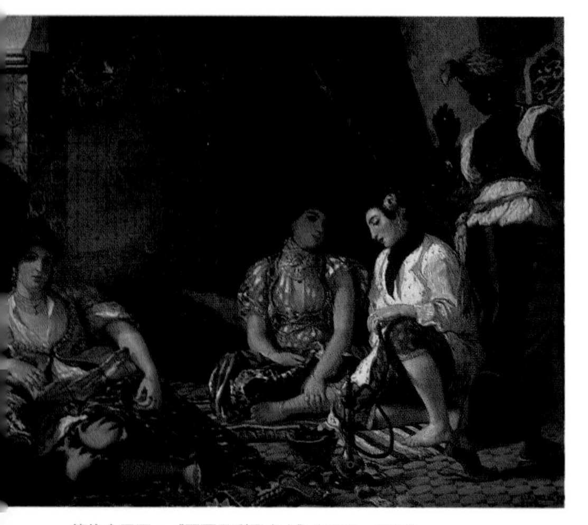

德拉克羅瓦：《阿爾及利亞女人》(1833～1834)。他的作品經常充滿了色彩、密謀和浪漫。她們在談些什麼呢？

偉大的法國浪漫主義畫家德拉克羅瓦（Eugène Delacroix, 1798～1863）兼有二者特點。他不願拘泥於對古羅馬和古希臘的平淡研究，而更加傾向於利用色彩和想像，以清晰的線條仔細描繪。但是，在1882年他尋找比傳統裸體姿勢更為有趣的繪畫題材的過程中，他匆匆趕赴北非，並且沉浸在阿拉伯生活的色彩和激情之中。德拉克羅瓦的畫布上充滿了火熱的瞬間、戰馬、旋轉的人物，還有彩色的長袍。你可以在當地的美術館裡看到他作品中體現的這次色彩的革命。

法國的藝術團體對此深惡痛絕。他們不

1842年
由柯克帕特里克．麥克米倫設計的新式雙輪自行車在一次與郵政馬車的比賽中獲勝。

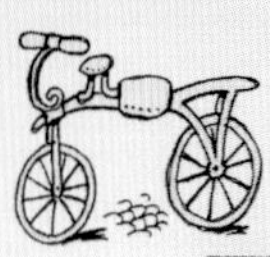

1861年
莫里斯(William Morris)與羅賽蒂(Rossetti)和伯恩．瓊斯(Burne-Jones)一起成立了一家裝飾公司，承做彩色玻璃、地毯、雕刻和金屬製品。

1863年
世界上的第一條地下鐵路在倫敦建成通車。他們的下一個計劃又是什麼呢？

能饒恕德拉克羅瓦對經典傳統的背叛，更加無法忍受年輕的畫家們對他的種種讚美之詞。在以後的二十五年間，他們拒絕將他選入神聖的學院，並且竭力將他的作品拒之於沙龍門外（在沙龍上展出作品是一個法國藝術家成就的巔峰）。儘管面對種種敵意，在康斯太勃的風景畫初到巴黎時，德拉克羅瓦仍然是第一個讚美這些作品的藝術家（參見第16頁）。

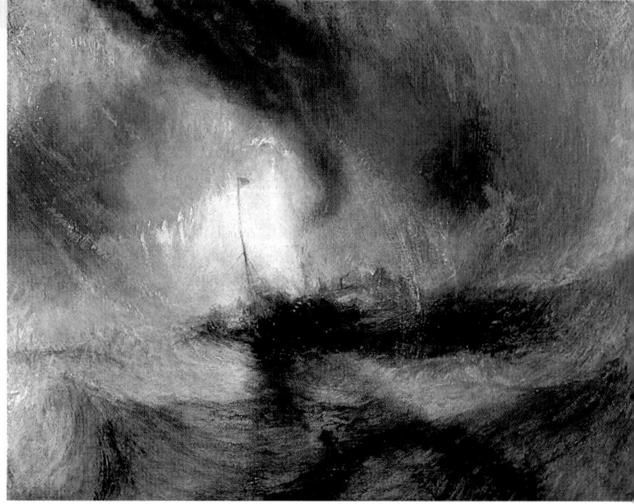

透納的《暴風雪中的蒸汽船》（1842）：另一位在印象派畫家們執起畫筆之前去世的畫家的印象主義先驅之作。

所有的印象派作家都受到了德拉克羅瓦的影響——當然並不是阿拉伯和馬匹，而是他那完美而鮮明的色彩。"如果筆觸與筆觸之間實際上並沒有融合也沒有關係"，他寫道，"由於筆觸中蘊涵的感情因素，他們會在適當的距離裡自然地融合在一起。此時色彩也就被賦予了能量和生命。"在他的畫作《阿爾及利亞女人》中，他沒有使用灰色油彩，而是通過紅色和綠色色塊的交融製造了灰調的效果。莫奈和巴齊耶（Bazille）在德拉克羅瓦去世以前，曾在他們公寓樓下的街上看到他在作畫，他們關於印象主義的最初概念也許就是在那時形成的。

畫框中的名字

*德拉克羅瓦的英國同道是一個修道院園丁的兒子——**透納**（J. M. W. Turner, 1775～1851）。透納嘗試了彩色的光線，即康斯太勃所謂的"着色的水蒸氣"。他的作品表現了湮沒於自然力量之中的機器——參見他的非凡之作《暴風雪中的蒸汽船》（Steamer in a Snowstorm, 1842），它比起先前所有的作品都具有更為濃厚的印象主義色彩。他的風景畫突出了光線，但是藝術界對這些作品的鄙夷不亞於德拉克羅瓦的作品："不值一哂，而且簡直是一丘之貉"，這是一位藝評家的言辭。*

1827年
新奧爾良首次慶祝四旬齋前的狂歡節（Mardi Gras），這一傳統延續至今。

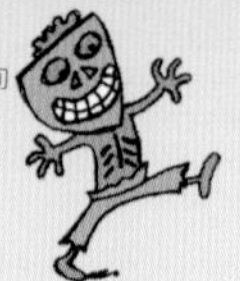

1840年
英國從南美洲進口海鳥糞便，用來使土壤更加肥沃。

1849年
日本浮世繪畫家葛飾北齋去世，享年89歲。他在職業生涯中更換過三十三次筆名，每次都將舊名送給一名學生。

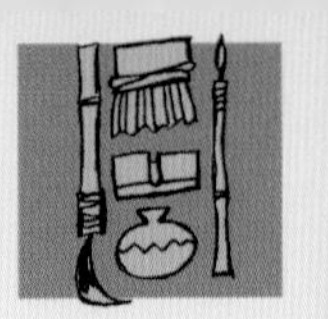

1827年～1875年
農民的反抗
柯羅和巴比松畫派

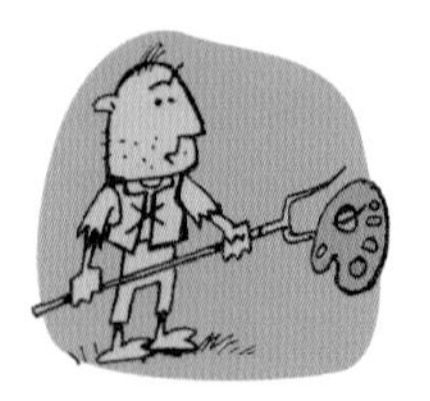

觀察他人工作的樂趣

1848年，正是所謂的“革命年代”，整個歐洲的政治形勢如火如荼。一批法國畫家避世離群，希望在楓丹白露森林裡的巴比松村尋找一片淨土。在米勒（Jean François Millet, 1814～1875）的領導下，他們以各自的方式追隨 康斯太勃（參見第16～17頁）的風格，並且開始以當地的村民作為作品的主題。

如果回到勃魯蓋爾（Pieter Brueghel, 約1525～1569）的時代，農民總是作為作品中輕鬆滑稽的因素；不過巴比松畫派的藝術家在畫作中看待農民的方式卻截然不同。他們希望儘可能真實地反映現實生活的原貌——正是這一點使他們與眾不同——並且在戶外完成這一工作。不久，米勒、羅梭（Theodore Rousseau, 1812～1867）和杜比尼（Charles Daubingy, 1817～1878）等畫家就開始忙於描繪鄉野風光和村居生活。參見米勒的作品《拾穗》（The Gleaners, 1857）：它並沒有通過收穫者身上特殊的或者具有英雄主義的氣質來表現浪漫主義，但是它又確實是浪漫主義的，因為她們如此的田園化、如此的平常而又真實。

一如往常，藝術權威們對此並不欣賞。“這是民主黨人的作品”，巴黎的美術領袖考特．紐文柯克認為，“又是一個連畫布都不換的畫

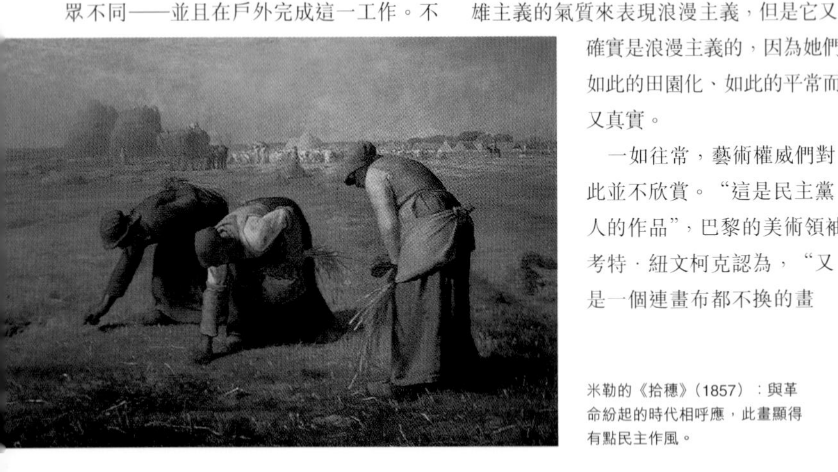

米勒的《拾穗》（1857）：與革命紛起的時代相呼應，此畫顯得有點民主作風。

1858年
瑪麗·安·伊文思以喬治·艾略特(George Eliot)為筆名發表了她的第一篇小說。後來她一直使用這一筆名。

1869年
蘇彝士運河通航，將歐洲和印度之間的海路縮短了4,000英里(6,440公里)。

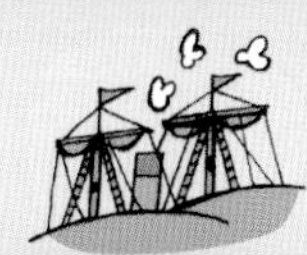

1875年
一種剝玉米粒的機器問世，使這種農作物能夠通過罐裝廣泛流通。

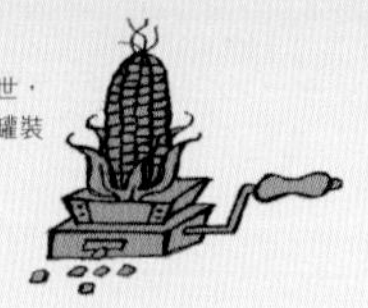

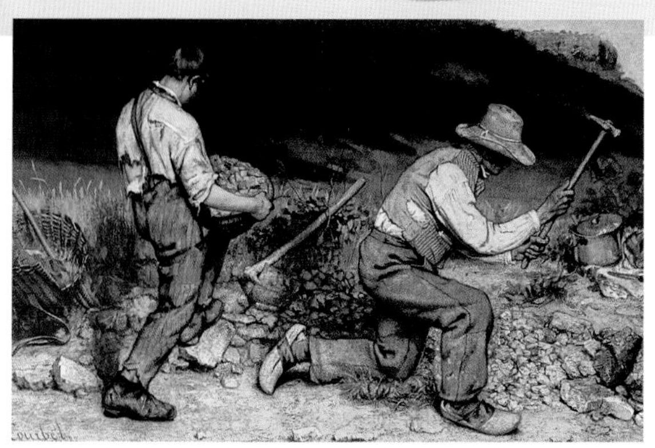

庫爾貝的《採石工人》(1849)：描繪了在大革命結束後令人震驚的貧困狀況。

家。”杜比尼甚至也因為他的“印象”而受到攻擊。這是他們那一代人共同的悲哀。

同時，他們的革命同志庫爾貝（Gustave Courbet, 1819～1877）也正在他的“真實和具體事物的表現”中開拓 自己的印象主義之路。這些作品有時甚至不是用畫筆而是用調色刀創作的。在他的作品《採石工人》(The Stonebreakers, 1849)中，他將題材的範圍擴展到極度貧窮的群體。此畫後來毀於1945年同盟國對德累斯頓的轟炸之中。庫爾貝揹負畫架、顏料和調色刀四處閒逛，尋找有趣的創作題材。

1871年，庫爾貝投入了巴黎公社起義隨即被捕入獄，也斷送了自己的藝術事業。由於他指揮拆毀了凡東廣場的拿破侖紀念柱，他被判處罰金和放逐。1873年，他被迫逃往瑞士並在那裡度過了自己的餘生。直到客死他鄉，庫爾貝一直都在償付法國法院判處的罰金。他為浪漫主義的形成做出了貢獻，但早逝使他沒有機會欣賞到這一革命。

後來者

雷諾阿、畢沙羅和塞尚等人都為庫爾貝作品的魅力所傾倒，他們每一個都模仿過他，甚至嘗試過使用同樣的調色刀。庫爾貝反抗沙龍的決心也給他們以啟示：當年，沙龍拒絕展出庫爾貝的作品，於是庫爾貝在1855年和1857年舉辦了個人畫展。但是他們並未吸取那些特立獨行人物命運的影響。是庫爾貝使自己成為了那些傲慢的藝評家的攻擊對象。

畫框中的名字

另一位印象主義的偉大先行者是風景畫家 **柯羅** *(Jean-Baptiste-Camille Corot, 1796～1875)。在1825年到訪羅馬期間，他發展了在自然光線下的寫生。“千萬別放棄它”，柯羅在談到畫家對景物產生的直接印象時如是說。從《南尼大橋》(Le Pont de Narni, 1826)一畫中就可以看到他對日光的處理。他曾教導過畢加索（參見第36頁）和摩里索（參見第60頁），但他在暮年提到印象派畫家時卻用貶損的語氣將他們稱為“那群傢伙”。*

1828年
舒伯特（Schubert）在他的《F大調四手聯彈幻想曲》上演後不久死於傷寒，留下了未完成的B大調交響曲。

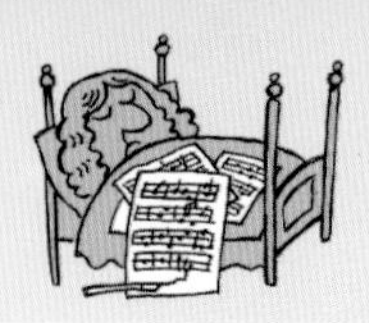

1835年
在倫敦，圖索德夫人（Madame Tussaud）製作的蠟像中包括了在法國大革命期間處斬了22,000人的斷頭台。

1841年
英國通濟隆(Thomas Cook)旅行社建議鐵路公司出售廉價車票，這樣人們就可以到布萊克浦去度假了。

1828年～1862年

彩虹之歌

光線的物理學

真的是巧合嗎？在印象派孕育萌芽時，光學以及我們對視覺世界的理解都在突飛猛進。三個世紀前的1666年（也就是倫敦發生大火的那一年），令人敬重的科學家牛頓爵士已經發現，白光實際上是由許多不同顏色的光組成的。事實上，他示範證明了白光透過棱鏡時可以被分解成七種顏色。

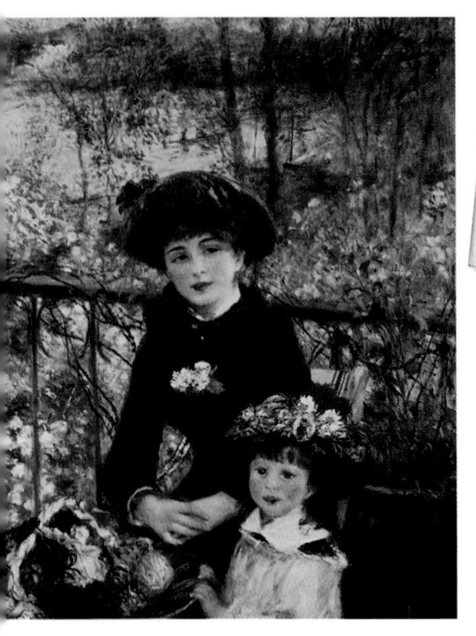

雷諾阿：《兩姐妹》（又稱《在露台上》，1881），他對原色情有獨鍾。

技法

雷諾阿（參見第46頁）所有關於色彩的知識都是在他接受瓷器畫工訓練時獲得的。作為畫家，他固執地堅持只使用五種色彩調色——鉛白、朱紅、翠綠、那不勒斯黃和鈷藍。他通常在白色背景上表現光線，利用顏色襯托規律使兩種對比色都顯得更加生動，例如在《兩姐妹》（Two Sisters, 1881）中的紅、綠色對比。

眾所周知，所有的色彩實際上都是以紅、黃、藍三種原色為基礎形成的。（本書有四種版色——即黑、藍、黃和紅，所有的彩色圖片都是由不同比例的這些顏色再加上白色構成的。）

這一時代的化學家尤金．謝夫勒爾（Eugène Chevreul, 1786～1889）是一位人造黃油、油脂和脂肪領域的專家。得享遐齡的謝夫勒爾在中年專攻色彩學。在他的《論色彩的即時對比規律》（1839）一書中，他認為每一種顏色都有其對比色。

1856年
第一種合成染料問世，它是紫色的；維多利亞女王的裙子就用它來染色。

1860年
查理．達爾文（Charles Darwin）寫道："我不相信仁慈萬能的上帝會設計出明確表示要在毛蟲的活體內覓食的埃及蜢，或者是和老鼠和平共處的貓。"

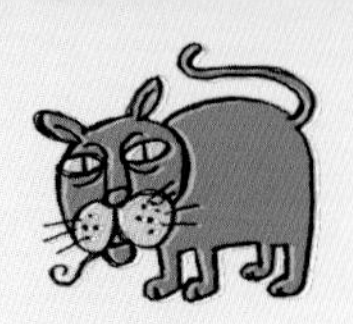

1862年
在美國，根據《宅地法》，中西部居民只要支付少量金錢即可獲得160公頃的土地，條件是他們在其上定居滿五年。

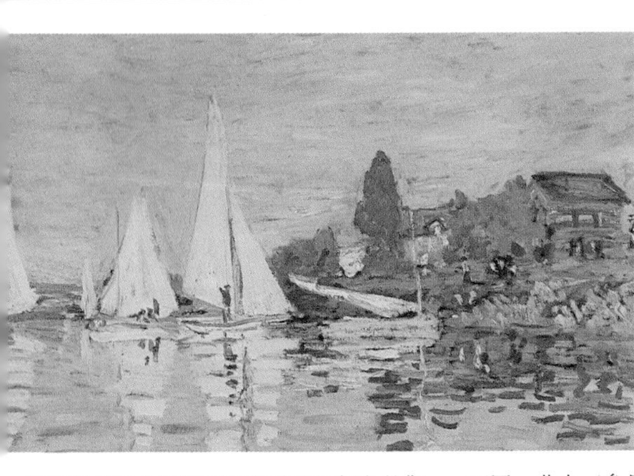

莫奈的《阿奈德依的賽艇》（1872）：藍色和橙色交替使用提升了畫面的整體效果。

每種顏色都會影響我們對其臨近顏色的觀感，當顏色與其對比色或稱"襯托色"並列時最為醒目。他在對染料工藝進行實驗時發現了這一現象，並且意識到顏色受到與其臨近的顏色的影響而顯得更為明亮或黯淡。

早期的印象派畫家可能從中得到了啟示。三十年後，他們在畫作中並列使用襯托色，例如用紅色襯托綠色，用藍色襯托橙色。在莫奈的《阿奈德依的賽艇》（Regatta at Argenteuil, 1872）中就使用了橙色描繪湖中的倒影，以營造出更為強烈的對比效果。

謝夫勒爾的理論為印象主義及其相關理論——點描法和點彩畫法（參見第92頁）奠定了基礎。所謂的"點"指那些不確定的色彩，它們隨周圍顏色而變幻不定。這是一種視覺的相對論，正如同一景物在不同的天色、光線和季節裡的視覺效果截然不同。莫奈（參見第120頁）後來創作了大量關於同一地點在不同時間的景觀的作品，並且在畫布後面注明創作日期和時間：這些構成了他對色與光的特性進行研究的一部分內容。

畫框中的名字

謝夫勒爾17歲開始了化學家生涯，三年後升任法蘭西大學實驗室主管。他在19世紀初成為教授，同時還負責哥布林斯製毯工廠的染色部門。後來，他擔任自然歷史博物館館長，並擁有"法國首席學者"的榮銜。在1828年到1864年期間，他希望能夠揭開色彩之謎。百歲華誕時，他被國家授予獎章；獎章上的共和國標誌"鷹和雷電"正是令人驚恐的浪漫主義主題。

1830年
詹姆士・奧杜邦（James Audubon）發表的第一版《美國鳥》顯示了他精益求精的水彩風格。

1836年
世界上最宏偉的拱門——為慶祝勝利而建造的凱旋門在巴黎竣工。

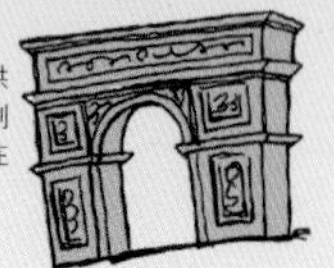

1841年
費城的一位商人成立了世界上首家廣告代理公司，向客戶收取使用報紙廣告版面的費用。

1830年～1857年
栩栩如生
新自然主義

思想和藝術運動的諸多特徵之一就在於，當它們一登上舞台，它們所反映的哲學就凸顯出自己的個性。19世紀中葉的浪漫主義運動即是如此。最初僅是決定在作品中體現自然，而逐漸地發展為如實地觀察並描繪萬物——無畏地直面世界，即使它是醜陋的；然後再表現它，它的印象以及所有的一切。當然，或者去歌頌那些認為他們也在尋找當天收穫的無憂無慮的農民。

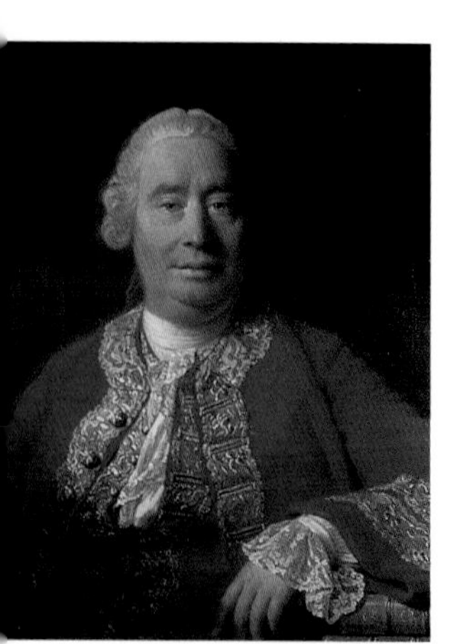

哲學家戴維・休謨：一位早期的"自然主義者"。

對於印象派畫家而言，世界瞬息萬變，體驗疾逝而去，而他們必須親歷其境。這正是所謂的"自然主義"。"自然主義"受到戴維・休謨（David Hume, 1711～1776）等所謂"經驗主義"哲學家們的影響——他們相信，唯一重要的事物就是我們能夠看到、觸摸到、品嘗到、聞到或聽到的事物。

為法國最高法院所讚賞的傑里米・邊沁（Jeremy Bentham, 1748～1832）等新實用主義者們的思想也支持這一運動，他們認為有功用的才是生活化的。

畫框中的名字

"社會學之父"**奧古斯都・孔德**（*Auguste Comte, 1798～1857*）是對自然主義影響最深的哲學家。社會學本身就是一種以囊括萬物的方式來觀察世界的具有印象主義特徵的方法。孔德創辦的"實證主義"哲學學院屏棄了上帝，並宣稱科學和理性是知識的唯一來源。他的全部思想都被包羅在他的六卷著作《實證主義哲學教程》（*Course of Positive Philosophy, 1830～1842*）中。此刻，現代社會曙色方現。

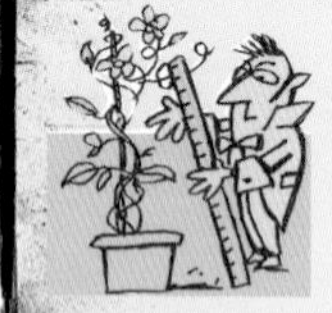

忙於計算的孔德

1849年
美國慈善家蓋爾·博登為即將遠行的朋友發明了一種便於攜帶的快餐“加肉餅乾”。

1854年
在倫敦的海德公園舉行了示威活動，抗議周日關閉酒吧的命令。示威者打碎了經過的馬車的窗子。

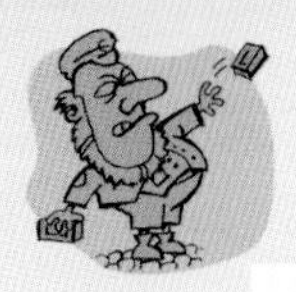

1857年
阿戈斯頓·哈拉茲·德·莫克薩伯爵在加利福尼亞的布埃納維斯塔種植來自故鄉匈牙利的托考伊、津芳德爾和希拉斯等幾個品種的葡萄。當地的葡萄種植業和釀酒業由此興起。

後來，左拉等法國作家（參見第70頁）以《特里薩·拉昆》等小說延續了這一運動的發展。左拉描繪生活的原貌，但很快就遭到了“淫穢”的指責。儘管左拉的世界與羅梭等畫家的田園夢境尚有出入，但二者卻都是早期印象派畫家的靈感之源。

而當時法國的情況令人沮喪：1848年革命失敗，路易斯·拿破侖已經掌握大權，民主精神蕩然無存，烏托邦也似乎不可行，因此知識分子重新研究起可眼見的事實來。當他們發現自己正在為庫爾貝辯護時，他們意識到自己正在為“自然主義”辯護。“我不僅是一個社會主義者，”富於感染力的庫爾貝寫道，“我還是一個民主主義者和共和主義者，簡言之，是一個革命分子；而首先，我是一個現實主義者，是現實忠誠的朋友。”

“美”改變了嗎？藝評家們問道。理想主義呢？還有靈性呢？作品一定要賞心悅目嗎？他們斥責庫爾貝是“在泥潭裡打滾”。

醫生之妻

問題是：人們並不理解。他們也不喜歡這種風格，但他們又確實認為它十分動人。特別是福樓拜（Gustave Flaubert, 1821～1880）憑藉處女作——他最為著名的《包法利夫人》（Madame Bovary, 1857）聲名鵲起，並在其中譜寫了一位民間醫生的浪漫妻子的外遇悲劇。主角們是“自然主義”的，平實而又樸素。福樓拜和他的出版商立即被指控不道德；儘管他們後來被開釋，但籠罩在福樓拜及其作品上的陰雲卻始終未曾消散。

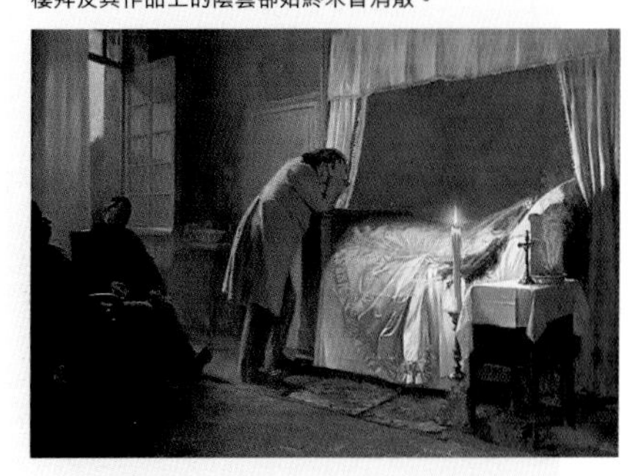

悲劇的但卻是現實的：《包法利夫人的靈床》（the death bed of Madame Bovary）。阿爾伯特·奧古斯都·弗里（Albert-Auguste, Fourie）作於1857年。

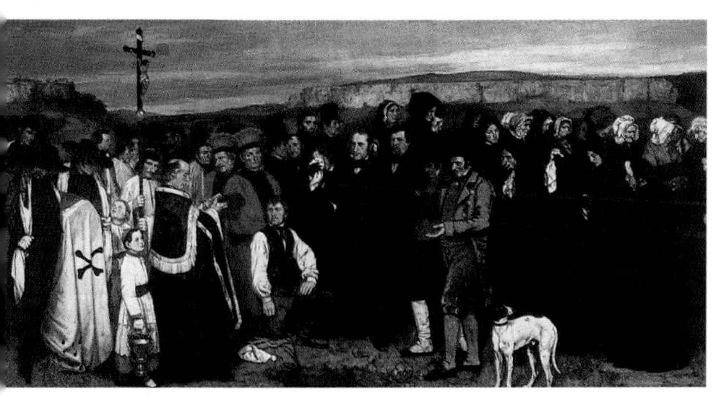

庫爾貝的《奧爾南的葬禮》（French Burial at Ornans, 1850～1851）：如實地描繪人物的本貌。

1832年
美國軍隊取消了士兵每日限量供應酒類的配額。

1839年
瑪德琳．厄謝爾在埃德加．艾倫．坡的厄謝爾家中被活埋。

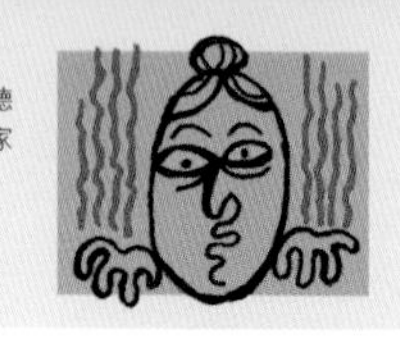

1846年
一種便攜式雪糕冷凍機在新澤西州問世。它通過人手轉動搖柄來操作。

1832年～1880年

野餐籃

戶外藝術家

正如我們所見，印象派畫家們的共性並不多；如果他們還有某一共性，那肯定是對寫生的熱情了。光線的變化是作品的靈魂，而在一方畫室中又怎能捕捉得到呢？況且印象的"捕捉"也正是這一過程。

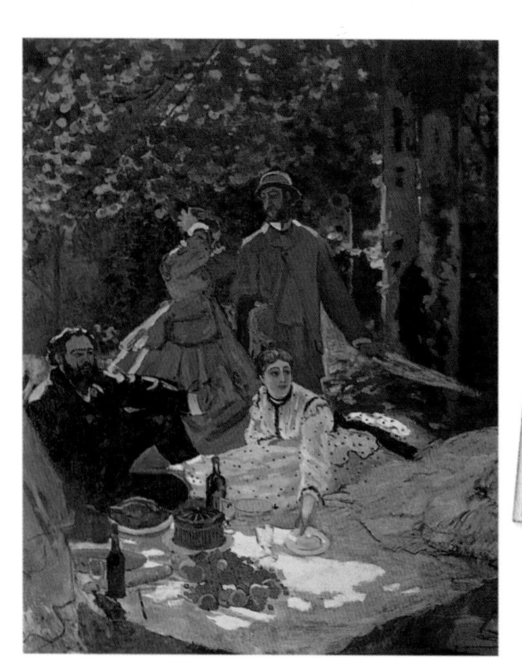

莫奈：《野餐》(1865)。人們初嚐郊野之趣。（關於馬奈著名的《野餐》，參見第54～55頁。）

技法

直到1840年，希望到戶外作畫的藝術家還不得不帶上豬膀胱製成的顏料袋，到時候再用針將袋子挑開，這樣顏料才不會乾得太快。但顏料還總是會變乾的。後來出現了金屬管裝的可擠壓的顏料。對於文藝復興的畫家們來說，這是他們所經歷的一場革命：他們在創作壁畫時可以從容地使用油彩，而不必再在顏料變乾之前爭分奪秒了。

戶外寫生的傳統由來已久。印象派嶄露頭角的浪漫主義運動就崇尚沉浸在自然中。自然主義者們認為非親身經歷不能創作，而米勒和羅梭的巴比松畫派數十年間一直徘徊於村鎮間以農民為題材。但他們的做法只是在戶外用油彩速寫後再帶回畫室完成終稿。巴比松畫家杜比尼（參見第20頁）是第一批認為這種戶外速寫就已經是完成作品的畫家之一。藝評家們攻擊他"滿足於一個印象"。

1857年
米勒創作了《拾穗》，這是他戶外人物畫系列作品之一。

1864年
英國人W．G．格雷斯開始了板球生涯。他一共贏得了54, 904個回合、126個一百分和877個成功接球。

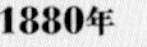
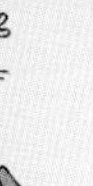
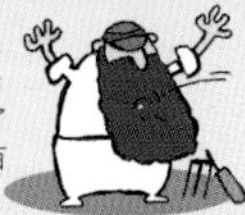

1880年
英國的首部電話簿在倫敦發行，其中一共記載了255個名字。

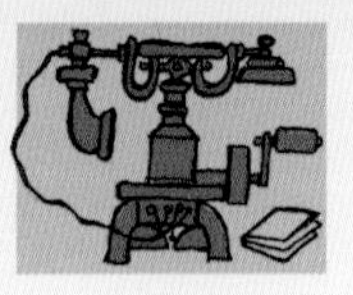

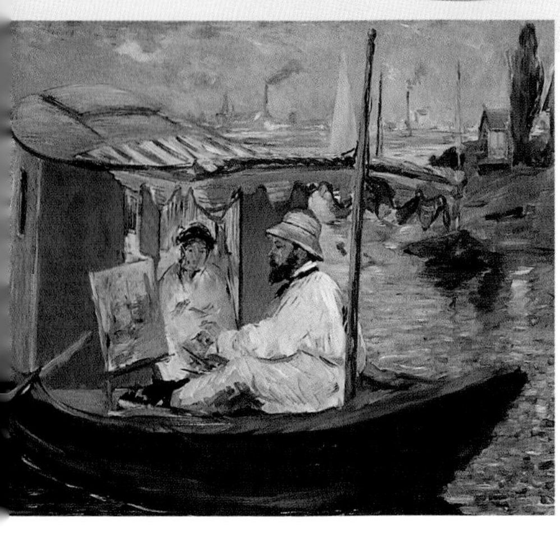

馬奈（Edouard Manet）：《畫船》（The Barge, 1874）。這是他關於莫奈在其畫船上創作的印象。印象派畫家們總喜歡將彼此入畫。

偉大的風景畫家柯羅（參見第20頁）有一張在巨傘下作畫的照片，但是，是布丹和戎金（參見欄內文字）勸説莫奈（參見第46頁）揹起畫具到戶外寫生的。1863年，莫奈率領朋友們開始了楓丹白露森林之旅，而印象派風景畫正是在那裡開始成形（參見第62頁）。

印象派的風景畫別具一格。它們不像以前的作品那樣模糊失真，並且經常在畫面中加入人物形象；巴比松畫派的老畫家們則只希望與自然交流。印象派畫家們儘管同樣有感於自然的魅力，但他們在本質上是城市化的。即便如此，莫奈在1870年代居於塞納河畔時還是設法得到了一條帶有斑斕黃色遮篷的畫船，泊在當地的輕舟之間，以便得到關於它們的更為直接的印象。當時楓丹白露與巴黎之間的鐵路路程還不到一個小時，這使新一代的鄉村之旅更為便捷。他們攜帶着畫架、畫布和野餐籃。喔！是他們最先發明了郊遊。

畫框中的名字

令人驚訝的是，正是莫奈的兩個畫家朋友的雪橇和海景推動了這一運動。荷蘭畫家 **戎金** *（Johan Barthold Jongkind, 1819～1891）從未在戶外創作過油畫，但他所希望營造的效果是相同的。他甚至畫過在不同光線下的巴黎聖母院系列作品。參見他的作品《翁弗勒爾港口》（Entrance of the Port of Honfleur, 1864）。翁弗勒爾是他的一位朋友* **布丹** *（Eugène Boudin, 1824～1898）的出生地。布丹是柯羅的摯友，他的畫布上總是畫滿了雪橇。莫奈在1860年對布丹説戎金"十分瘋狂"，儘管莫奈並未和戎金見過面，但他的印象是正確的。和梵高一樣，戎金死於精神錯亂。*

1838年
煤和木材是世界上最為普遍的烹飪燃料，不過因紐特人使用鯨脂油，阿拉伯游牧民族使用駱駝糞，而美洲的土著民族使用野牛糞。

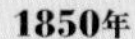

1850年
希臘政府被迫向一個名為唐·帕西菲克(Don Pacifico)的能言巧辯者支付損害賠償金，因為他聲稱自己在雅典的一場大火中損失了價值33, 000美元的文件。

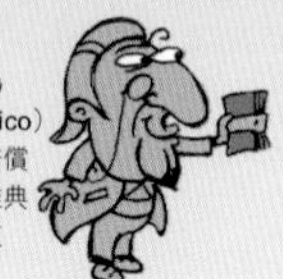

1854年
《時代》雜誌報道稱，在巴拉克拉法一役中共有387名英國士兵和520匹戰馬死、傷或失蹤。

1838年～1888年

抓住瞬間

攝影技術的新紀元

當1839年路易斯·達蓋爾（Louis Daguerre）的首張照片使攝影深入人心的同時，攝影技術也注定了要改變視覺藝術。不過，從濾光鏡到繪畫的歷程還是相當漫長的。印象派畫家將對攝影技術表示衷心地歡迎，但在印象派之前，畫家們只是用照片來保存面前的景物，以便回到畫室裡去創作。

柯羅（參見第20頁）將他所有作品的對象拍攝下來帶回畫室。而馬奈為詩人波德萊爾（Baudelaire, 參見第70頁）所作的肖像畫（1869）也是參照納達爾（Nadar, 參見欄內文字）為波德萊爾拍攝的照片完成的。印象派的創始人——莫奈也是如此：他的照相機多達四架，而他被沙龍拒之門外的著名畫作《花園裡的女人》（Women in the Garden, 1866～1867）是參照他在朋友巴齊耶（參見第47頁）家的花園裡拍攝的一系列照片完成的。莫奈開始創作盧昂大教堂的多種面貌（參見第120頁）時也同樣大量借鑑了照片，儘管他是戶外寫生的一位偉大的倡導者。

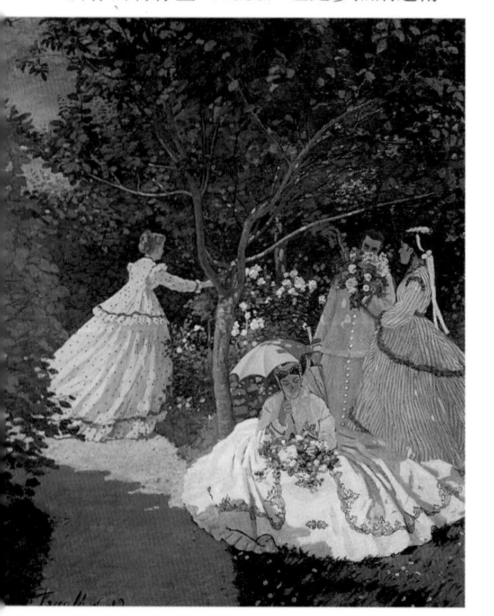

莫奈的《花園裡的女人》(1867)：根據一系列照片創作。照片曝光的時間相當長，以便使每一個動作都產生模糊的效果。

變化流動

一位藝評家在審視了莫奈1874年所作的《卡布辛尼大道》(Boulevard des Capucines, 1874）後寫道：“以往從沒有任何作品能像這幅非凡之作一樣既是流動的又是固定的，它不但記錄下公共大道那驚人的活力、人行路上蟻群般的人潮、行車路上的車輛，而且詮釋出難以琢磨的瞬息萬變的本質以及運動的瞬間性。”這裡的瞬間性與我們今天所經常使用的“瞬間性”不盡相同，但是對於印象主義者來說，這一概念囊括了他們對運動的生命停留在某一瞬間的體驗。對於維多利亞時代的人們來說，攝影技術開闢了生活的全新視野。

1863年
威廉·懷特利(William Whiteley)在倫敦開辦了一家百貨公司，該公司稱只要提前很短時間通知，即可以提供“從別針到大象”的一切物品。

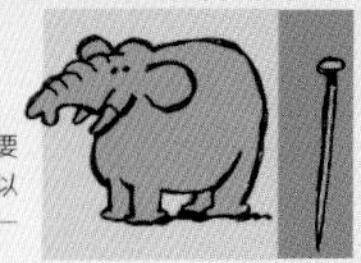

1870年
裙撐開始在婦女間流行。胸衣的束縛使腰部形成讓人感到痛苦的曲線，而裙子的後擺長可曳地。

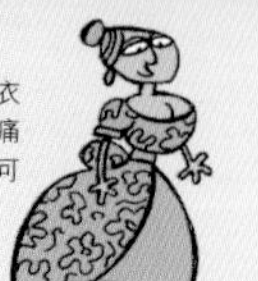

1888年
喬治·伊斯特曼（George Eastman）發明了第一架柯達相機，並提出了“您只須按下快門，其他的工作留給我們”的宣傳口號。

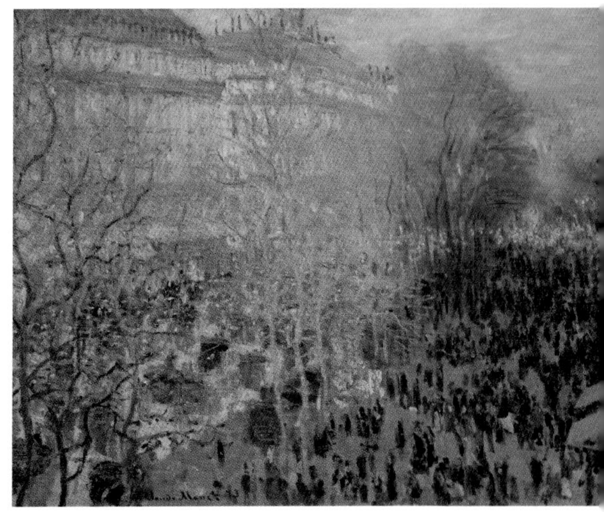

莫奈，《卡布辛尼大道》（1873）：他捕捉“瞬間性”的方式讓評論界一時紛喧。

但攝影技術的真正作用在於，它滿足了印象派畫家對於現實主義和肉眼所真正看到的景像的着迷。他們認為，與一般的美術評論不同，照相機從不歪曲事實。它可以擷取繁華街道上具有印象主義的模糊場景。如果人物的半身在取景框以外，照片會如實地反映出來。而沒有哪位仔細構圖的畫家會這樣安排。但這正是印象派的特徵——“直接性”。德加（參見第58頁）利用攝影技術並稱其為“不可思議的瞬間性”。

便攜式相機和快照於1888年在市場上出現後，攝影技術的影響更上層樓。在1860年代和1870年代，巴黎的高空拍攝照片（參見欄內文字）和繁華街道的模糊的黑白照片激發了印象派畫家的靈感火花。開天闢地頭一遭，你可以在家拍照了。有一件事是肯定的：藝術再也不可能是原來的藝術了。

畫框中的名字

加斯帕德—費利克斯·圖爾納肯（Gaspard-Felix Tournachon）是一位攝影界的先驅。他更加廣為人知的名字是 ***納達爾*** *（Nadar, 1820～1910）。他在魁爾波利斯咖啡館與印象派畫家們相識（參見第56頁）。1863年，他乘坐熱氣球拍攝了巴黎的第一幅高空拍攝照片，一舉震驚了攝影界。不過，公眾並不喜歡他，並將他形容為“在拉丁區傳播高度危險理論的危險人物之一”。*

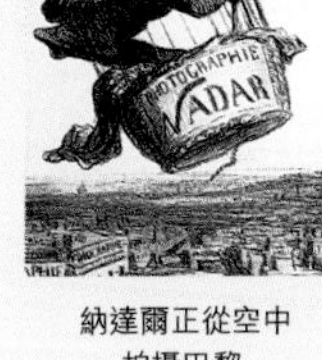

納達爾正從空中拍攝巴黎

1851年
為倫敦萬國博覽會展廳修建的108英尺高的“水晶宮”，其玻璃建築消耗量佔英國全年玻璃總產量的三分之一。

1862年
丹特·加布里埃爾·羅塞蒂（Dante Gabriel Rossetti）的妻子由於過量服用肺結核鎮痛劑而去世。

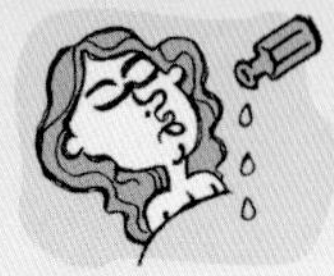

1869年
在米蘭，冰雹砸碎了連接教堂廣場和斯卡拉廣場的玻璃拱廊。

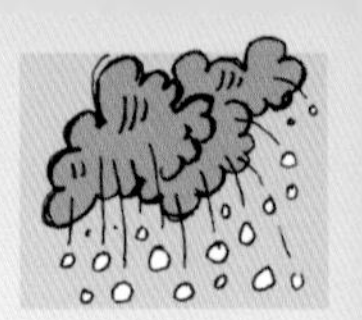

1851年～1890年

住在玻璃屋裡的人

新建築

這也許不是巧合：當年輕的印象派畫家漸成氣候的時候，隨着對野餐景致中斑斕光線的夢想，一種充溢斑斕光線的建築應運而生。你能想像用玻璃建造的一整棟房屋嗎？我們現在當然可以，但是溫室生活在印象派畫家尚在弱冠之年時還是相當前衛的概念。一夜之間，房屋再也不是那蔭翳而幽暗的空間了。

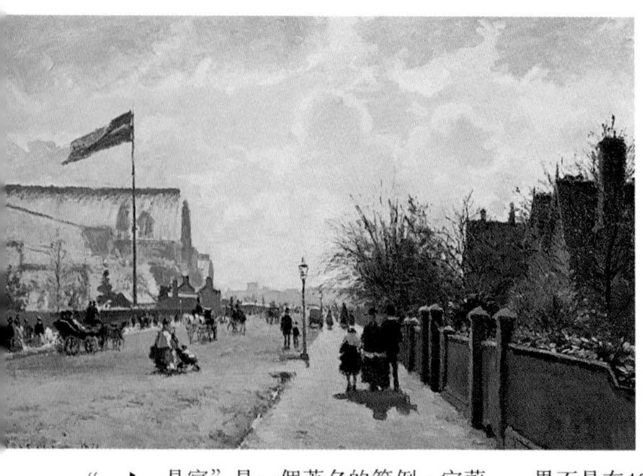

畢沙羅：《水晶宮》（The Crystal Palace, London, 1871）。普法戰爭期間，畢沙羅從被佔領的巴黎逃亡到英國時就住在這條街上。

“水晶宮”是一個著名的範例。它蔚為壯觀，長達410英尺（125米），由園林風景設計家約瑟夫·帕克斯頓（參見欄內文字）為1851年倫敦萬國博覽會而設計，是最早的一批非磚木主材質的建築之一。不過，與位於克佑區的皇家植物園的溫室（1845～1847）一樣，它是鋼樑結構的。萬國博覽會取得了空前的成功，並且成為歷史上盈利最為豐厚的博覽會；不過真正令世人震驚的還是這一棟建築物——它後來被移至西德納姆，在那裡畢沙羅將它畫入作品（1871）之中。如果不是在1936年被離奇地焚毀，它至今還會在那裡屹立不倒。

那是一個工程師和建築師精英薈萃的時代。鋼鐵大橋開始凌駕於河道之上，新建的鐵路縱橫於城鎮之間，英吉利海峽兩岸新建的火車站修建了教堂式的拱廊。“玻璃和鋼鐵”：這是一個比“鮮血與鋼鐵”更為文明的口號。在印象派畫家的有生之

1873年
在澳洲一個公共宴會上，食用的是冷凍了六個月的雞、魚和肉類。

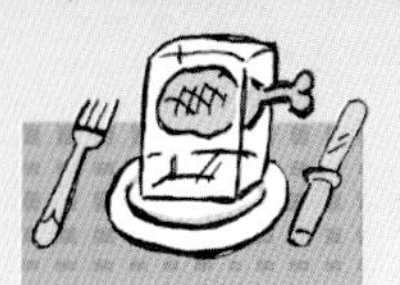

1881年
在亞歷山大三世稱帝後，猶太人開始有計劃地逃離俄國。

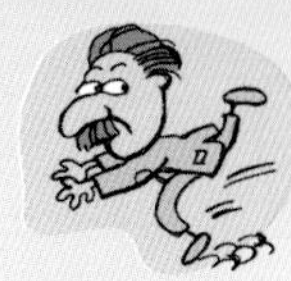

1889年
《岡朵拉船夫》（The Gondoliers）在塞文伊劇場公映，吉爾伯特（Gilbert）和沙利文(Sullivan)為劇中使用的一塊地毯而發生了分歧，為此，他們多年形同陌路。

年裡，建築趨於輕巧；而在他們步入中年以前，電燈使他們的住宅熠熠生輝。工廠也變得明亮得多了，因為電力的使用代替了那些能夠操縱機器但卻遮蔽了光線的傳送帶。

這一進程在1889年巴黎博覽會上達到了頂峰。那次博覽會上誕生了世界上高度最高的和跨度最大的建築：跨度最大的是機械長廊，而高度最高的則是高達984英尺（300米）的艾菲爾鐵塔，它以7, 000噸精鐵建造，通過理性的分析後決定棄用玻璃材料。在印象派畫家們步入中年時，艾菲爾鐵塔將高高矗立在他們的城市之上。

畫框中的名字

*將注意力投向修建水晶宮之前，約瑟夫·帕克斯頓爵士（Sir Joseph Paxton, 1801～1865）是一位受僱於查茨沃斯宮德文希爾公爵的溫室設計師和園藝設計師。水晶宮後來成為世界上最大的分步組裝建築，它簡約輕巧，但內容博大精深：印象派畫家對其簡約風格的喜愛從未削減過。後來成為工藝美術運動領袖的年輕人***威廉·莫里斯***（William Morris, 1834～1896）是如此厭惡那種維多利亞時代的繁冗裝飾，以至於他疾奔出門伏地而嘔。*

艾菲爾

古斯塔夫·艾菲爾（Gustave Eiffel, 1832～1923）在兩個領域裡都有出色的表現。他於1858年在波爾多設計的鐵路橋大獲成功，並且創立了自己的公司，協助澆鑄了自由女神像——一件送給美國獨立100周年紀念的賀禮，並且在法國大革命一個世紀之後設計了艾菲爾鐵塔。後來，在對建築的前景作出一番評估後，他專注於空氣動力學。他一直活到20世紀初葉，在鐵路和航空業的興起中品評着自己的成就。

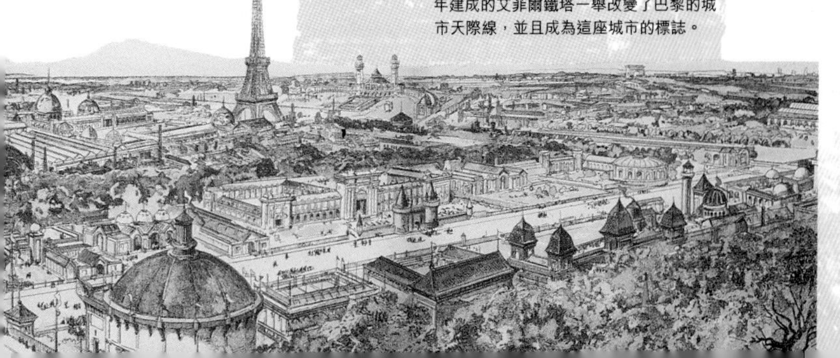

1889年巴黎博覽會實況圖。背景：1887年建成的艾菲爾鐵塔一舉改變了巴黎的城市天際線，並且成為這座城市的標誌。

1856年
法國人皮埃爾·佩利爾在加利福尼亞州種下一棵洋李樹，開創了加州的園藝修剪業。

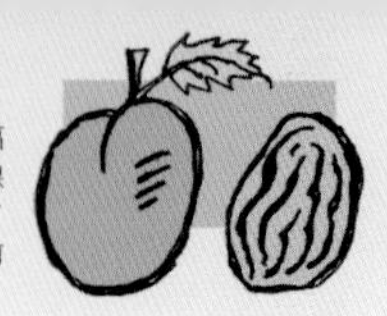

1861年
法國插圖畫家古斯塔夫·多雷（Gustave Doré）完成了為但丁的《地獄》所作的木版畫插圖。

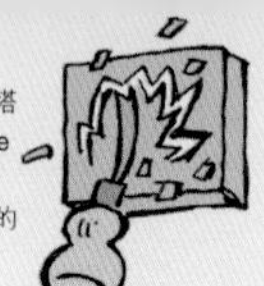

1872年
布拉塞利·利普在聖·傑曼·德·普雷斯大道開業，以斯特拉斯堡的一家著名餐廳的名稱命名。

1852年～1914年
藝術之都
新巴黎

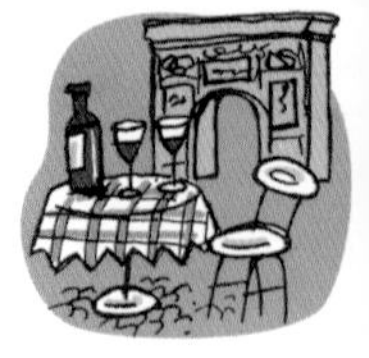

偉大的建築和別致的咖啡館

末代皇帝

拿破侖三世（1808～1873）是一位另類的君主，而最終成為一位相當具有悲劇色彩的人物——這並不僅僅由於他與巴隆·閔希豪生（Baron Munchausen）驚人的相似。作為拿破侖·波拿巴的侄子，他設法在1848年後的混亂局面中贏得法蘭西第二共和國的大選。大權在握的他於1852年稱帝。他那具有民族主義和浪漫主義的外交政策促使他於1870年對普魯士宣戰，並導致了災難性的後果（參見第64頁）。在放逐中，他死於英格蘭，而他的長子則在祖魯戰爭中為英國戰死沙場。

19世紀下半葉，巴黎也許不是世界上最強盛、最安全或者最溫馴的城市；但是，它逐漸成為了一座藝術之都，成為了世界上最富激情、最具眩目之美的城市之一。

印象派畫家在深夜的咖啡館裡（參見第56頁）討論的議題之一即是：新建的林蔭大道和廣場是否有趣味？它們是否具有一些非人性化的特性？但是，如果沒有奧斯曼設計的新巴黎，就可能不會有如此之多的咖啡館了。當然也不會有那些壯觀的火車站、餐館、音樂廳了，還有布洛涅（Bois de Boulogne）公園等等使巴黎成為當時的面貌。

1852年，當拿破侖三世稱帝時，重建巴黎是他的當務之急。精益求精之下，久負思維縝密之名的拿破侖三世任命喬治·尤金，奧斯曼男爵(George Engène, Baron

加里波特：《巴黎：雨天》（1876～1877）。儘管並不欣賞作品中的天氣和印象主義風格，評論界還是為這幅描繪德·歐羅巴區的作品中的景物和技巧所傾倒。

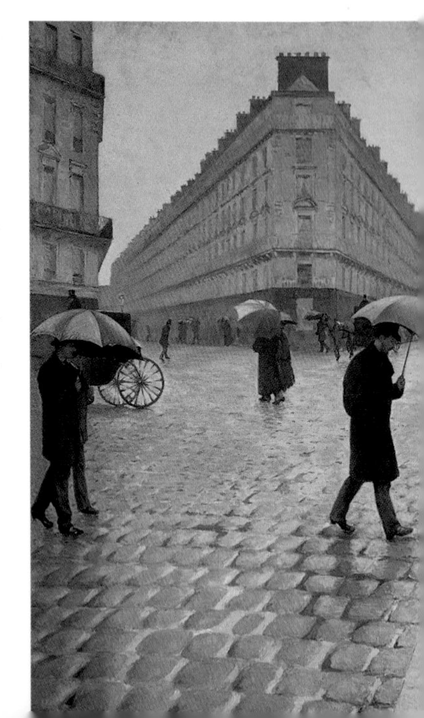

1889年
亞歷山大・古斯塔夫・艾菲爾著名的鐵塔完工，耗鐵量超過7, 000噸。

1893年
一位為美術學院學生表演脫衣舞的模特兒被憲兵逮捕並被處以100法郎的罰款，引發了巴黎拉丁區的一場騷亂。

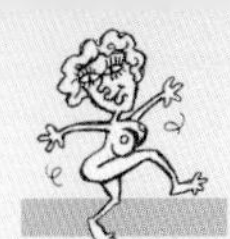

1914年
8月30日，德國在巴黎上空進行了第一次空襲。

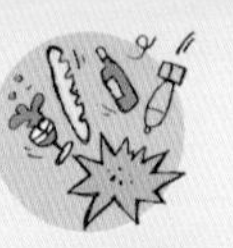

Haussmann, 1809～1891)為塞納河長官。不久，中世紀巴黎的遺迹被一掃而空，新建的林蔭大道和兩側的三角形和楔形的建築物在碎石路上橫空出世，這些使凱旋門和其他巴黎名勝呈現出壯觀的景致。普法戰爭（參見第64頁）中斷了重建工程，博伊斯・德・布洛涅公園也遭到了嚴重破壞。隨後的巴黎公社焚毀了市中心，一切不得不又從零開始。被普魯士人擊敗後，皇帝被罷黜，但是他的眼光卻一直延續到第三共和國。

方便攜帶畫架出行的鐵路運輸系統（參見第26頁）、可以描繪舞者的劇院（參見第58頁）、能夠將遊戲中的巴黎人入畫的公園（參見第54頁）——奧斯曼的巴黎成為印象派畫家的生活中心。1855年到1900年間的萬國博覽會期間修建的大量展覽館以及培養出來的對藝術的興趣都使印象派畫家受益良多，儘管他們的作品直到1900年還被禁止在官方正式的展覽中展出。如果沒有奧斯曼，印象派就不會是這般模樣了。

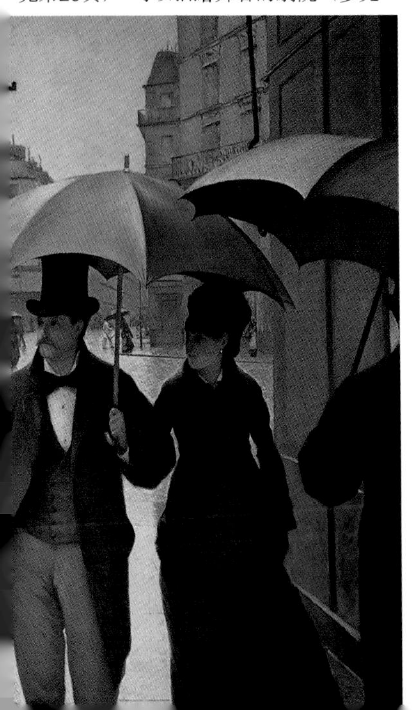

畫框中的名字

加里波特（*Gustave Caillebotte, 1848～1894*）*是印象派畫家嗎？他關於巴黎街頭生活的作品比莫奈和雷諾阿的作品細節化得多，它們描繪現實生活，也具有日式風格（參見第34頁）——將人物部分裁切在畫面之外。參見他的《巴黎：雨天》(Paris, a Rainy Day, 1876～1877)。這幅具有德加風格的作品用柱子和傘柄來分割畫面，在1877年的印象派畫展中大出風頭。*

他在46歲時英年早逝，將他的大量印象派作品遺贈給國家，條件是要由盧森堡博物館和羅浮宮等等大展覽館來收藏。圍繞這一事件的爭議頗多，而國家直到1928年他的遺孀修改了遺囑後才完全同意。

1854年
依萊沙·G·奧蒂斯向紐約公眾展示了他的新式安全電梯：在他在電梯裡的情況下切斷了梯繩，電梯墜向地面直到被安全防滑棘齒拉住。

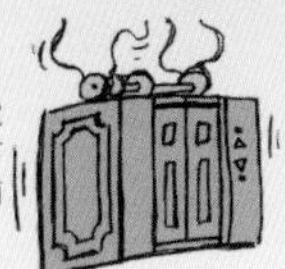

1858年
維多利亞女王和布坎南（Buchanan）總統通過橫跨大西洋的電纜互致電報。她的電報寫道："榮耀歸於至高上帝，世間和平，人民幸福。"

1865年
牛津隱士劉易斯·卡羅爾（Lewis Carroll）一夜成名。他在一次兒童野餐會上講述的故事《愛麗斯漫遊奇境記》配上政治漫畫家約翰·坦尼爾（John Tenniel）的插圖，只是稍加改動就成為了熱門暢銷書。

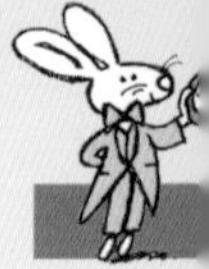

1854年～1870年

窗外見山

日本版畫

作為以武力相威脅強迫簽訂自由貿易條約的最早先例之一，美國海軍軍官卡蒙多爾·馬修·佩里（Commodore Matthew Perry, 1794～1858）以戰爭威脅幕府將軍於1854年簽訂了一項貿易條約。至此，日本長達216年與世隔絕的官方封閉時代終結了，這也在西方美術家之間引燃了新的熱情。

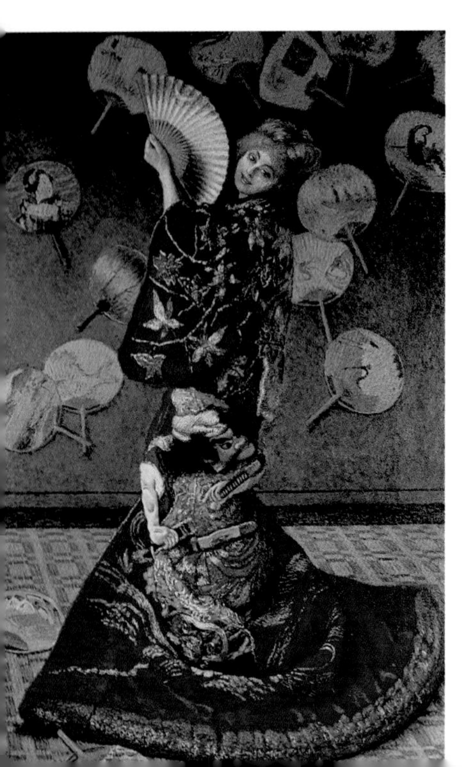

條約上的墨漬未乾，日本的手工產品已經開始尋找西進之路了。早在1862年，一家名為"土耳其和中國土產貿易店"的商店就在巴黎開業了，出售扇子與和服。具有日本風格的物品風靡一時。莫奈的妻子卡蜜爾就買了一套和服，而莫奈為她穿和服搖扇的嬌媚風姿創作了一幅全身肖像：《日本女人》（La Japonaise, 1875～1876）。儘管莫奈後來把它稱為"無聊玩意"，但公眾卻很喜歡。

但最具影響的是日本的美術作品，特別是在1850年代湧入法國的木版畫。它們稱為"浮世繪"，意為"描繪浮世的圖像"。

莫奈：《日本女人》（1875～1876）。與題目所言的日本女人不同，這幅畫其實是描繪了身穿時尚的新和服、手搖團扇的莫奈之妻卡蜜爾。

技法

木版畫最為顯著的特徵之一就是畫家根本不使用透視畫法。他們將人物互相重疊，以此來表現景深——這種做法在所謂"hashirakake"的長而窄的掛畫上達到極致，這種作品與日式房屋中的柱子相得益彰。印象派畫家對此十分傾倒。例見德加的畫作《羅浮宮的瑪麗·卡薩特》（Mary Cassatt at the Louvre, 1885），畫中人被一根柱子從中間分隔開來。

1868年
明治維新結束了德川幕府自1603年起在日本的統治。江戶易名東京（意為東部首都）。

1869年
日本麒麟啤酒廠在橫濱成立，廠名為春之谷啤酒廠。

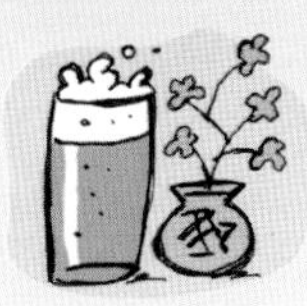

1870年
《橫濱每日新聞》在日本出版；第二年成為了日本的第一份日報。

印象派畫家們開始收藏這些畫作。

尤其是德加（參見第58頁）和梵高（參見第114頁）等一些畫家受到了日本畫家使用濃墨重彩的影響——特別是現代日本畫大師安藤廣重（參見欄內文字）的作品。事實上，在羅特列克（Toulouse-Lautrec, 參見第118頁）的領導下，他們希望開創工藝畫的新紀元。不過最為重要的是，由於已經與西方世界隔絕了二百多年，日本畫家既不用傳統的透視方法，也不表現景深，甚至不去將作品的內容精細地安排在畫框內。換言之，他們不使用西方畫家們自文藝復興時代以來自成風格的那些技巧或傳統。

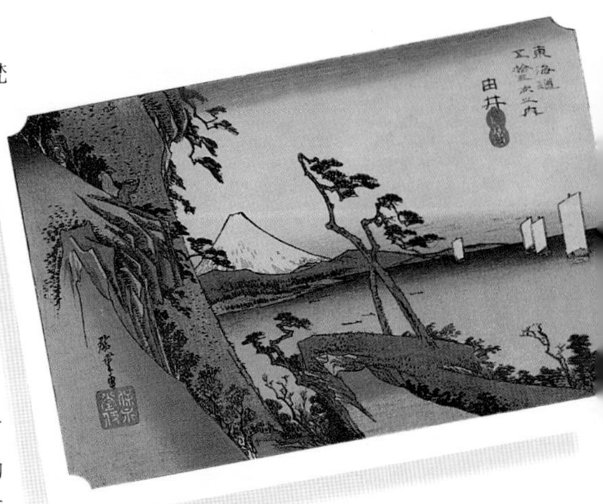

安藤廣重，《油井附近的山巔》（The Peak of Satta near Yui, 1833）：歐洲人關注的是畫中全新的創作方法。

不過，安藤廣重和他的朋友們似乎嘗試用畫框來擷取人物的形象，或者用柱子將他們分割成兩半。印象派畫家們吸收了這一思想的精髓，引入了被柱子分割成兩半的用餐者，或者從桌前起立的妓女的半身特寫。參見德加的《咖啡館露台上的女人》（Women on a Café Terrace, 1877）或者他那些以撐陽傘的女人為題材的瘦長肖像。和印象派畫家一樣，浮世繪畫家們也對劇院、妓女和浴室感興趣。

畫框中的名字

***安藤廣重**（1797～1858）在19世紀上半葉主導了日本畫壇。他承襲了父親的消防員職業，是一位高產的畫家，一生中作品超過5,400幅。在1858年肆虐世界的霍亂疫症中，他死於東京——當時的江戶。與安藤平分秋色的是同時代的**葛飾北齋**（1760～1849），同樣來自東京。他的36幅關於富士山的風景畫（1826～1833）成為莫奈反復摹畫同一景物時的主要參考資料（參見第120頁）。*

1855年
由於作品遭到巴黎畫展的抵制，庫爾貝在附近的棚屋中舉辦了個人畫展。

1865年
法國絲綢業請路易斯·巴斯德（Louis Pasteur）治療一種名為"蠶胞子蟲病"的蠶類疫疾。他通過隔離被感染的蠶卵根治了該種疾病。

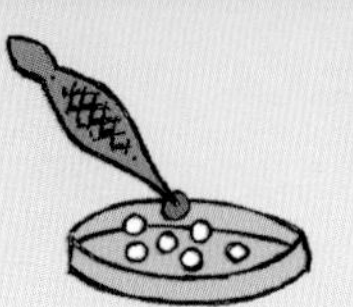

1872年
傑西·詹姆斯（Jesse James）一夥搶劫了依阿華州的第一列客運火車，不過僅搶到了6,000美元，而他們事前被告知車上有75,000美元。

1855年～1903年

宛若神明

畢沙羅

可憐而年邁的畢沙羅總是命途多舛。他從未使作品商業化，飽受着艱苦和貧困，而且和其他患有眼疾的印象派畫家一樣——失明而死。但是，他熟識每一個人，他竭盡所能制止同道中人的紛爭，他從不抱怨任何人——他，也從未停止過創作。

問題是，他總是有點像個局外人。畢沙羅（Camille Pissarro, 1831～1903）比其他印象派畫家年長。他生於西印度群島（他父親與他自己的嬸嬸結婚）並與一位丹麥畫家一起遠赴委內瑞拉。他1855年來到巴黎，剛好來得及參觀萬國博覽會和被沙龍所抵制的庫爾貝（參見第21頁）舉辦的個人畫展。對於繪畫和交友，他都有天賦。不久，他和庫爾貝、柯羅（參見第20頁）和馬奈（參見第40頁）結為知交——在印象主義思想開始匯集的1855年又結交了莫奈（參見第46頁）。

點彩

畢沙羅可能是印象派畫家當中最有智慧的一位，但是同時也被藝評家攻擊為最愚笨的人物。1886年，他自己也得出這一結論，並且開始採用由修拉（Seurat, 參見第92頁）開創的點彩技法。結果：他的印象派朋友們背棄了他，他的妻子也試圖投河自盡。到1890年，放棄了點彩畫法的他重新開始到戶外繪畫，憑藉直覺來表現他眼中的世界。

畢沙羅的《白霜》（White Frost, 1873）：具有畢沙羅風格的典型作品。他在畫中加入了一位農婦，這是巴比松畫派的畫家絕不會想到的。

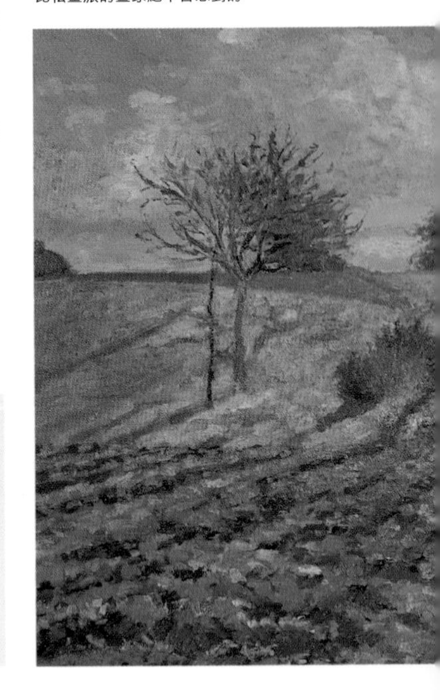

1888年
英國出版商亨利·維澤泰利(Henry Vizetelly)由於出版了左拉的《土地》(La Terre)而被指控出版淫穢讀物，被判入獄三個月。

1894年
科南·道爾(Conan Doyle)試圖讓《福爾摩斯探案集》中的偵探主角死掉，但在公眾的呼聲下又不得不讓他復活。

1901年
斯科特·休伯特·布斯發明了首部吸塵器。它用一個電泵來通過管子和布質過濾器吸塵。

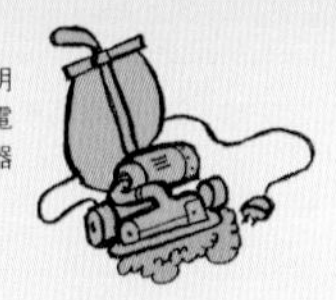

"他是個值得去請教的人，"塞尚（參見第50頁）說，"有神明的氣質。"

畢沙羅的家庭逐漸了解了他希望成為畫家的心意，儘管事實上他極少售畫，一貧如洗。1870年戰爭爆發後，他逃往倫敦，在那裡描繪了水晶宮（參見第30頁），歸來時發現他的家已被德國入侵者用作屠宰場，而他的畫作則成了花園泥濘裡的鋪路板。

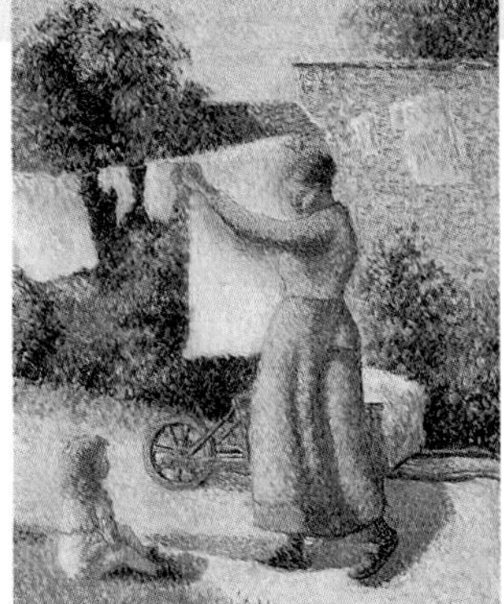

畢沙羅的《晾掛衣服的婦女》(Women Hanging out the Washing, 1887)：他總是對勞動中的婦女感興趣。

在印象派畫家之中，只有畢沙羅參加了印象主義運動期間的全部八次著名畫展（參見第68頁）。後來，他將技巧形容為"使用未經混合的色彩反映色彩和光線"——解釋起來簡單，但做到盡善盡美則須窮一生之力。而他最終也未認為自己達到了這一境界。

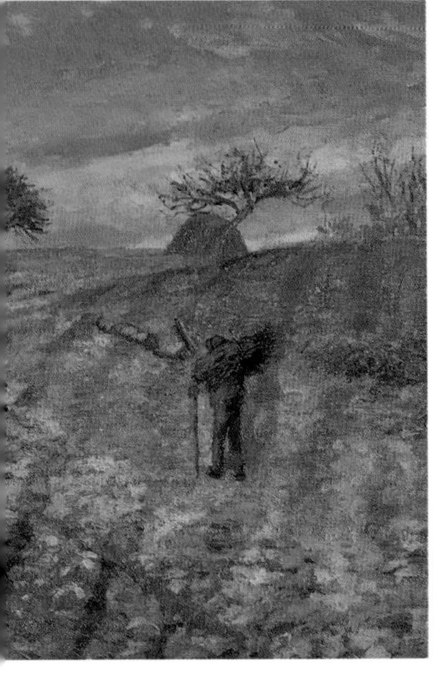

畫框中的名字

*畢沙羅最初的風景畫中有一些偶然出現的人物。而到了1880年，情況就截然不同了。他艱難地探索着農婦畫——即德加所謂的"上菜市場的天使"。他在畫布上、扇面上和陶器上作畫，有時候也用蠟筆或樹膠水彩。他的長子***盧西恩***(Lucien, 1866～1944)重拾水彩畫。盧西恩移居倫敦，並在倫敦的哈默斯米思成立了一家具影響力的出版社。*

1857年
印度民族大起義。導火線是一則關於新彈藥筒上被塗上了豬油（對回教的一種冒犯）或牛油（對印度教的一種冒犯）的傳言。

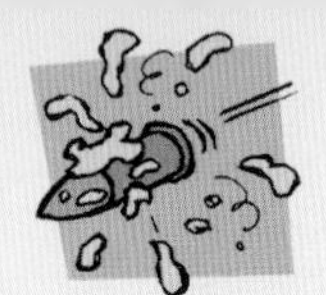

1869年
哲學家約翰·斯圖加特·穆勒（John Stuart Mill）為女權運動出版了《男尊女卑》（The Subjection of Women）。

1876年
格里格（Grieg）為易卜生（Ibsen）的舞台劇《皮爾金》（Peer Gynt）配樂。

1855年～1903年
音樂與運動
惠斯勒

"在這世界上，我只知道兩位畫家，"一位初識惠斯勒的熱情女士說："您和貝拉斯克斯（Velázquez）。""為什麼還要加上貝拉斯克斯呢？"惠斯勒温和文雅地回答。這一對話是他的真實寫照——另類、風趣、自大。當時，他正在倫敦和巴黎為許多印象派畫家們所欣賞的思想而鬥爭。

惠斯勒：《灰色與黑色的構圖，作品第一號：畫家的母親》（1871）。

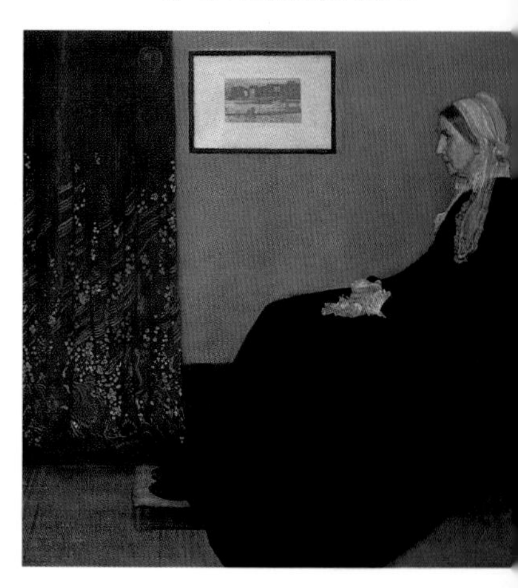

惠斯勒（James Abbott McNeill Whistler, 1834～1903）出生於馬薩諸塞州的洛厄爾城。在那裡，他從西點軍校中途輟學，而海軍繪圖員的工作也未能維持長久；於是，就像當時許多年輕人一樣，他遠赴巴黎加入了那些波希米亞風格的群體。在那裡，他結識了德加和庫爾貝（參見第21頁），沉浸在巴黎的咖啡館社群和青年印象派畫家之間如火如荼的爭論之中。

完美的孤立

印象主義運動是藝術史上最初的顯然是非主流的運動之一。公眾不能理解印象派畫家們究竟意欲何為，而最終畫家們卻以此為榮。與美學運動的其他成員一樣，惠斯勒認為這相當理想——這使他們認為自己敏銳，有異於一班形同傻子的常人。"永遠也不會出現藝術家的時代，"惠斯勒晦澀地表示，"永遠也沒有熱愛藝術的國度。"

四年後，在作品《鋼琴旁》（Au Piano, 1859）被沙龍拒絕展出之後，惠斯勒移居倫敦，這幅作品與馬奈在"落選者沙龍"(Salon des Refusés)中的作品命運相同。同時，他穿梭於英吉利海峽兩岸，緊隨時尚，刻意保持着上流社會人物的形象——這一潮流後來由奧斯卡·王爾德（Oscar Wilde, 1854～1900）和奧布里·比爾茲利（Aubrey Beardsley, 1872～1898）以都市閒人的形象在1880年代和1890年代繼續領銜。與王爾德相同，惠斯勒天賦異

1886年
費迪南德·舒馬赫爾（Ferdinand Schumacher）在俄亥俄州阿庫倫城的燕麥片工廠遭祝融之災，100, 000蒲式爾燕麥片被焚毀。更可怕的是，他未曾投保。

1895年
布克·T·華盛頓發表演講，支持美國黑人應當退出政壇，作為黑人得到教育保證的回報。

1901年
金·C·吉列（King C. Gillette）在波士頓一家魚店的樓上開辦了一家製造安全刀片的公司。

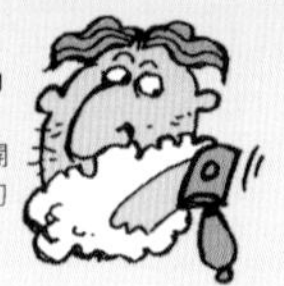

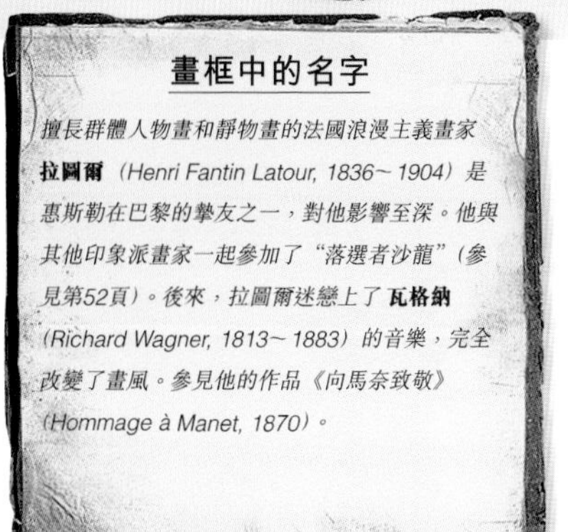

畫框中的名字

*擅長群體人物畫和靜物畫的法國浪漫主義畫家***拉圖爾***（Henri Fantin Latour, 1836～1904）是惠斯勒在巴黎的摯友之一，對他影響至深。他與其他印象派畫家一起參加了"落選者沙龍"（參見第52頁）。後來，拉圖爾迷戀上了***瓦格納***（Richard Wagner, 1813～1883）的音樂，完全改變了畫風。參見他的作品《向馬奈致敬》（Hommage à Manet, 1870）。*

稟，這使他成為美學運動的先驅。他尖刻的詼諧、文質彬彬、對鄉野不屑一顧，與那些為印象派搖旗吶喊的法國作家們十分合拍。

惠斯勒與印象派畫家們進行着同樣的抗爭，不過在倫敦他卻勢孤力弱。與印象派畫家們一樣，他為日本版畫的構圖魅力所傾倒。他並不同樣看重光線，但強調色彩、印象和感覺。為突出這一點，他沉醉在被同時代人視為怪異的題材之中。他為母親作的那幅著名肖像被他稱為《灰色與黑色的構圖》（Arrangement in Grey and Black, 1871）：灰色和黑色分別指她的頭髮和裙子。而他的作品《藍色和金色的夜曲》（Nocturne in Blue and Gold, 1865）則表現了煙火背景之下的巴特西老橋。現在前者藏於巴黎羅浮宮，而後者則藏於倫敦泰特美術館。但當時他對混合色彩和感覺的做法激怒了不少評論家，其中就包括了著名藝評家約翰·羅斯金（John Ruskin），而他們之間的瓜葛最終更要在法庭上解決（參見第84頁）。

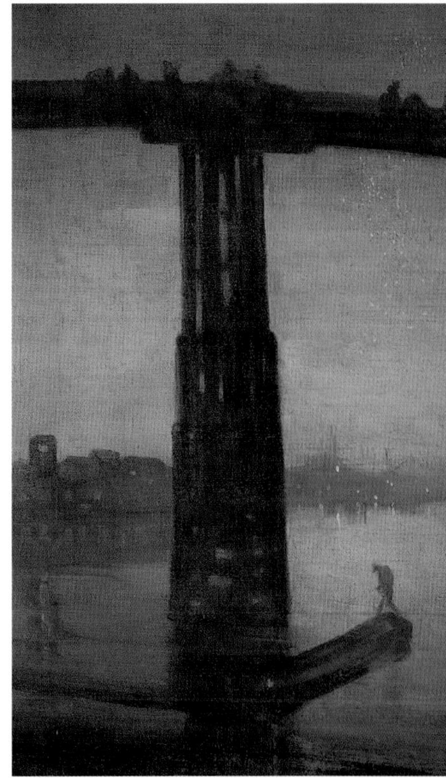

惠斯勒：《藍色和金色的夜曲》（1865），亦名《煙火》。他在1860年代創作了一系列關於倫敦夜景的作品。

1856年
蓋爾·博登引進了濃縮牛奶，但並沒有得到紐約人的喜愛：他們已經習慣了用白堊染色並用蜜糖加濃過的摻水牛奶。

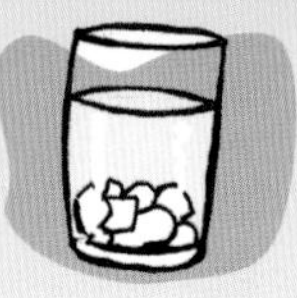

1861年
北部聯邦的官員在英國船隻特倫特號(The Trent)上逮捕南方代表。事件發生後，英國幾乎要在美國內戰中支持南部邦聯了。

1863年
辨喜（Vivekananda）在加爾各答降生。他將成為19世紀印度教復興的關鍵人物。他於1893年訪問了芝加哥的世界宗教議會。

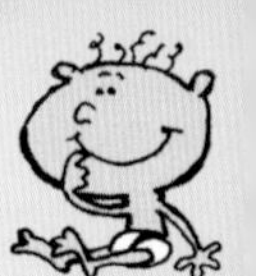

1856年～1883年
黑色的反叛
馬奈

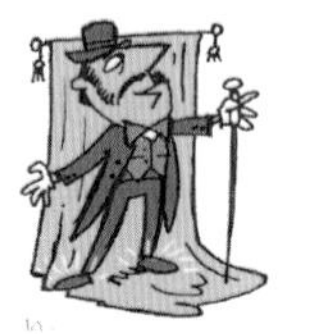
穿着雙排扣長禮服和黑漆皮鞋的人物

波德萊爾（參見第70頁）説過，我們真正渴望的是一位摩登時代的畫家，一位可以展現“穿着雙排扣長禮服和黑漆皮鞋、我們是如此偉大與詩意”的畫家。他偉大的朋友馬奈讓他不虛此言——他描繪了這個世界的原貌。1863年，馬奈在馬提奈展廳首次展出了他的十四幅佳作——其中包括《推勒里的音樂會》(Music in the Tuileries, 1862)，這引發了印象派內部的風潮。

至交
馬奈的摯友是與他同時代的德加（參見第58頁）。他們都是花花公子，以不同於旁人的方式渴望着尊重。德加曾就讀於最著名的巴黎藝術學校——美術學院，雷諾阿和畢沙羅都曾經在那裡上過課。馬奈與德加政見不同，馬奈曾有一次將德加為自己妻子畫的肖像一撕兩半，因為他認為作品不夠理想。但是，他們對彼此的作品非常欣賞。在馬奈的影響下，德加背離了古典主義藝術，並且開始描繪眼前的世界。

這同樣是一場風潮。藝評界痛恨他對傳統的反叛。他們對他那種通過迅速轉換明暗而不使用陰影，並且將色彩集中於黑色的做法深惡痛絕。他們尤其厭惡他那些自然的粗獷線條。只有他的朋友左拉（參見第70頁）維護他。悲劇在於，儘管馬奈（Èdouard Manet, 1832～1883）是印象派畫家靈感的主要來源以及某種意義上的兄長，他真正希望的卻只是被世俗社會所接受。他總是聲明他從未有過“除舊佈新的意圖”。畫家和作家必須簡練。馬奈説，“繁瑣的畫家令人生厭：由誰來

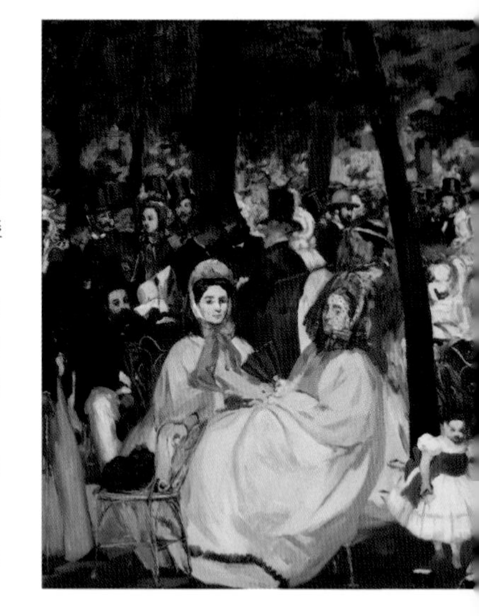
馬奈：《推勒里的音樂會》(1862)。他參加所有最上流的聚會，沒有任何目的地描繪他所知道的摩登世界。

1866年
在代表作《白鯨》(Moby Dick)沒有帶來任何收入之後，赫爾曼．梅爾維爾（Herman Melville）放棄了寫作，在紐約擔任海關檢查員。

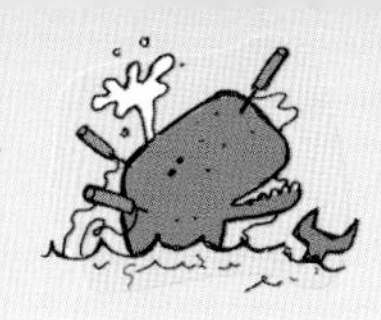

1872年
沃克斯（Calvert Vaux）在哈德遜河畔為畫家丘奇（Frederic E. Church）修建了一座名為“奧拉拿”的宏偉的伊斯蘭風格建築。

1883年
哈羅德（C. D. Harrod）在倫敦的商店裡有100名僱員。他們如果遲到就會被處以每十五分鐘一便士或半便士的罰款。

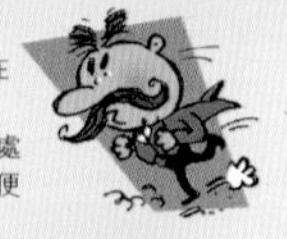

消除這一切拼湊的痕迹呢？”作為這一問題的回答者，他身體力行。

如果你並不在意世俗社會對你的評價，那麼這就已經是嚴重的反叛了；不過如果你的全盤計劃中有一項是希望你的作品被沙龍接受，那麼你就必須要經歷艱苦的歷程——沙龍一次又一次地否決了馬奈。這個可憐人是一個複雜的混合體。他是個典型的花花公子，中上等階級的浪蕩人物。他認識所有的時尚人物，也參加所有最上流的聚會。“為什麼穿着拖鞋閒逛呢？”他告訴他的波希米亞印象派朋友們，並拒絕參加他們的畫展。不過，他同時也是一位左翼共和黨人，在1871年巴黎公社期間畫過路障景觀（參見第64頁）。

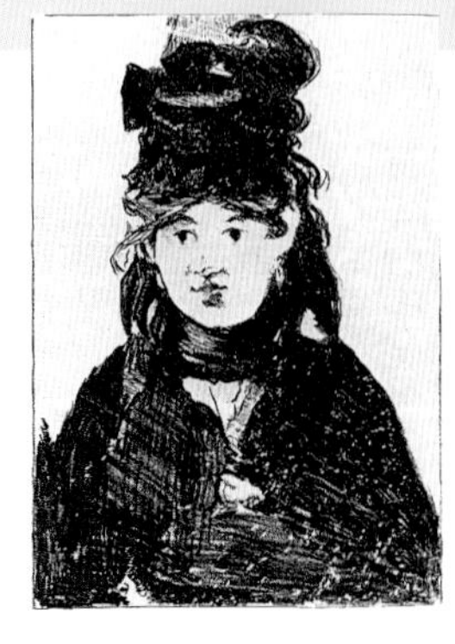

馬奈所作《摩里索》（Morisot, 1884）：作於他們彼此扶持的歲月。

到了1867年，他已經完全失去了勇氣。在隨後的五年間，青年印象派畫家摩里索（參見第60頁）的關懷使他重拾自信，她後來嫁給了他的兄弟尤金。在她的影響下，他棄用了黑色，並且完成了他的繪畫生涯中絕大多數印象派作品。後來，當沙龍終於注意到他的時候，他病倒了，發生壞疽，腿部截肢，最後去世。這是一位藝術史上最出色的革命家的悲情結局。

畫框中的名字

馬奈的另一位朋友是法國畫家 ***詹姆斯．提索*** *(James Tissot, 1836～1902)，他在普法戰爭期間赴英國定居，實踐着與馬奈相同的思想——描繪真實世界。1874年年底，提索與馬奈結伴遊覽了威尼斯。參見馬奈在該地逗留時極具印象主義風格的作品《大運河》(The Grand Canal, 1874)。*

1860年
首屆現代艾斯特福德節(Eisteddfod festival)在威爾士舉行，詩人和音樂家們從世界各地紛至沓來。

1861年
英國發佈了第一條天氣預報。直到1869年美國才出現天氣預報。

1862年
A·T·斯圖爾特在他紐約的百貨公司裡實施了數項改革措施：在每件商品上標上價目籤、僱用女性店員，並且讓牧師和教師的妻子享有九折優惠。

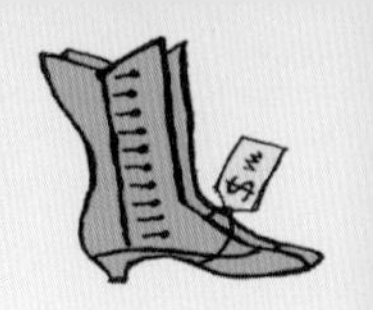

1860年～1864年

學生起義

格萊爾畫室

可憐的老查理·格萊爾(Charles Gleyre, 1808～1874)！他是一位舊式的幻想浪漫主義畫家，親切而又慷慨——如此的慷慨！事實上，他的藝術學校幾乎破產，並被迫關閉。不過，他被載入史冊的主要內容還是被他的學生們認為他十分愚蠢的一系列評論。當你的學生突然間成為19世紀最偉大的藝術運動中的一員時，總會出現這種問題。

也許是奇異的巧合，許多後來的印象派畫家都曾經於1862年在格萊爾畫室中學習，他們之中的絕大多數動機各異。畢沙羅曾在巴黎的瑞士學院(Académie Suisse)結識了莫奈和塞尚，那是一個允許一貧如洗的美院學生前來練習畫技的模範學院。但是他的雙親勸他前往一個更上流的地方，並在1862年把他送往格萊爾畫室。

在畢沙羅之前，雷諾阿已經在那裡度過了兩年。巴齊耶(參見第49頁)來到雷諾阿身邊，竭力想將他從那些醫學院的學生之中爭取過來。和他們在一起的還有將英國的家族事業置之不顧而來到巴黎學畫的英國人西斯萊(Alfred Sisley)。後來，惠斯勒在從美國

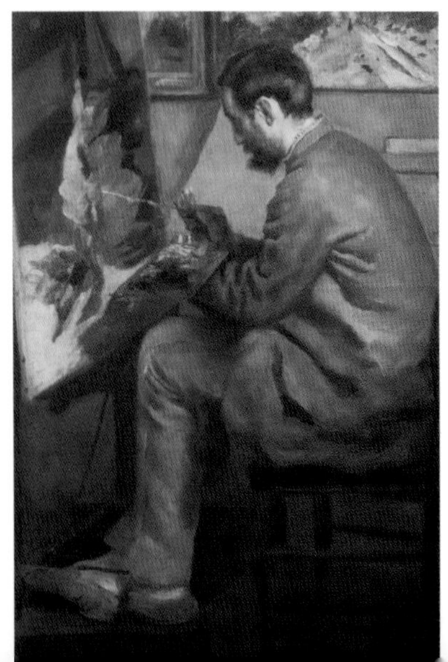

雷諾阿：《畫家巴齊耶》(The Painter Frédéric Bazille, 1867)。在格萊爾畫室，他們與西斯萊、畢沙羅和惠斯勒是同窗。

室友

雷諾阿和莫奈是室友，一起租住一個富有畫家的公寓。後來，雷諾阿在巴蒂哥諾勒斯區租了一間畫室，和巴齊耶一起搬了過去。在同一棟樓裡還住着西斯萊。巴蒂哥諾勒斯大街的重要性在他們後來的發展中被證實(參見第56頁)。當時，莫奈拖欠房租，馬奈的好心幫助使他免遭被掃出門的厄運。

1862年
艾達・以撒・曼肯（Adah Isaacs Menkeu）在紐約Bowery劇院擔演改編自拜倫1819年一首詩的"Mazeppa"，由於半裸地騎馬橫過舞台而引來轟動。

1863年
拉・維萊特（La Villette）屠宰場在巴黎開業，由巴隆・奧斯曼設計完成。

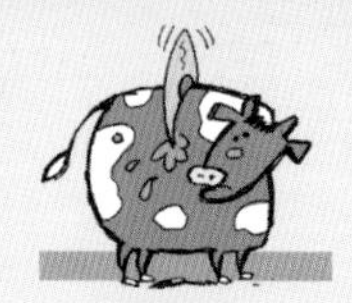

1864年
喜力（Gerard Adrian Heineken）發明了一種可以使啤酒起泡的特殊酵母，其他的啤酒與之無法相比。

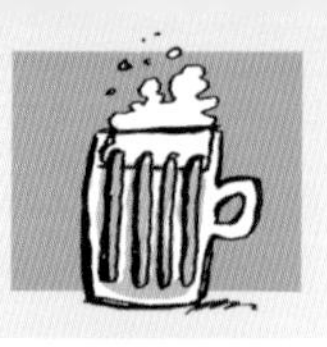

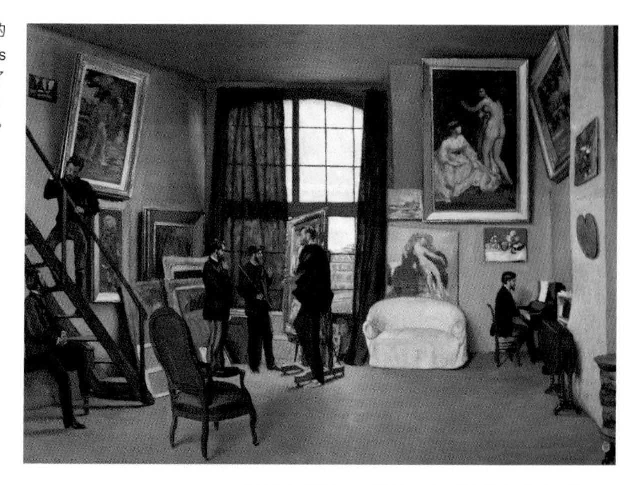

巴齊耶：《藝術家的畫室》（The Artist's Studio, 1870）。描繪了馬奈、莫奈、左拉、雷諾阿和巴齊耶自己。

到倫敦的途中也來到了這裡（參見第38頁）。格萊爾畫室成為人才匯集之地。

格萊爾畫室的生活閒適怡人。在那裡可以對着一系列模特作畫，似乎也可以參與創作由歷史上最偉大的藝術家們繪製的風俗劇和猜字遊戲中美輪美奐的佈景，只不過當時人們還意識不到他們的價值而已。格萊爾任由他們自我發展，而且鼓勵他們的原創性和寫生的激情。他每周光臨一次，巡視他們的作品。

但是，格萊爾並不真正理解他們正在為之探索的理念。"你難道不能了解愷撒的大腳趾比本地那些煤礦工人的大腳趾要高貴得多嗎？"格萊爾這樣教訓雷諾阿。但是雷諾阿永遠不能理解這一點，他的同窗們也不能。當格萊爾講到"創作人物時應當永遠想到古典風格"時，怒氣沖沖的莫奈帶領他的朋友們離開了畫室表示抗議。

格萊爾於1864年放棄了畫室，部分出於財政困難，部分出於他視力的衰退。年輕的印象派畫家們現在只能自力更生了。

畫框中的名字

在某種程度上，是 **路易十四** *（Louis XIV, 1638–1715）使印象主義運動成為可能。這位"太陽王"採取了許多鼓勵國內藝術發展的舉措，這使1870年代的巴黎比世界上任何一座城市都擁有更多的美術學校。求知的海外學子蜂擁而至。成立於1648年的"美術學院"(École des Beaux-Arts)是這一切的中心。1862年，雷諾阿參加入學考試時，在80名考生中名列第68。*

1862年
英國探險家約翰·斯皮克（John Speke）確認維多利亞湖是尼羅河的源頭。

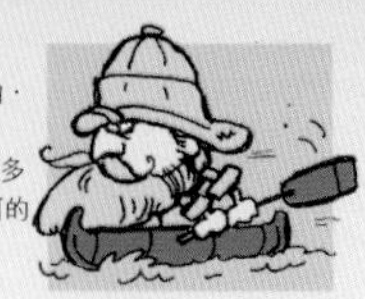

1868年
英國小説家威爾基·科林斯（Wilkie Collins）完成了《月亮寶石》（The Moonstone），並且將他成功的秘訣解釋為："讓他們笑，讓他們哭，讓他們等待。"

1874年
巴納姆（J. T. Barnum）的"世界上最偉大的演出"每天接待 20,000 人，每人付費 50 美分。

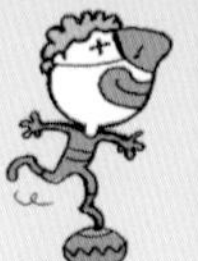

1862年～1899年

被遺忘的印象派畫家

西斯萊

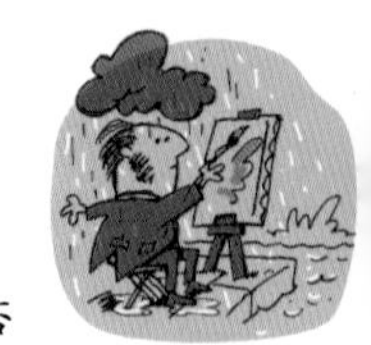
雨中作畫

西斯萊是否真的醉心於巴黎聖·馬丁運河的魅力，以及他是否曾經預料到關於它的作品會成功地售出，這一切都永遠不會有人知道。另外，他幾乎是在朝向着毀滅進行創作。無論晴雨還是多霧的清晨，他總在那裡——在方寸之間描繪聖·馬丁運河的一段。當這一嘗試未獲成功時，他又挑選了馬爾港的塞納河。對於一位印象派畫家來説，這是令人驚訝的舉動。

艾爾弗雷德·西斯萊（Alfred Sisley, 1839～1899）來自英國。18歲那年，他被送往法國學習語言，並投入商界，從此他再未返回家鄉。1862年，他就讀於"美術學院"，結識了其他印象派畫家。他在普法戰爭期間重回英國，但也不

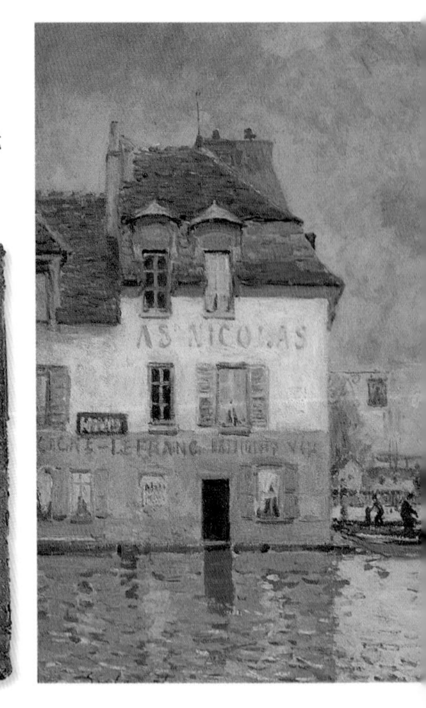

畫框中的名字

在英法隧道已建成的今天，我們能夠很輕易地想像出：在一個世紀以前，英國人和法國人很難互訪彼此的首都。不過西斯萊是個例外。儘管英法兩國仍然認定彼此是潛在的敵手，貴族和知識分子階層還是自由地在倫敦和巴黎之間旅行。惠斯勒（參見第38頁）在兩個城市都有寓所。隨着印象派畫家們聲名鵲起，巴黎成為藝術生活的中心，青年們結伴湧入，以求一睹風采。

1879年
在祖魯戰爭中，用後膛裝彈步槍裝備的140名英國士兵在洛爾克河流域牽制了4, 000名使用長矛的祖魯族戰士。

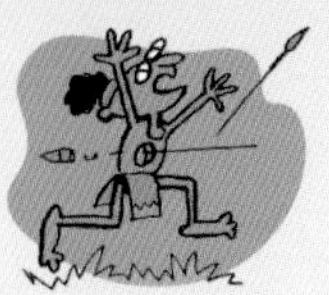

1889年
皮爾斯肥皂公司支出了165,000美元的巨額廣告費用。同一年，他們購買了密萊司（Millais）的作品——吹肥皂泡的小男孩。

1899年
德國研究人員菲利克斯·霍夫曼和赫爾曼·德雷塞改進了阿司匹林的配方。它後來成為世界上最廣泛使用的止痛藥。

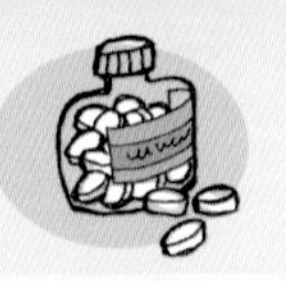

過是短暫逗留而已。

印象派畫家們秉性各異，而西斯萊更是與眾不同。他自始至終都是一位印象派畫家。他總是堅持原始的原則和技巧，固守着風景畫創作的原始理念。他不像其他印象派畫家一樣流連於妓女、農民或舞會參加者等題材。他也並不刻意選擇最優美的風景——他喜歡畫工廠、郊區、還有沙堆，參見他的《馬爾港的塞納河：沙堆》（Seine at Port Marly： Piles of Sand,1875）。但是他作品的風格不同於其他印象派畫家所堅持的城市生活作品。著名的藝評家肯尼斯·克拉克（Kenneth Clark）認為，就“印象主義”這一理念來說，沒有作品比西斯萊在戰爭期間關於漢普頓·科特（Hampton Court）的作品（1870～1871）更純粹的了。

西斯萊：《馬爾港的洪水》（1876）。他喜歡自己筆下的天空，認為：“它不僅有助於構成畫面的深度……還賦予作品時間感。”

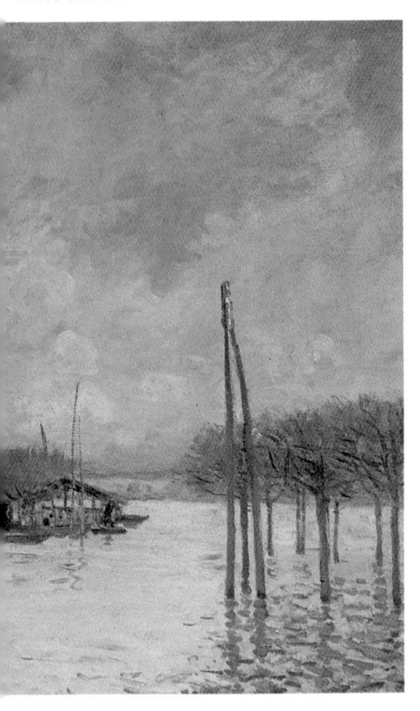

低調是西斯萊的另一特點。他不像其他人一樣在咖啡館裡喧嘩。他總是靦腆而謙遜，也從未體會過他人所享受過的成功。他的一生都在貧困中度過。但與其他人不同的是，他從未對印象主義感到過不滿。

西斯萊的第三個特點是，他尤其醉心於天空。他的作品並不像莫奈的晚期作品那樣完全融入光與色，但光與色的混合是他作品中最為重要的元素之一。在他筆下，河水看來很平靜，但天空卻是氣象萬千。

地下洪流

1872年塞納河決堤的一刻對西斯萊來説極為重要。他衝出寓所，創作了馬爾港的洪水系列作品中的第一幅。馬爾港在巴黎以西，位於聖—熱爾曼—恩—萊伊和凡爾賽之間。1876年到1879年間，西斯萊一直住在那裡。後來他移居塞夫爾。西斯萊最著名的繪畫洪水作品《馬爾港的洪水》（Flood at Port Marly, 1876）為畫商帶來了滾滾財富——1900年以43, 000法郎的價格被轉手，並於八年後被贈予羅浮宮。不過這對於西斯萊有些遲了：1899年1月，他死於喉癌。

1862年
在英國，克羅斯和布萊克韋爾發明了罐頭湯。

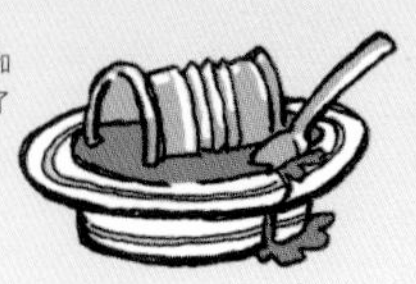

1870年
普魯士軍隊圍困巴黎。飢餓的市民以貓、狗為食，甚至吃掉了動物園裡的大象卡斯特和帕拉克斯。

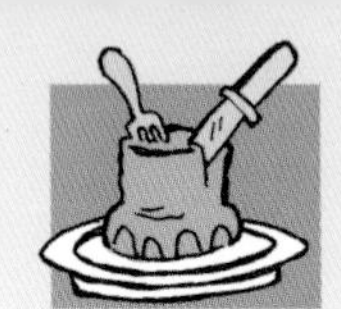

1885年
英國記者斯特德（W. T. Stead）以7美元買下了一個十三歲的女孩，證實在倫敦、巴黎和布魯塞爾之間仍然存在白人奴隸貿易。

1862年～1906年

紅樹和筆觸

塞尚

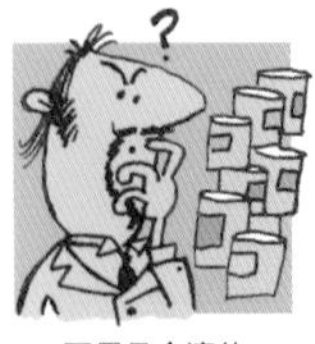

要用最合適的色彩

作為被一些人尊為“現代藝術之父”和該時代最偉大的畫家，塞尚幾盡絕望的人生實在令人驚訝。但他還有其他令人深思的東西。他希望掌握並超越印象主義。他選用鮮艷的顏色來描繪純粹的風景畫，但不能忍受混亂無序。他還希望將印象主義改造得“更為純粹和恆久，就像博物館中的美術作品一樣。”

塞尚（Paul Cézanne, 1839～1906）比雷諾阿年長，他在瑞士學院加入到其他印象派畫家的群體中，在咖啡館裡與每一個人辯論。在與導師畢沙羅一起旅行的途中，他學會了只使用三原色及其衍生色。不過嚴格說來，稱他為後印象派畫家（Post-Impressionist）比印象派畫家更合適。

他對構圖和透視法的規則並不十分感興趣，例如他在勒康姆特藏品（Lecomte Collection）中的《靜物》（Still Life, 1878）。事實上，若處於其他時代，塞尚很可能未必會成為一個畫家，因為他不太善於複製或畫草圖。印象派畫家們嘗試在畫布上匆匆勾勒出自己的印象，而塞尚則在每幅作品上精雕細琢。讓塞尚為你畫像

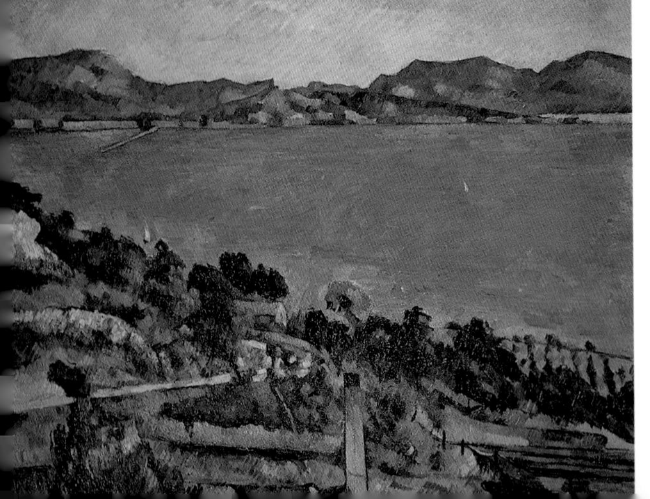

塞尚的《愛斯塔克》（L' Estaque, 1878～1879）：馬賽海灣的景色。他於1870年後一直在附近居住。

1890年

在《無源新聞》上，威廉·莫里斯描述一個世紀後醒來，發現倫敦已經成為了一個田園般的具有工藝品風格的城市。真是夢魘！

1894年

馬歇爾·約翰·塞爾曼在德克薩斯州的持槍歹徒約翰·威斯利·哈丁在“頂點沙龍”裡玩撲克牌時射擊他的後腦。他聲稱哈丁曾經侮辱過他。

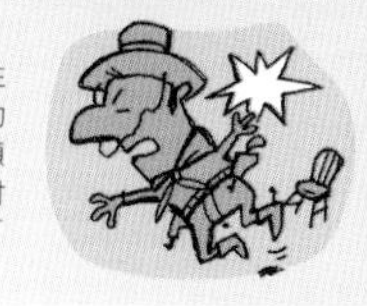

1903年

根據埃比尼澤·霍華德的理念建成的第一座“花園城市”——萊奇沃斯落成。霍華德認為，城裡的居民應當移居到由田園地帶包圍的綠色城鎮中去。

立體派

塞尚是第一個立體派畫家嗎？當然，畢加索（Pablo Picasso, 1881～1973）等早期立體派畫家從他那裡獲益匪淺，他們研究形狀和色彩之間的關係——有時候為了描繪畫中物的整體結構而忽略其視覺形狀。塞尚曾經用彎曲透視角度的做法加強景深。他認為畫家應當注意自然的錐體、球體和柱體，而這些聽起來都相當的“立體”。

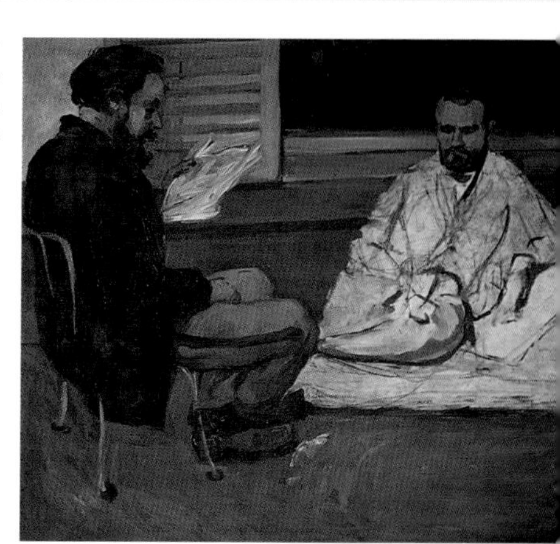

塞尚的《保羅·阿列克謝為埃米爾·左拉讀手稿》（Paul Alexis reading a manuscript to Emile Zola, 1869～1870）：作於他們發生爭執前。

可能需要一生之久。一位畫商安布羅伊斯·沃拉爾（Ambroise Vollard, 1868～1939）的肖像在一百多次漫長的靜坐後最終被放棄。塞尚自我欣賞的形式使他相當的孤漠離群。1874年，在第一屆印象派畫展被公眾接受後，他懷着怒氣回到自己位於艾克斯的家中。“當一個人呱呱墮地之後，就沒有任何事情可以左右他了。”他寫道。他自己主宰着一切，對巴黎藝評界的言論聽而不聞。

較之其他不講究形狀的印象派畫家，塞尚在作品中更加注意結構和平衡。他希望自己的畫作看起來具有永恆感。他同樣具有印象派畫家們對寫生的激情，而且總是反復地摹畫靜物和蘋果。對於認為靜物缺乏道德上的嚴肅意味的沙龍來說，這是一種反抗。1886年，他繼承了他那家長性格十足的父親的財產，可以維持自己在法國南部的隱居生活了。為了現代藝術的偉大主題，他鞠躬盡瘁，而且似乎已取得了勝利。

畫框中的名字

塞尚在波旁大學（College Bourbon）期間成為左拉（參見第70頁）的朋友，這段友誼對他至關重要。他給左拉寫了大量的信件和詩歌，絕大多數充滿了性和死亡的困擾。在其中一篇裡，他形容了被他親吻過的一位美女在頃刻之間化為白骨的夢境。但是，左拉在1886年出版了小說《全集》，其主人公是一位多難的畫家，明顯是塞尚和馬奈的混合體。自此，他們分道揚鑣。

1862年
丹尼爾．巴特菲爾德將軍創作了名為《熄燈號》的軍號曲作為熄燈號（就寢時間）和軍中葬禮號。

1869年
高爾頓（Francis Galton）的著作《世襲的天才》中提議在富有的女子和出色的男子之間安排婚姻。

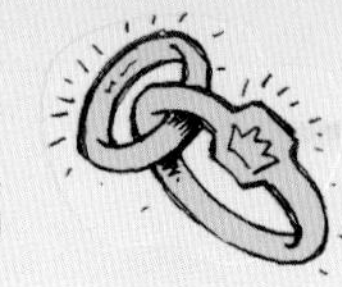

1870年
倫敦勞埃德保險社（Lloyd's of London）在成立182年之後合併。其辦公室中保留着1859年從三帆快速船"HMS盧廷號"上搶救的盧廷大鐘，有壞消息時敲響一次，有好消息時則敲響兩次。

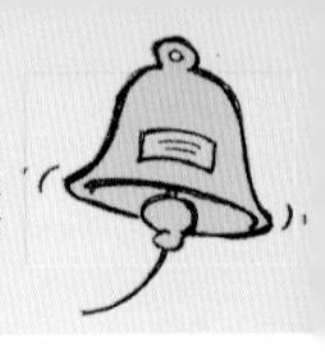

1862年～1919年
肉體的樂趣
雷諾阿

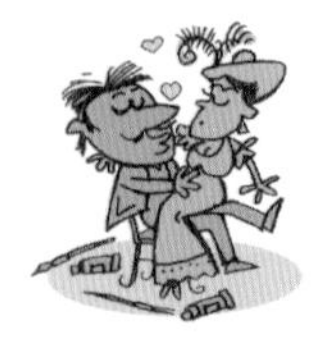

雷諾阿在研究他最喜愛的題材

你只需要觀賞雷諾阿的婦女作品中的大量人體，和其他作品中純粹的生活樂趣，你就可以理解他的主要動機：追求快感。"人不應該為了娛樂而作畫，"格萊爾（參見第42頁）斥責道，而雷諾阿回答說，"可是，如果它不能使我愉快，我就根本不會去畫它。"

雷諾阿(Pierre-Auguste Renoir, 1841～1919）與其他印象派畫家最為顯著的區別在於：他為追求快感、樂趣和情慾而生活。還有一點也可以解釋雷諾阿作品中大量出現的裸體：他喜愛繪畫史，特別是肉感的事物，並且相信它們對於掌握藝術傳統非常重要。當畢沙羅疾呼羅浮宮應當被焚毀時，雷諾阿正在利用自己的每一分鐘徜徉其間，凝視着華

麗莎
雷諾阿最著名的模特兒是麗莎．特雷霍特（Lise Tréhot, 1848～1924），是他的建築師朋友朱爾斯．勒．科爾（Jules Le Coeur, 1832～1882）的情婦的妹妹。這對姐妹的父親是一位埃克奎維里小城的失業的郵局局長。不久，麗莎成為雷諾阿的情婦和最為鍾愛的模特兒，出現在《撐陽傘的麗莎》中。她於1872年嫁給一位建築師，毀掉了所有雷諾阿寫給她的信，但卻將這幅畫一直保存到終老。

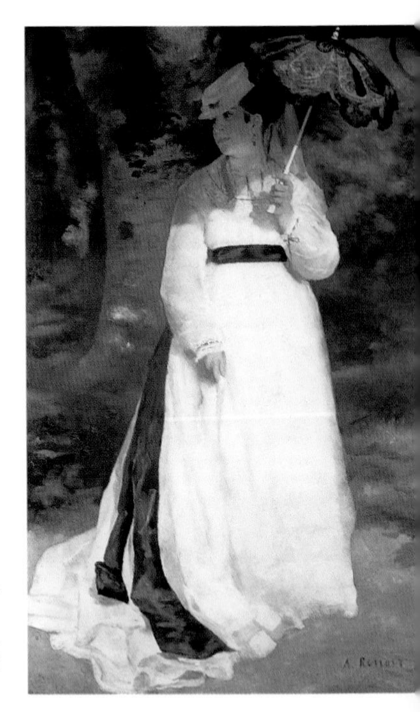

雷諾阿的《撐陽傘的麗莎》(Lise with Parasol, 1867）：他最著名的模特兒的畫像，模糊的粉狀背景顯示出女性的陰柔之美。

1886年
德國物理學家發現了鍺元素。在1870年德米特里·門德列夫(Dmitri Mendeleev)發表元素周期表時，他還不知道這一元素，但是他已經猜測到鍺的存在。

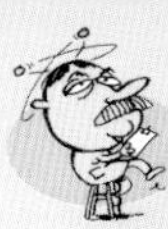

1904年
《彼得·潘》(Peter Pan)在倫敦首演，演出中要求觀眾用掌聲來拯救廷克貝爾的生命。

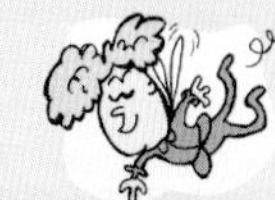

1919年
彈簧單高蹺專利被授予喬治·B·漢斯伯格，並成為舞劇《齊格菲爾德·弗洛倫茲》(Ziegfeld Follies)的特色道具。

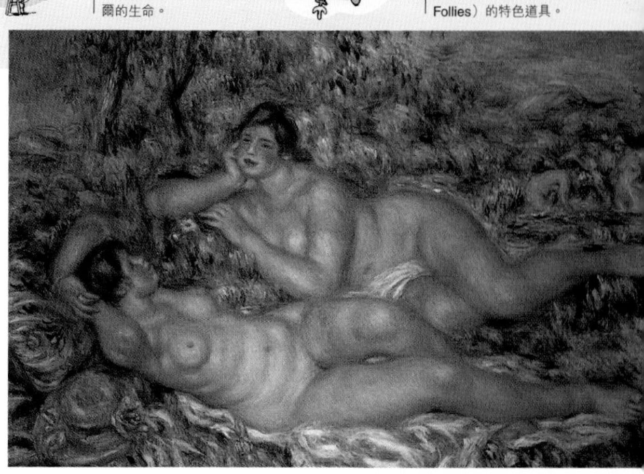

雷諾阿的《浴女》(The Bathers, 1918～1919)：他似乎開始表現作品中活躍的一面。現保存在巴黎奧賽博物館(Musée d'Orsay)。

托（Watteaus）和韋羅內塞（Veroneses）——還要拉上不情願的莫奈一起參觀。

雷諾阿的第三個特點是他對理論不太感興趣，也無法忍受在咖啡館裡持續到深夜的理論之爭：那樣他第二天清晨就無法起來作畫了。雷諾阿是一個窮裁縫的兒子，十三歲起就開始在工廠裡描畫瓷器。後來工廠倒閉，他轉而畫扇面謀生。他總是講求實際的：他安排印象派作品的前期銷售，拚命賺錢從巴齊耶（參見欄內文字）等富裕一些的人手中購買二手顏料。為了給莫奈籌到食物，他還曾經從自己母親的餐桌上偷取麵包。

儘管有這些不同之處，莫奈和雷諾阿（而不是其他畫家）一起在1868年夏季塞納河畔的寫生中達到了使他們享有盛譽的技巧高度。在莫奈的影響之下，雷諾阿的作品變得愈加輕快明亮和草率，像未完成一般。他將周日下午和晚上的時間都消磨在咖啡館和劇院裡，描繪着那些生動的關於色彩和生命的揮霍。

雷諾阿的裸體畫被《費加羅報》批評為"一堆正在腐敗的肉體，綠色和紫色的色塊像絕對已經腐爛了的屍體。"——但是時代是屬於雷諾阿的。

畫框中的名字

巴齊耶（*Frédéric Bazille, 1841～1870*）*是通過雷諾阿認識絕大多數其他印象派畫家，並成為這一團體的關鍵人物的。他是蒙彼利埃附近一位富有的酒商的兒子。在到格萊爾畫室（參見第42頁）之前，他是作為一名醫學院學生來到巴黎的。他冷靜而慷慨，一直資助着其他人。他告訴父母，他計劃與庫爾貝和柯羅合辦一場獨立畫展（參見第20頁）；但是在他29歲那年，他被一位普魯士狙擊手殺害了。*

1862年
在美國，無牌釀酒是違法的，但是"私釀烈酒走私者們"依舊橫行無忌。

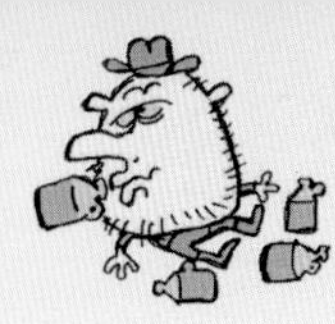

1865年
約翰·亨利·紐曼（John Henry Newman）創作了詩歌《格羅恩蒂亞斯之夢》。受到啟發的愛德華·埃爾加（Edward Elgar）完成了他最為著名的同名作品。

1867年
加拿大實現自治，聯邦由魁北克、安大略、新布倫茲維克和新斯科舍諸省組成。不過，英法殖民者之間的分歧依然存在。

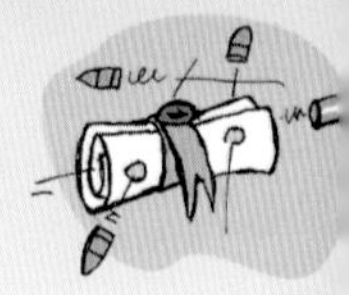

1862年～1926年
現場寫生
莫奈

發明海邊寫生

父母的經濟狀況對子女影響至深。莫奈的父親是一位小店主，正是他的窘境迫使全家在莫奈五歲時遷往勒阿弗爾海邊。在那裡，莫奈結識了布丹（參見第27頁）。布丹勸他以成為風景畫家為目標，而其他一切的則正如他們所說的那樣成為了歷史。

莫奈（Claude Monet, 1840～1926）與羅丹（Rodin）同日出生（1840年11月14日）。他是印象派的核心人物：他對寫生的激情勸導了他人的嘗試，而他對技巧的執着又超過了其他任何人。在格萊爾畫室1864年關閉後，正是莫奈帶領着印象派畫家們前往楓丹白露的森林作畫。而且，正是莫奈一幅作品的名稱《日出的

畫框中的名字

莫奈曲高和寡。他起初並不喜歡布丹的作品。在文中，他形容格萊爾在盛名之外，不過是個愚夫（參見第42頁）。莫奈和畢沙羅在普法戰爭期間前往倫敦，他們參觀了國立美術館和維多利亞與阿爾伯特博物館中康斯太勃和透納的作品。不過莫奈並不欣賞它們。你必須原諒天才人物的這種傲慢。

1898年
第一部德國海軍法通過，制定了建立強大海軍的計劃。英國政府對此十分警覺：這一舉措的唯一原因就是進攻英國。

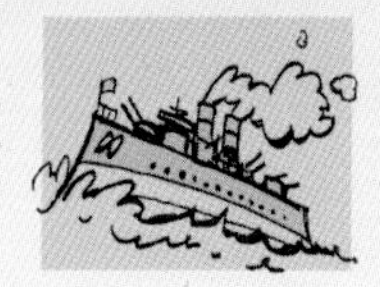

1912年
哈里·J·威廉姆斯創作了歌曲《去蒂帕雷里的路很遠》。歌中唱道："再見，皮卡迪利大街/別了，萊切斯特廣場。"

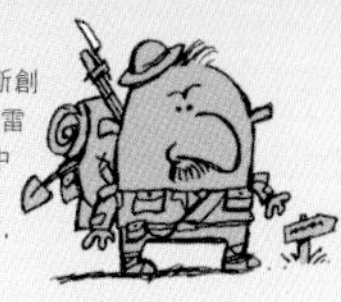

1926年
布朗庫西（Brancusi）的雕塑《空中飛鳥》（Bird in Space）在被進口到美國時被海關官員徵收了40%的關稅，因為他們說它是"一件金屬製品"。

印象》（Impression： Sunrise）賦予了整個運動那最初具有諷刺意味的名稱。

1876年到1880年之間，對於窮困潦倒的莫奈來說，馬奈、左拉和其他人的經常接濟無疑是雪中送炭，這使他能夠一直居住在阿讓特伊。有一個時期，莫奈甚至打算自殺。1883年，他移居吉維尼，在那裡，他修建了一個美妙的花園——包括那些著名的睡蓮（參見第128頁）。在那之後，一切開始步入正軌。1889年與羅丹共同舉辦的展覽（參見第102頁）使莫奈再攀高峰。到了1890年代，莫奈已經成為最負盛名的印象派畫家了。

從那時開始，莫奈開始反復描畫同一景物（參見第120頁）。古典主義畫家們對此不感興趣，他們認為繪畫的最佳途徑只有一條。但對於莫奈來說，這正是觀察光線變化的美妙方式。他曾在雨雪天中整日作畫，莫泊桑（Guy de Maupassant, 1850～1893）是他的常伴。莫泊桑形容莫奈是"一個設陷阱捕獸者"。莫奈完全沉浸在對眼前世界的描繪中。他"不過是有眼力而已"，塞尚是這樣評價莫奈的，"不過我的天，這又是何等的眼力！"

花園

莫奈鍾愛他的花園。儘管印象派畫家們都是都市蟲子，終日流連在咖啡館和妓院，園藝卻是他們的弱點。莫奈引導着潮流，從阿讓特伊到吉維尼，你可以從印象派畫家們的作品中看到花園的模樣——人們閒庭信步、揚傘致意、揮灑丹青。並沒有什麼與泥鏟和耙子相關的工作。畢沙羅則是個例外，他的作品中常出現種豌荳的婦女。莫奈在吉維尼的住宅和花園至今仍對公眾開放，而他關於它們的大量作品在他逝世後被贈送給政府（參見第128頁）。

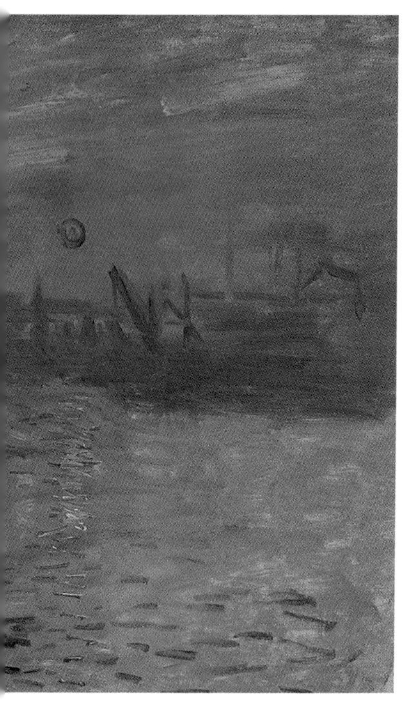

莫奈的《日出的印象》（1872）：這幅作品注定要為整個運動命名。它描繪了面向東南方向的勒阿弗爾港。

1863年
阿爾馬—泰德馬．勞倫斯爵士（Sir Lawrence Alma-Tadema）在參觀龐貝古城時獲得靈感，從此開始創作考古題材的作品。

1863年
在英國的貝克郡，一所專門為精神病罪犯設計的特殊監禁地——布羅德莫精神病院落成。

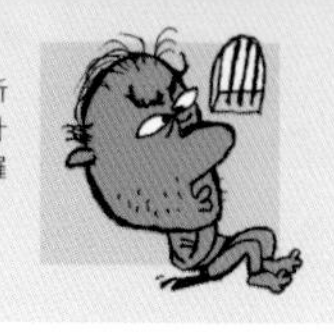

1863年
在有史以來最為寒冷的一個冬季過後，德克薩斯的牲畜開始繁盛起來。

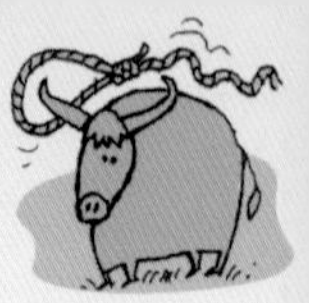

1863年

被拒之門外者

“落選者沙龍”

想像一下由一小群年邁的保守派人士負責判定藝術優劣的情況吧。19世紀中葉的巴黎即是如此。如果你能說服沙龍接受你的藝術並在年度畫展上展出你的作品，那麼你就能夠成為一位被官方承認的藝術家。如果你做不到這一點，你就無法得到認可。而沙龍的評審團正滿懷嫉妒地把守着入口。

問題是，儘管沙龍從法國大革命起一直向所有畫家開放，沙龍的評審團的審美品味卻是極端傳統的。他們欣賞優雅而精緻的作品，偏好歷史或神話題材。他們當然不會喜歡那些嶄露頭角的前衛派新興作品——它們明顯是“未完成”的現代風景和現代生活作品。評審團成員之中也有畫家，但是僅限於那些已經獲得沙龍勳章的畫家；因此，這是一個自存不廢的團體。

1863年，當馬特斯（Matters）成為沙

白人女子

惠斯勒的《白人女子》（1862）被他刻意賦予了一個富於感染力的印象主義名稱《白色交響樂作品第1號》（Symphony in White No 1），這一作品曾經被英國皇家藝術院拒之門外。畫中人是他的情婦喬安妮．希夫爾曼（Joanne Hifferman），她身着白色長裙，髮絲凌亂，神情溫順，足踏一張熊皮。前衛的藝評家們興奮地發表着如潮的言辭：它是如此的自然而現實、與舊式的古典主義作品相比不可能再具有現代感了。

亨利．傑維克斯（Henri Gervex）的《沙龍評審團會議》（A Meeting of the Salon Jury, 1885）：守舊的老朽們在投票決定作品是否能夠被通過，而印象派的作品通常都遭到淘汰。

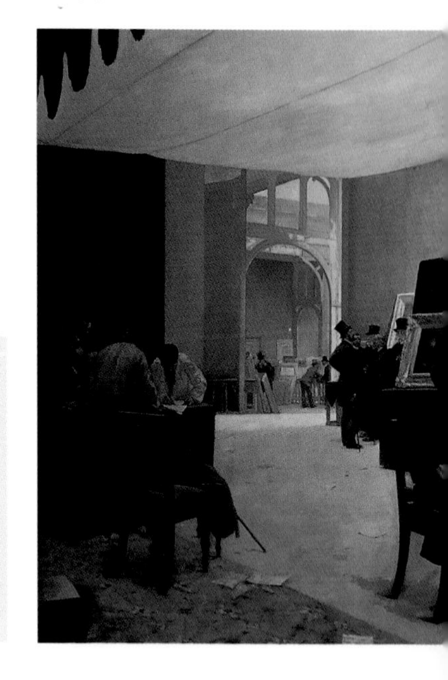

1863年
《小新聞》（後來更名為《巴黎小報》）創刊；到了1910年，它成為法國銷量最大的日報（150萬）。

1863年
華盛頓特區的國會大廈被加上了圓頂。

1863年
"勝家"（Singer）牌縫紉機被引進，每台售價100美元；不過你也可以以每月5美元分期付款。

龍領袖後，極為苛刻的評審團在其決定中宣佈有5, 000件作品落選。雷諾阿和惠斯勒（參見第38頁）有作品入選，但馬奈（參見第40頁）遞交的三幅作品均遭淘汰。這一藝術團體中一位最為保守的成員曾經警告過雷諾阿，認為雷諾阿選用的紅色陰影部分過於鮮艷，因此他並不樂於投他一票。

評審團的決定激起了公憤，因此皇帝（參見第32頁）在十二天後頒佈的一道敕令中支持了畫家們的申訴，並決定在同一展館的另一部分展出落選作品。

在所謂的"落選者沙龍"上展出的將近

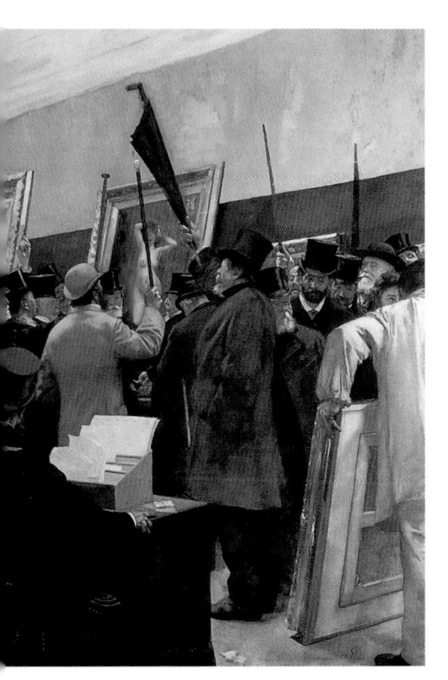

畫框中的名字

布拉克蒙德（*Felix Bracquemond, 1833～1914*）*是落選者沙龍的參展畫家之一。他是馬奈的朋友，後來成為塞雷斯瓷器廠的藝術指導。他是名垂青史的雕刻家，而他的妻子* **瑪麗**（*1841～1916*）*是一位隱逸的畫家。她的印象派技巧頗為她丈夫所嫉妒。參見她的作品《白衣少女》（Young Woman in White, 1880）。*

3, 000幅作品中，有兩件引起了藝評家的注意。一幅是惠斯勒的《白人女子》（The White Girl, 參見欄內文字），另一幅是馬奈的《草地上的野餐》——這一作品引起了轟動（參見第55頁），使馬奈成為了那個時代的先鋒藝術家。可悲的是，馬奈自己並不想標新立異。他只希望得到沙龍的認同。當它最終到來時，對馬奈來說已太遲了。

落選者沙龍中還包括了畢沙羅、塞尚和布拉克蒙德（參見欄內文字）的作品。其他的印象派畫家們還沒能來得及參加這一盛事，不過他們從中認識到獨立展覽的力量。十年後，當他們面對來自權威的敵意時，落選者沙龍為他們指出了一條道路。

1863年
薩莫色雷斯島的勝利女神像（The Winged Victory of Samothrace）在希臘出土。

1863年
身高101厘米的美國表演者湯姆・薩姆將軍與身高81厘米的梅爾西・巴恩結婚。

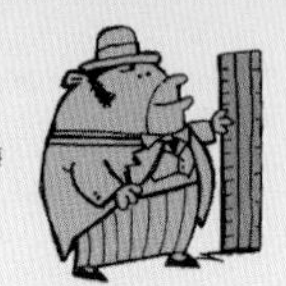

1863年
查理・金斯利（Charles Kingsley）創作了《水孩兒》（The Water Babies），描寫了逃往水下福地的童工。

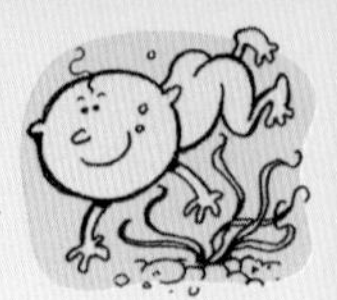

1863年

奇異的午餐

草地上的野餐

對於法國美術界的權威來說，這無異於一枚炸彈。他們正在那裡強迫青年畫家們選擇歷史和古典題材，但一位名叫馬奈的年輕天才畫家突然將一幅“未完成”的野餐作品擺到了他們面前。

這又是怎樣的一次野餐啊！一位全裸的女子正在向畫外張望，而另外兩位衣冠楚楚的紳士閒散地倚在草地上，並沒有真正地望着任何人。對於守舊派來說，這簡直是一幅色情作品。更糟的是，一位幽靈般漂浮在背景中的半古典的女子很明顯地在洗浴。這幅畫的原名就是《洗浴》（Le Bain）。

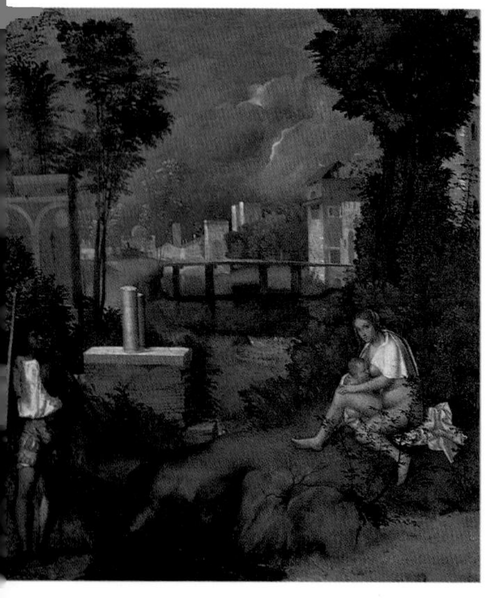

事實上，這幅作品較之其他印象派作品更加深入地植根於傳統藝術之中，它受到了兩幅文藝復興時期作品的啟發：提香（Titian）的Le Concert Champêtre（馬奈有一件這幅作品的副本），以及風格主義大師喬爾喬涅的《暴風雨》（參見欄內文字）——那是350年前的一位年輕人試圖打破文藝復興風格的一次嘗試。

喬爾喬涅的《暴風雨》（約1505）：對於馬奈著名的野餐來說，這是難以理解的但被推崇備至的先驅作品。

暴風雨

喬治奧・達・卡斯特爾弗朗科（Giorgio da Casterlfranco），又名喬爾喬涅(Giorgione, 1476/8～1510)，貝利尼的學生和達文西的追隨者之一，是第一個進行小型油畫嘗試的威尼斯人。他只活躍了幾年便死於瘟疫，現存作品中僅有五幅莫名其妙的奇異作品可以肯定是他的。現在的人以及與他同時代的人都不能理解他最著名的作品《暴風雨》（Tempesta, 約1505）的真正含義。與馬奈的《野餐》一樣，畫中有一位裸身女子，她正在餵哺嬰孩；還有一個明顯無關的看守者。背景是一道貫穿城市的閃電以及風暴前的氣氛。

1863年
在日內瓦的一次會議上，各國就國際紅十字運動的基本原則達成一致。該運動旨在救助戰爭中的傷亡者。

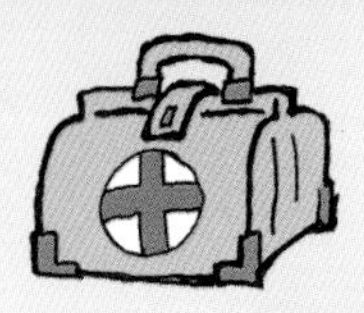

1863年
比才（Georges Bizet）的歌劇《珍珠漁夫》（The Pearl Fishers）在巴黎的抒情歌劇院首次公演。

1863年
在英國，新的足球協會為足球運動制定了權威規則。

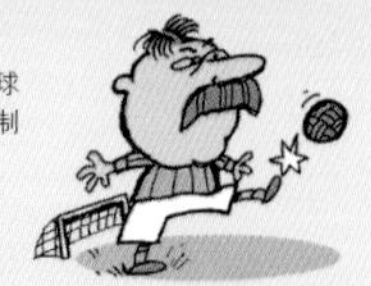

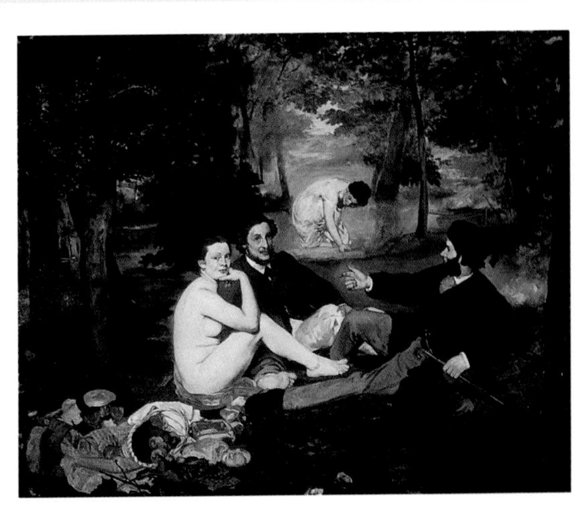

馬奈的《草地上的野餐》（1863）：在1863年落選者沙龍上首次展出時即遭到藝評界的敵視。

向外張望的正是馬奈的兄弟之一，另一位是他後來的妻子的兄長，雕刻家費迪南德·利恩霍夫（Ferdinand Leenhoff）。裸身女子是維多利娜·繆蘭特（參見欄內文字），她與馬奈兩年後的作品《奧林比亞》中的裸體女子遭到了同樣的不道德的譴責。皇帝認為她的出現使草地上的午餐變得下流，不過落選者沙龍的觀眾卻被這幅作品徹底打動了。

藝評家們痛恨它。他們仇視這些有力的筆觸和黑暗背景對比下的明亮裸體。最重要的是，他們認為它不誠實：他們不明白它要表現什麼，這使他們惱怒。“我看到了外表，但無法找到感覺來剖析他們的結構並解釋他們的動作，”藝評家尤利斯·卡斯塔格納里（Jules Castagnary, 1830～1888）寫道，“我看到了無骨的手指和無顱的頭，我看到的絡腮鬍子像是黑色衣服上的兩條帶子被粘到臉頰上。我還能看出什麼其他的嗎？那就是畫家缺乏説服力和真誠。”但這正是馬奈的技巧：他要畫我們真實所見的，而不是皮囊下的骨骼。年輕的印象派畫家們對馬奈的作品甚為驚嘆。他們開始練習包括人物的大型構圖，並在戶外寫生。印象主義運動由此開始了。

畫框中的名字

維多利娜·繆蘭特（*Victorine Meurent, 1844～1885*）*是印象主義的悲劇人物之一。她是《草地上的野餐》（Déjeuner sur l' Herbe, 1863）和《奧林比亞》（Olympia, 1865）中的裸體模特。十年後，她全副盛裝地出現在馬奈的作品《鐵路》（The Railroad, 1872～1873）中。她兼有演奏吉他和繪畫的天才，1876年，她曾試圖使自己的自畫像被沙龍接受。但不久之後她就開始酗酒。她在四十歲生日剛剛過後便在極度貧困中含恨去世。*

1864年
馬休・布蘭迪（Matthew Brady）攜帶一馬車攝影器材穿越了南方諸州，記錄下南北戰爭的災難實況。

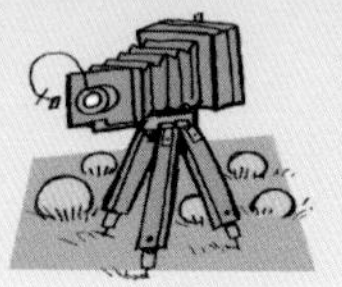

1867年
刻有雕像和四頭獅子的尼爾森柱在倫敦的特拉法爾加廣場（Trafalgar Square）揭幕。

1870年
法國律師里昂・甘必大（Leon Gambetta）乘坐熱氣球逃離被圍困的巴黎。

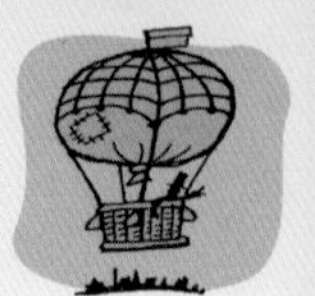

1864年～1877年

咖啡和苦艾酒

巴蒂哥諾勒斯大街和蓋爾波瓦咖啡館

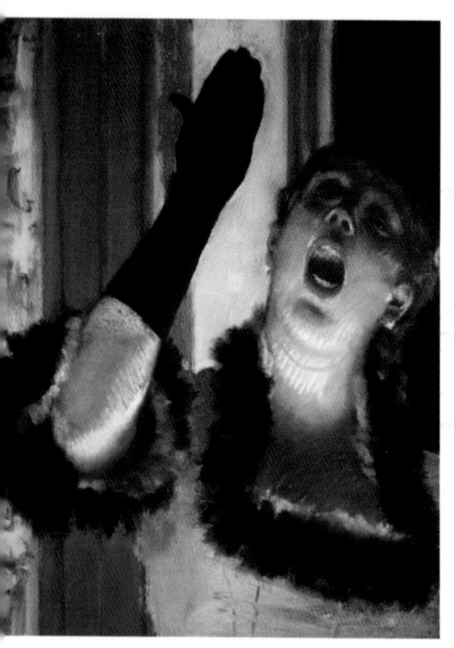

德加的《戴手套的歌手》（Singer With Glove, 1878）：放盡喉嚨高歌的咖啡館音樂會。德加對燈光照亮歌手臉龐的方式很着迷。

當人們希望開始一次文化運動時總是衝向咖啡館的桌前。為什麼？部分由於印象派畫家。以前也曾經有運動從咖啡館中興起，但印象派畫家們的青年時代正巧與巴黎咖啡館的偉大時代重疊。事實上，僅在巴黎就至少有24,000家咖啡館，星羅棋佈於新建的廣闊人行道上，平民和妓女混雜其間。

咖啡館音樂會

作為一個如此熱愛鄉野和風景的藝術團體（當然也有一些成員例外），印象派畫家們相當城市化。他們在咖啡館消磨的時間多於家居時光，還特別熱衷於新事物——咖啡館音樂會。德加曾在Ambassadeurs的咖啡館音樂會中與歌手們盡興忘歸。

這是馬奈的錯誤。他搬入位於蒙馬特和Les Ternes之間的郊區，巴蒂哥諾勒斯大街34號的公寓，成為巴齊耶（參見第49頁）、波德萊爾(參見第70頁)、范丁・拉圖爾(參見第39頁)、畢沙羅（參見第36頁）和雷諾阿（參見第48頁）的鄰居。他喜歡與朋友們圍坐在咖啡館的桌前高談闊論，消磨夜晚的時光。

1866年的時候，他們喜歡去巴蒂哥諾勒斯大街11號的蓋爾波瓦咖啡館——特別是在星期四。不久，塞尚（參見第46頁）、左拉（參見第70頁）以及其他一些畫家和

1872年
"21點" 甘草口味口香糖在紐約上市；它是最早出售的用樹膠製成的棒狀口香糖。

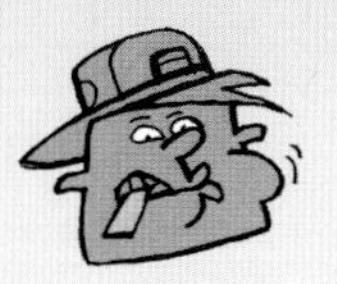

1875年
斐濟國王訪問了新南威爾士，並且將麻疹帶回了自己的島國，斐濟150,000總人口中的40,000人死於這一疾病。

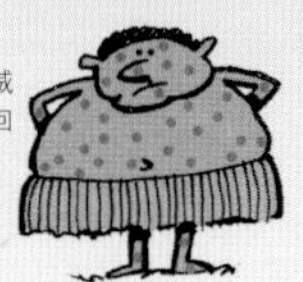

1877年
華格納來到倫敦並在皇家阿爾伯特音樂廳指揮了幾場音樂會。在此期間，他會見了羅伯特·伯朗寧(Robert Browning)、喬治·艾略特（George Eliot）、維多利亞女王和威爾士王子。

敏銳的思維

莫奈如此形容蓋爾波瓦咖啡館的夜晚："再沒有比這更刺激的了：我們這些成員在爭論，彼此的見解互相碰撞。他們使我們的思維敏銳，給我們帶來的熱情可以一直持續幾個星期，使我們一直努力到理念被實現為止。他們讓我們的決心更堅定，思想更明確，更周嚴。"而且，他們那時還爭吵由誰來付帳單。

藝評家也加入進來。這是激烈的談話，熱烈、機智，有時甚至是暴力性的，因為馬奈並不喜歡被駁倒。有一次，他與藝評家埃德蒙·杜蘭迪（Edmond Duranty, 1833～1880）決鬥並傷敵獲勝。他們化干戈為玉帛，一起回到了咖啡館，那裡的常客為他們譜寫了一曲榮譽之歌。

1870年爆發的戰爭使巴蒂哥諾勒斯大街的團體風流雲散，再也沒有完全復原。到了1870年底已是時移世易。成員們轉移到了畢加爾街的新雅典咖啡館，而上一個年代反對派的偉大領袖們早已在那裡舉行集會——例如克列孟梭（Clemenceau, 參見第129頁）、納達爾（參見第28頁）和甘必大（參見第54頁）。但此時印象派的所有聲音都來自德加（參見第58頁），也早已沒有任何榮譽之歌了。許多印象派領袖已移居鄉間（莫奈已經去了吉維尼），因此他們只是希望在大家都同在巴黎的時候舉行一場事先安排好的晚餐會而已。

在咖啡館裡加入到印象派畫家之中的愛爾蘭作家喬治·摩爾（George Moore, 1852～1933）認為它是"美術學院"。其他藝評家們稱巴蒂哥諾勒斯大街的團體為"日本主義"，因為印象派畫家們醉心於一切來自日本的事物。不過，在咖啡館中開展新藝術運動的理念已深入人心，並成為新城市神話不可分割的一部分。

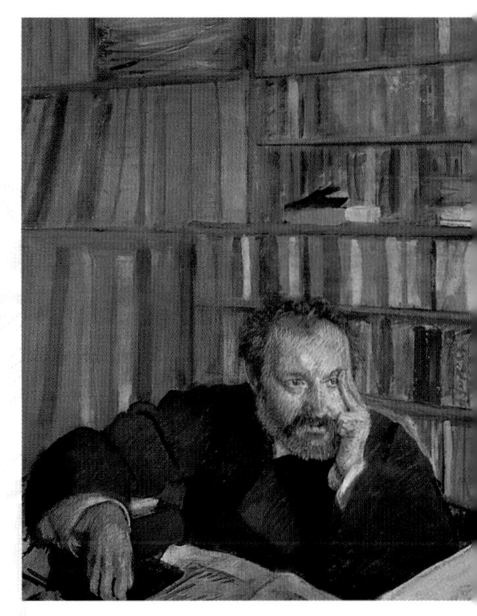

德加：《埃蒙德·杜蘭迪像》(Portrait of Edmond Duranty, 1879)。杜蘭迪的短篇小說 Le Peintre Louis Martin形容了當時巴黎藝術世界的張力。

1866年
英國工程師羅伯特·懷特尼德（Robert Whitened）發明了魚雷，這是一種帶有炸藥彈頭的水下導彈。

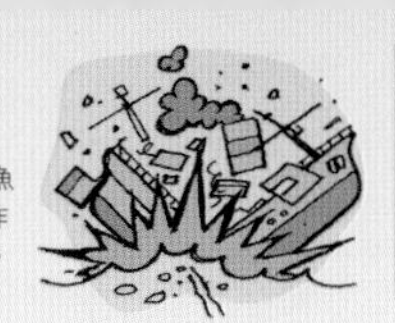

1870年
美國地產發展商布洛傑特（William T. Blodgett）在巴黎購置了三個藝術系列，將耗資116, 180美元買下的174幅畫贈給了紐約現代藝術館。

1880年
馬克·吐溫在《出國記》中列出了所有他在歐洲旅行時沒有品嚐到的食物名單，包括龜鱉、負鼠、豬腸、和加楓糖漿的蕎麥餅。

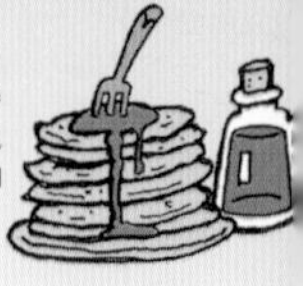

1865年～1917年

腳踝的魔力

德加

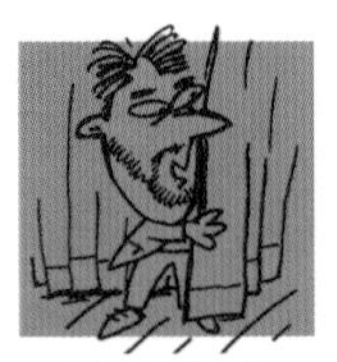

德加為什麼如此喜愛芭蕾舞呢？

德加的問題在於他比其他印象派畫家脾氣暴躁得多。他不贊同模糊的改良理念——恰恰相反，事實上他在臭名昭著的德雷福斯醜聞中反猶太的思想是如此的尖刻，以至他被許多朋友所疏遠。他永遠不使用任何有猶太血統的模特兒。但他關於繪畫的主要思想與其他印象派畫家是一致的：靈感似乎總是在劇院或馬戲場產生。

德加（Edgar Degas, 1834～1917）是印象派畫展的主要組織者之一，當有人退出轉而投向沙龍的畫展時，他便怒髮衝冠。他將他的摯友兼模特兒瑪麗·卡薩特（Mary Cassatt, 參見第84頁）介紹到團體中來，而他的名字在當時和後來一直與其他印象派的同道們聯繫在一起。儘管如此，他總是否認自己是一名印象派畫家。

確實有所不同。例如，他很富有：他無須忍受許多其他印象派畫家面臨的極度貧困。另外，他是個固執的城市人。德加從不畫風雨和天空。他希望做個花花公子，衣着考究地漫步在土伊勒里宮。

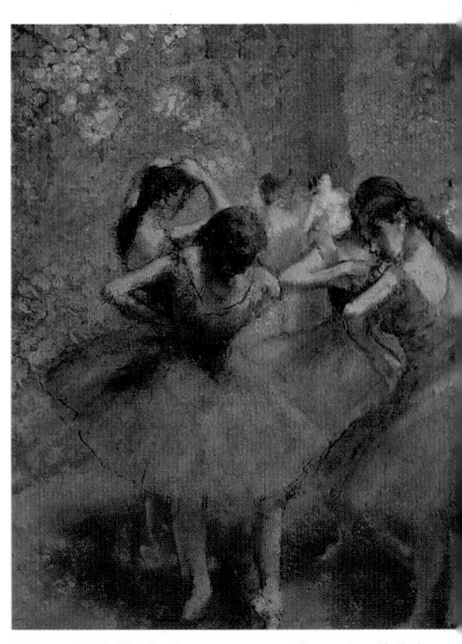

德加：《藍衣舞女》(Blue Dancers, 約1893)。他的大多數芭蕾舞作品都是後台場景的速寫。

他還是一名雕刻家——特別是在他藝術生涯的晚期；他的著名雕塑作品是一位身穿真實芭蕾舞裙的少女（1881），被當時

1900年
在北京，外國軍隊鎮壓了義和團的起義。

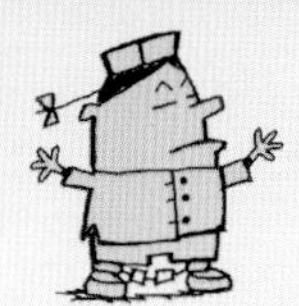

1909年
佳吉列夫（Sergei Diaghilev）在巴黎成立了芭蕾舞團，福金（Michel Fokine）擔任舞蹈指導，演員有尼任斯基(Vaslav Nijinsky)和巴甫洛娃（Anna Pavlova）。

1917年
西達·巴拉（Theda Bara）憑藉電影《克婁巴特拉》（Cleopatra）成名。在這之前，擁有同樣擅長色誘男人的角色的劇目還有《卡門》、《蕩婦》、《母老虎》和《永遠的薩伯》。

的藝評家認為是驚人之作。與其他印象派畫家不同，德加主要關心的是動作而非光與色。在畫布上，他真是精益求精。在瞬間裡難以捕捉到直接的印象。“一切都及不上我的作品那樣自然”，他憤慨地這樣寫道。

但如果說德加在很多方面與他人不同，那是因為他將他們的一些特徵發揮到了極致。快照對他的影響大於其他印象派畫家。他畫中的人物是在作品邊緣被裁切出畫面的，或者像日本版畫那樣被柱子和杆子分割成兩半。比起其他印象派畫家，咖啡館、劇院和舞蹈對他的影響要深刻得多。在他的粉彩畫和油畫中，有超過半數的作品是關於芭蕾舞蹈員的。

畫框中的名字

德加一生未娶：婚姻對他來講太過困難。但是兩段重要的人際關係改變了他的性格，讓他不再那麼孤僻。首先是他與團體中的另一位風流人物——莫奈（參見第40頁）之間長期而坎坷的友誼，儘管他們之間在政治和很多其他方面有分歧。另一段則是他與瑪麗·卡薩特（參見第84頁）之間的友誼。

德加，《十四歲的小舞者》（The Little Dancer of 14 Years, 1881）：他解釋說“舞女之於我，只是描繪優美的織物和表現動作的媒介罷了。”

技法

德加對陽光不太感興趣；他更喜歡咖啡館中的人工光線。這使他成為最具創新性的印象派畫家。他嘗試使用少得多的顏料，認為印象派畫家們畫筆上使用的顏料過多。他嘗試使用松節油稀釋過的油彩，用吸墨紙吸去油份，並在蠟筆畫、樹膠畫和蛋彩畫上重疊層次（就像他在美術學院中學習的那些文藝復興時期藝術家們一樣）。最後，隨着他視力的衰退，他的筆觸越來越粗的粉彩畫成為了他最著名的作品。

1868年
在法國佩里格附近的洞穴中發現了公元前68,000年的克魯馬努人（Cro-Magnon）的骨化石。

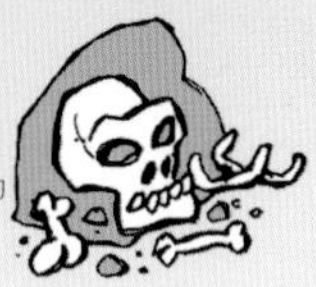

1872年
維多利亞女王在給女兒的一封信中寫道："我並非不喜歡嬰兒，但我認為太小的孩子相當煩人。"

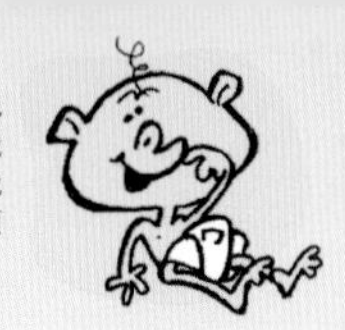

1891年
托馬斯．哈代（Thomas Hardy）的作品《德伯家的苔絲》（Tess of the D'Urbevilles）被指控不道德，哈代的妻子領導了一場抗議活動。

1868年～1926年
花瓣的力量
摩里索

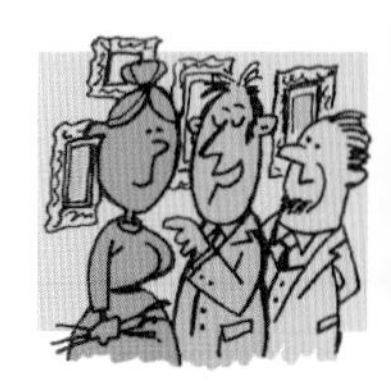
決定所有當事人的命運的會面

她坐在羅浮宮裡臨摹着魯本斯（Rubens）的作品，就像一名美術學院裡的優等生。此刻，摩里索（Berthe Morisot, 1841～1895）同時改變了自己的藝術和愛情生活。她的朋友拉圖爾（參見欄內文字）將她介紹給馬奈（參見第40頁）認識。對他們兩個人來說，這是一次關鍵性的會面。從此以後，她成長為羽翼豐滿的印象派女畫家，是團體中最傑出的女性。

摩里索曾經是柯羅（參見第20頁）的學生，但在結識了馬奈之後，她的作品明顯反映出她的轉變：一位藝評家稱她是"團體中唯一的印象主義者"，他指的是她那自由的筆法和像鮮花般出現在她作品當中的淺灰、藍色和黃色的色調。參見她的《陽台》。"她將花瓣碾碎在調色板上"，另一位藝評家寫道，"以便一會兒以輕快、機智的筆法將它們撒在畫布上，幾乎是隨意揮灑。"

摩里索與馬奈的關

熱氣球郵件
不同於其他印象派畫家，摩里索在普法戰爭巴黎被圍困期間仍然留在巴黎，這多半是為了還在炮兵隊伍裡的馬奈和德加。她給妹妹寫長信來度過漫漫長日，熱氣球將這些郵件送出巴黎。在信中，她描述了震耳欲聾的炮聲、人們日常散步時在街上發現的屍體，以及馬奈是如何在更換不同的莊嚴制服中消磨了時光。

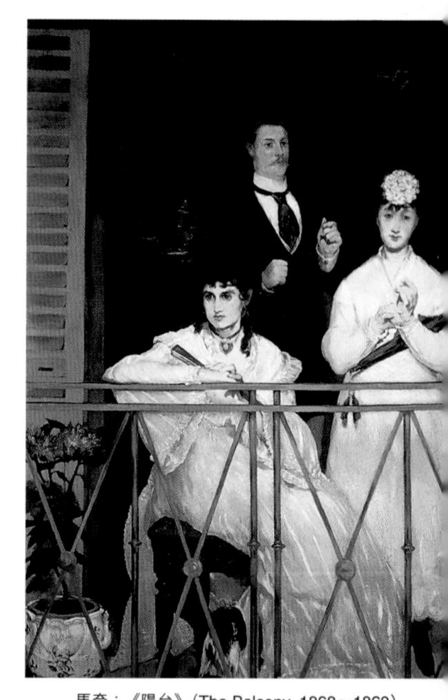
馬奈：《陽台》（The Balcony, 1868～1869），坐在前面的貝特．摩里索是他未來的弟婦兼印象主義同伴。

1899年
凱特．蕭邦（Kate Chopin）在出版了《覺醒》（The Awakening）之後被排斥在社交界之外。這一作品描寫了一位在婚姻生活中窒息的女性。

1908年
薩弗蓋茨．埃米林和克里斯塔貝爾．潘克赫斯特被判入獄。在感人的審判過程中，兩名內閣部長為他們的抗辯作證。

1924年
洛特．蓮尼亞（Lotte Lenya）在一個火車站與庫爾特．韋爾（Kurt Weill）初會。當他們划船穿過湖面來到他們朋友的家裡之後，他們已經決定結婚。

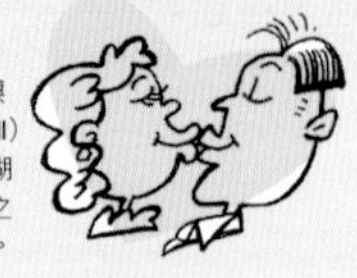

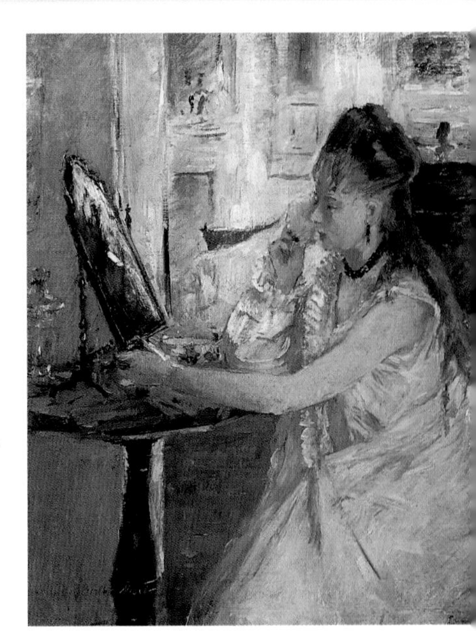

摩里索的《擦粉的年輕女郎》（Young Girl Powdering her Face, 1877）：是她關於女子閨房隱私的印象。她被認為是被遺忘的19世紀偉大女畫家之一。

係坎坷曲折。她勸說他在作品中棄用黑色並嘗試更多的印象主義風格。後來，馬奈對其弟子兼崇拜者伊娃．岡薩雷斯（Eva Gonzales, 1843～1883）的迷戀刺激了摩里索，她嫁給了馬奈的弟弟尤金。他們的家成為巴黎印象主義文化的中心，他們的女兒茱麗（Julie, 1879～1966）少年時代的生活日記後來以《與印象派畫家們一同成長》（Growing Up with the Impressionists）為名出版，並最終於1987年被譯成英文。

作為馬奈的弟婦，摩里索使他與印象派的聯繫更為緊密。不過在1885年以後，她發現雷諾阿對自己的影響越來越深。當然，她也有自己的風格。她從不掩飾失誤。她的油畫作品看起來更像是速寫，她邊畫邊塗抹或揩拭。

與其他印象派畫家不同的是，摩里索從不畫劇院和咖啡館。在她的筆下是剛剛起床的富有而優雅的女子，正在對鏡端詳，身邊圍着孩子們，姿態十分隨意——這正是19世紀中葉巴黎中產階級生活的奇妙寫照。她的作品在大多數印象派畫展上展出，十分成功；參加過1880年第五次畫展的作品《梳妝枱前的女子》（Lady at her Toilette, c. 1875）引起了轟動。

畫框中的名字

拉圖爾（*Henry Fantin-Latour, 1836～1904*）*擅長浪漫主義人物畫、肖像畫和靜物畫，經常參加沙龍展出——但是他的作品明顯接近那些落選者沙龍的印象派畫家（參見第52頁）。他與馬奈和惠斯勒（參見第38頁）保持着友好的關係，在作品《Batignolles區的畫室》(Studio in the Batignolles Quarter, 1870)中還出現了馬奈、雷諾阿、巴齊耶和莫奈的身影。*

1869年
海因茨（Henry John Heinz）踏入商界，他銷售透明玻璃瓶裝的山葵。以前，山葵是用棕色或琥珀色的瓶子包裝，用來掩蓋山葵是以蕪菁填充的事實。他直到1876年才開始銷售他著名的番茄醬。

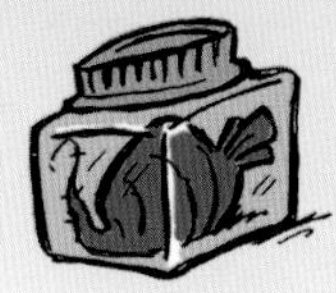

1869年
華爾街（Wall Street）遇到了第一個黑色星期五，在一些交易商聯合抬高黃金價格後，許多投機者損失慘重。

1869年
法國自然科學家將吉普賽蛾引入馬薩諸塞州，希望建立絲綢產業。但是逃逸的飛蛾在隨後的二十年間毀壞了附近的林地。

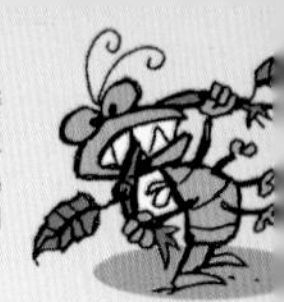

1869年

美麗的浴女

青蛙潭畔的莫奈和雷諾阿

在夏天逃債途中參觀了一系列著名的洗浴場所的兩個年輕人並不是總能發現全新的藝術靈感的。但是莫奈和雷諾阿可以。在1869年夏末，印象派的基本技巧已經定型。

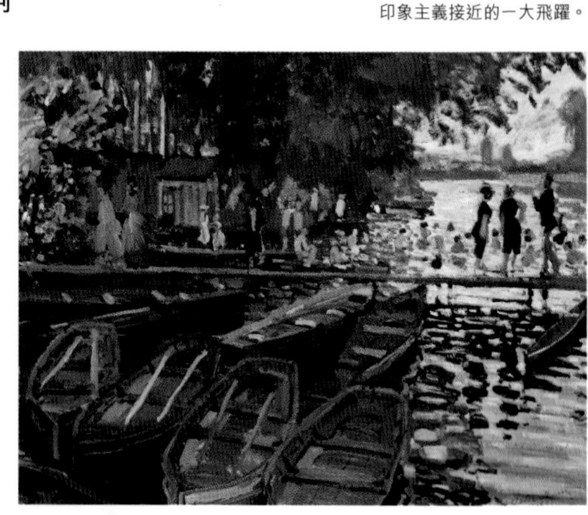

莫奈的《青蛙潭》（1869）：向印象主義接近的一大飛躍。

那是1869年的6月，雷諾阿與住在魯弗申的父母一同居住以節省費用；而莫奈則住在Bougival附近的聖．米歇爾的一間鄉舍裡；他們幾乎每天互訪。對於鍾愛寫生的他們來說，這並不奇怪。他們發現了一個自得其樂的去處——“青蛙潭”（La Grenouillère）。這是Croissy島上的一處浴場，距離Bougival僅有一小段步行路程。當地的一個企業家將兩艘遊艇繫在一處，供人們跳舞和野餐，度過炎炎夏日。

莫奈的塞納河

莫奈在1860年底辛苦創作的那些關於塞納河的作品的最大特點就是隨意性。這些作品與著名的美術館中那些被莫奈認為應當被焚毀的預先安排好姿勢的、造作的作品不同，它們是露天創作的油畫速寫，在一瞬間捕捉到莫奈眼前所展示的一切。

不過雷諾阿和莫奈可沒有空閒，他們忙着捕捉那些微妙的光線和色彩，並且發現陰影本身並不是棕色或黑色的，只不過這兩種顏色籠罩在陰影的周圍。因此，他們在畫板中儘量使用原色。在夏季結束前，他們就都已經不再使用黑色和棕色了。看看結果吧：莫奈和雷諾阿的同名作品《青蛙潭》（La Grenouillère）乍看起來十分接近——都是水光瀲灩的類似速寫的作品。但是細細品味之下，區別又是顯而易見的。莫奈選

1869年
許多美國人被一件在紐約加的夫發現的巨石人像“加的夫人”(Cardiff Man)蒙騙了。據稱它的歷史可以追溯至聖經時代，但事實上是一場騙局。

1869年
英國新通過的法律允許警察逮捕妓女，但是不能對她們的客人採取任何行動。

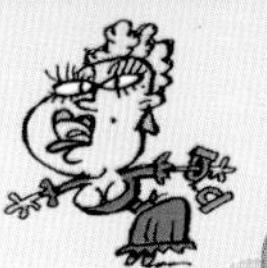

1869年
奧爾科特（Louisa May Alcott）在《小婦人》一書中描寫了她在新英格蘭度過的童年時代。

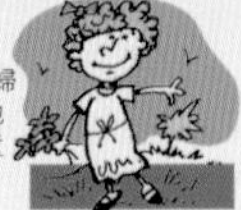

擇了遠景以便突出水面——這一直是他的主要喜好。雷諾阿則用近景突出他的興趣所在——人物和白色的長裙。兩位畫家的不同之處早已顯現出來了。

兩位畫家都以卡門培爾島(Camembert)為中心。這座小島因為形似這種芝士而得名。儘管莫奈還有兩幅關於人行橋的作品，而雷諾阿也畫了一幅人行橋和兩幅河岸作品。這個夏季的體驗非常成功。儘管距離第一屆印象派作品展還有五年，但是自此美術學校就開始效仿他們去嘗試描繪夏日陽光下平靜的水面。

技法

雷諾阿為繪畫帶來了一項革命。絕大多數畫家將顏料置於面前的調色板中混合，而他則將它們在畫布上混合，趁顏料尚未乾燥時將它們渲染開來。他作品中一些模糊的效果就是這樣獲得的。

雷諾阿的《塞納河之浴：青蛙潭》(Bathing in the Seine： La Grenouillère, 1869）：他對人物及其活動比對風景更感興趣。

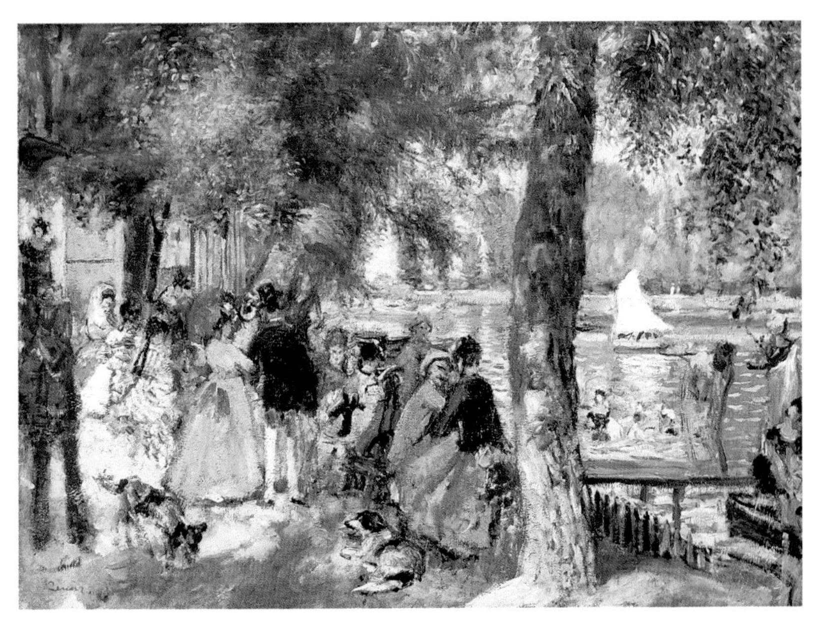

1870年
法國人在色當（Sedan）被日耳曼人擊敗後，法國公民捐獻了四千萬法郎修建Sacré Coeur作為希望的象徵。

1870年
威廉．萊曼（William Lyman）得到了一項關於開罐頭器的專利，它以一個輪子來沿着罐頭的邊緣旋轉。

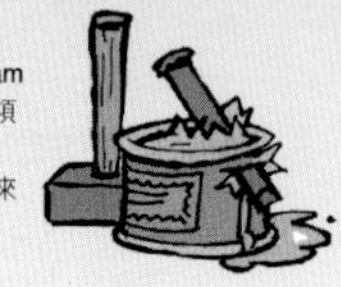

1870年
朱爾斯．凡爾納（Jules Vernes）創作了關於雷莫船長及其潛水艇的《海底兩萬里》。

1870年～1871年

野蠻的外族人

普法戰爭

每一代人都有屬於自己的劃時代的重大歷史事件，對於年輕的印象派畫家們來說，這就是普法戰爭——由俾斯麥（參見第18頁）和法皇拿破侖三世（參見第32頁）的空虛所導致的悲劇性結局。戰爭結束後不久，又發生了1871年巴黎公社的血腥事件。到1871年5月前，印象派畫家們一直分散在各處，而巴齊耶（參見第45頁）則死於非命。

流亡生涯

莫奈和德加的一些最為著名的作品是他們在倫敦成為身無分文的難民時創作的。莫奈描繪了海德公園的蔓草和空氣，以及他著名的薄霧中的威斯敏斯特橋。畢沙羅則將他住所附近的諾伍德打造成同樣著名的作品。兩個人都參觀了迪朗—呂埃爾在新邦德街為法國畫界舉辦的以諷刺性的“日耳曼畫展”為名的兩次展出，並且都有作品參展。迪朗—呂埃爾買下了他的第一幅畢沙羅的畫作，那是一幅關於水晶宮的作品。

這場戰爭是俾斯麥實現德意志統一的步驟，也使法國自此由盛而衰。拿破侖在色當被俘並在流放中死於肯特，巴黎也被普魯士軍隊包圍。“我們這裡開始感到大難臨頭了”，馬奈在給妻子的信中寫道，“馬肉成為了珍饈，驢肉則極昂貴；肉舖裡賣的是狗肉、貓肉和老鼠。巴黎陷入死亡般的悲哀。這一切何時才能結束？”他並不是唯一一個提出這一問題的人。

但是在1871年1月停戰後，巴黎的共和黨人希望繼續作戰，並且控制了這座城市。巴黎公社的政權持續了兩個半月，他們任命庫爾貝（參見第21頁）管理文藝。他關閉了“美術學院”，也廢除了沙龍的獲獎制度。當法國軍隊5月底抵達巴黎並殺戮了20,000名公社社員時，馬奈正帶着他的速寫本留在城中（參見欄內文字）。

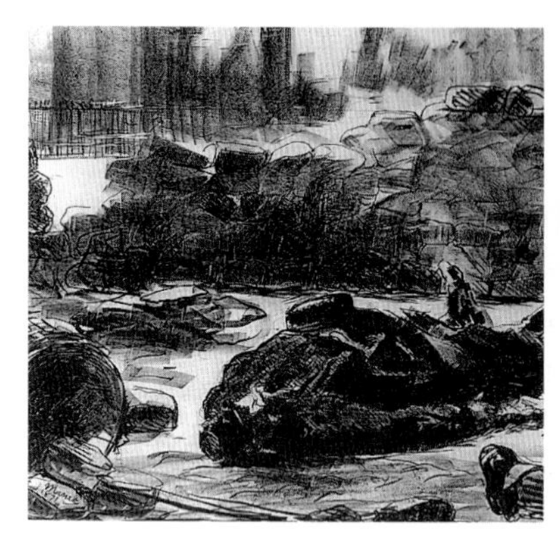

馬奈的《內戰》（1871～1873）：關於巴黎公社起義後的速寫，表現了這座城市的廢墟。

1871年
由於冬季提前到來，32艘捕鯨船在北極陷入冰層之中。

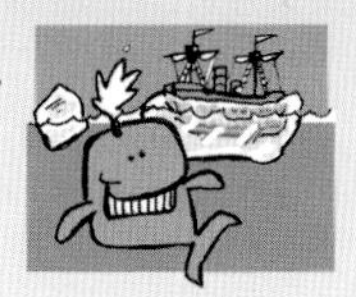

1871年
在薩默塞特的一次聚會上，美國大使教維多利亞女王玩撲克牌。

1871年
海因里希·謝里曼（Heinrich Schliemann）在特洛伊古城開始了挖掘工作，但他業餘的方法使專業考古學家們十分惱火。

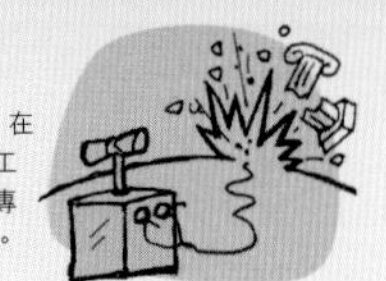

行刑隊

1869年，馬奈與沙龍的審查進行了最為苦澀的鬥爭：沙龍拒絕了他關於1867年槍決的墨西哥皇帝馬克西米連的革命作品。對於馬奈這樣一位左翼共和黨人來説，這幅作品的題材具有相當的煽動性——摩里索（參見第60頁）的母親曾經將馬奈稱為“那個共產黨人”。他最後一共完成了三個版本，但在終稿（1868～1869）中的行刑隊是身着法軍制服的：這就是馬奈表現政治觀點的方式。1871年，巴黎公社將馬奈列為25名畫家的革命聯合會成員之一，他還被確定為一幅抗議鎮壓公社行為的作品的創作人。但他只完成了一些版畫和速寫。例子可見他的作品《內戰》（Civil War, 1871～1873）和《路障》（The barricade, 1871）。

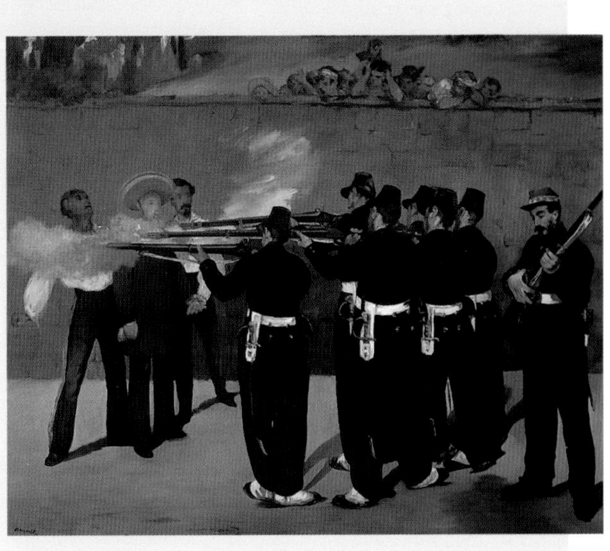

馬奈的《槍決馬克西米連》（The Execution of Maximilian 1867, 1868～1869）：他具有爭議性的代表作。

同時，巴齊耶和雷諾阿正在應征，馬奈和德加也參加了炮兵部隊——儘管德加的一隻眼睛幾盡失明。塞尚為逃避兵役逃往南部。卡薩特回到了美國故里，摩里索則仍然滯留在巴黎。莫奈和畢沙羅不想為他們所蔑視的帝國政府作戰，他們逃往倫敦，並在那裡遇到了一位注定對印象派畫家的生活至關重要的人物——畫商保羅·迪朗—呂埃爾（Paul Durand-Ruel, 參見第66頁）。

當畢沙羅回到家裡時，他發現普魯士軍隊幾乎偷走或毀壞了他的所有作品。沒有人清楚外國人西斯萊的境遇，不過他似乎是與他將死的父親一直留在巴黎。他的父親在遺囑中沒有留給他任何財產。印象派畫家們暫時失散了。

1875年
博斯·特威德（Boss Tweed）修建的紐約法院耗資百萬，後來他被發現任人唯親，漫天要價：一個木工一天的工資竟達361, 000美元之多。

1889年
海倫娜·魯賓斯坦（Helena Rubinstein）在19歲時離開波蘭，希望嫁給奧地利人。三年之中，她以樹皮和杏仁為原料製成的面霜為她賺取了100, 000美元。

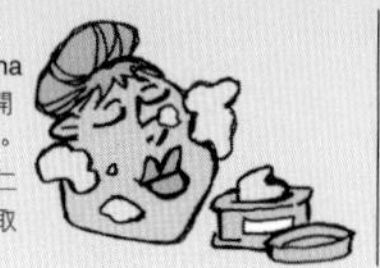

1891年
紐約卡耐基大廳落成，柴可夫斯基（Tchaikovsky）在開幕之夜登台指揮。

1870年～1914年
畫商之死
迪朗—呂埃爾

雷諾阿的《保羅·迪朗—呂埃爾像》（Portrait of Paul Durand-Ruel, 1910）：在經常背叛他的畫家筆下的畫商。

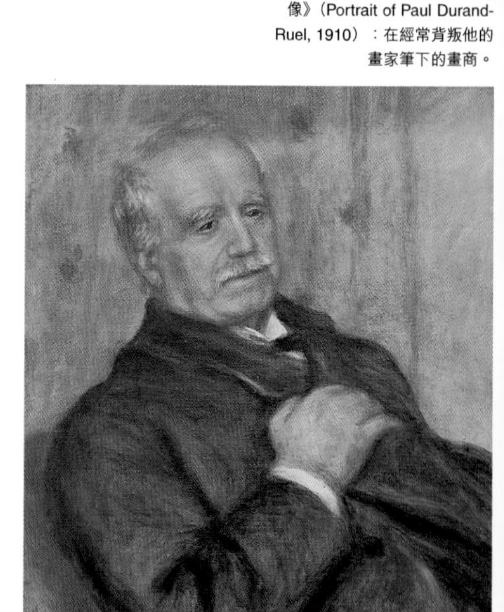

從未有過哪位畫商對一次新的藝術運動如此重要，畫家們也從未有過像對待他一樣的如此“忘恩負義”的表現。不過，如果沒有迪朗—呂埃爾（1831～1922）以及他與畢沙羅於普法戰爭期間在倫敦的重要會面，印象主義就可能需要更長久的時間去尋找維持生計的辦法，也許根本無計可施。

迪朗—呂埃爾的父親是一位文具商，經常用畫筆和顏料從貧困的畫家手中換到作品。當保羅於1865年繼承了遺產後，他開始出售庫爾貝、德拉克羅瓦、柯羅和杜比尼（參見第20頁）的作品。1870年，正是杜比尼在倫敦為他引見了逃避戰亂的印象派畫家。在後來的歲月裡，他為支持印象派運動以及銷售他們的作品做出了卓越貢獻，也從中賺取了豐厚的利潤。他具有出眾的公關技巧：在優質光紙印刷的雜誌上宣傳，在拍賣會上拍賣印象派作品，並且將他們的作品送到國外，在歐洲舉辦巡迴展出。這些工作一開始十分困難，不過卻非常奏效。

問題是，印象派畫家根本不欣賞這種方式。他們開始拋開他尋找其他的畫商，更有甚者，試圖直接銷售作品而使他無法收取佣金。“在一些時候，我勢單力弱，無法背叛你，不過我對收藏家們忍受夠了，

1898年
在美國和西班牙的戰爭中，由於食用了被污染的肉類死亡的美軍士兵比戰死的還要多。

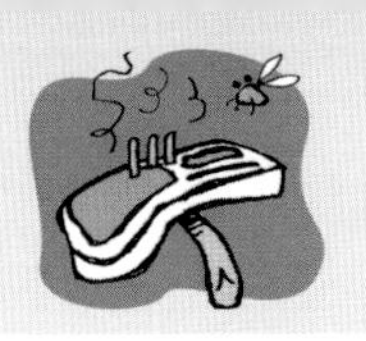

1912年
英國探險家羅伯特·斯科特船長到達南極點，發現挪威人羅爾德·阿蒙森已經在一個月以前到達，比他更早。

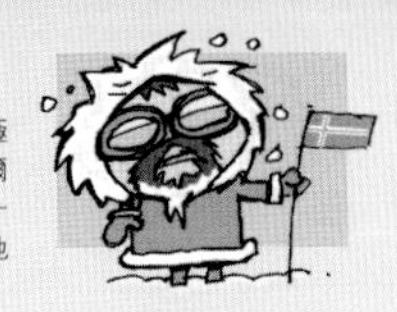

1914年
保羅·班揚（Paul Bunyan）和一頭藍色的公牛出現在雷德河木材公司（Red River Lumber Co.）的廣告中。

我不會再被你說服了，”這是雷諾阿1901年說過的謊言。

你也許會不禁同情起迪朗—呂埃爾來了。不過當他為印象派畫家們賺取財富的同時，他自己也一同發達起來。他極度富有，還被授予了法國勳級會榮譽勳位，享年91歲。但儘管他對印象派運動至關重要，他的名字卻從不曾與莫奈、雷諾阿或畢沙羅等一同被傳頌。直到1970年，紐約才舉辦了一次名為“印象主義百年：紀念迪朗—呂埃爾”的大型畫展。這是對他在印象主義運動中核心地位的追認。

畫框中的名字

在印象派畫家們艱苦地創作他們的作品時，國際鐵路、可靠的國際郵政服務和沖印照片的新技術都已經出現，這一切使一種摩登事物——國際性畫展成為了可能。從1883年比利時的大型畫展開始，畫商的網絡將印象派推向了全歐洲。1895年，印象派畫家參加了由凱澤（Kaiser）贊助的具有爭議性的國際性畫展，這使法國的民主主義者們十分憤怒。1897年，第一幅印象派作品來到俄國：莫奈的《陽光下的紫丁香》（Lilac in the Sun, 1873）。

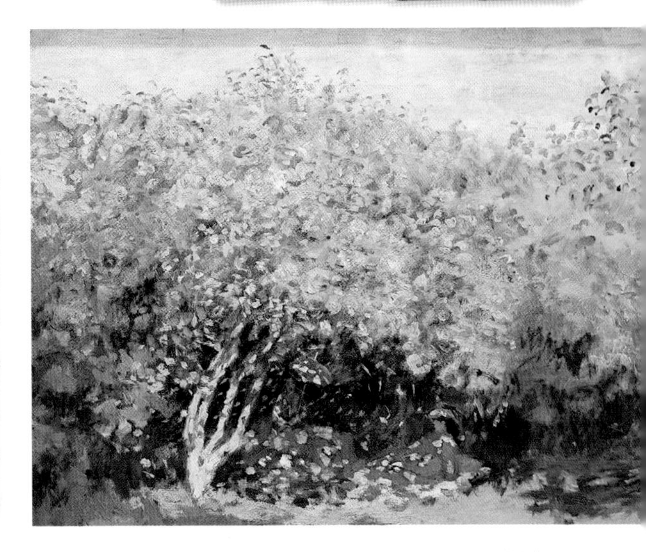

莫奈的《陽光下的紫丁香》（1873）：第一幅來到俄國的印象派作品。現存於莫斯科普希金博物館。

進軍美利堅

1886年，迪朗—呂埃爾將印象主義帶到了美國。而美國卻並不是很理解這些作品。“理解印象派作品最主要的困難之一……是那些大量出現的紫羅蘭色的陰影”，其中一篇出色的評論寫道，“有鑑於此，我們必須了解，在法國的很多地區，陰影中的紫羅蘭要比我們國家多。”

1874年
數以千計來自俄國克里米亞的門諾派教徒抵達堪薩斯州建立家園。

1874年
聖誕節期間，美思公司(Macy's)在商店的櫥窗裡展出他們的玩偶系列，其他商店開始效仿，並成為節日傳統。

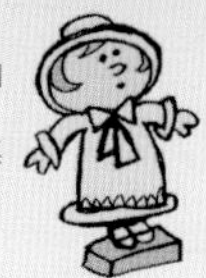

1874年
草地網球作為專利被授予梅傑．沃爾特．溫菲爾德（Major Walter Wingfield），他賦予了它一個特別的名稱"Sphairistike"。

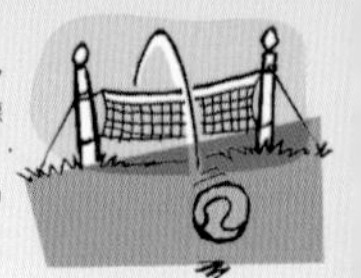

1874年

第一印象

1874年畫展

人們說先行者在祖國總是不能被認可的；在1874年幾次最初的印象派畫展遇到了財政困難和公眾的非議之後，畫家們一定感到了某種先行者的悲哀。不過這一挫折卻產生了獨一無二的結果：它使他們結合成了一個團體，並且為他們賦予了名稱。問題是，這一名稱最初還是侮辱性的。

這一展出是在1873年沙龍又一次極度保守的評選、以及又一次為被淘汰的畫家們舉辦了落選者沙龍之後舉辦的（參見第52頁）。鑑於參加那樣的抗議性畫展會使你的作品被加上落選的印記，蓋爾波瓦咖啡館的常客們成立了"無名畫家團體"（這是一家有限公司）並組織了他們自己的畫展。

165幅參展作品中包括莫奈、摩里索、德加、雷諾阿、畢沙羅、塞尚、西斯萊、布丹（參見第27頁）、吉約曼（參見欄內文字）以及其他畫家的作品，由雷諾阿掛在紅色壁紙上。他曾經設想過成立組織委員會，不過卻未能找到成員。許多其他畫家也參加了畫展，他們之中的絕大多數都是由德加招集來的。

在沙龍展覽於4月15日結束後的第四天，印象派畫展在卡布辛尼大道35號一間由攝影家納達爾（參見第28頁）空出來的畫室內開展。畫展持續了一個月，考慮到上班族的需要，每天晚上直到10時才結束。這是一次失敗的商業行為：3, 500名參觀者每人的參觀費用僅為1法郎；參觀

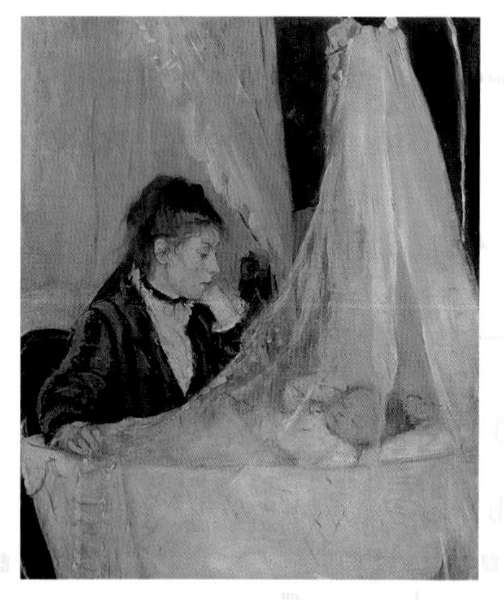

摩里索的《搖籃》(The Cradle, 1872)：在1874年的畫展中出現在巴黎人面前的一幅更受歡迎的作品。

1874年

第一座橫跨密西西比河的大橋在聖·路易斯落成，在通行之前進行了測試：七台總重為700噸的機車從每一個方向碾過，但大橋毫髮無損。

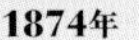

1874年

威爾第的《安魂曲》在米蘭首次公演。它是威爾第為紀念意大利詩人兼劇作家亞歷山德羅·曼佐尼而創作的。

1874年

在克利夫蘭市，婦女們發起了基督徒禁酒運動，並且試圖用酒精中斷道路交通。

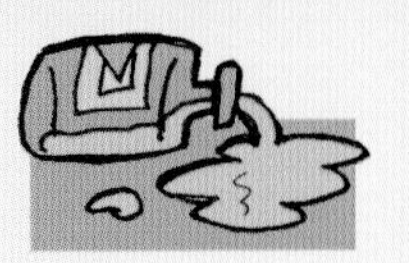

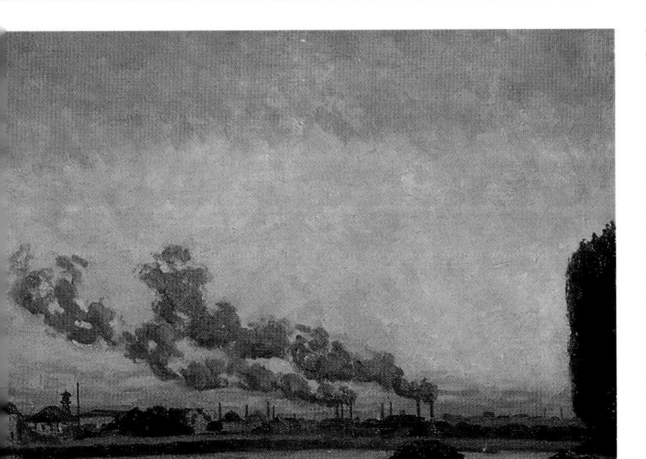

吉約曼：《伊夫里的日落》(1873)。印象派畫家經常在風景作品中加上工廠——這正是世界的本來面目。

尖刻的言辭

La Patrie報的無名評論家是這樣來形容這次畫展的："剛剛看到粗糙的作品時——'粗糙'是再恰當不過的詞——你還不過是聳聳肩膀而已；看到另一批時，你不禁放聲大笑；但是看到最後一幅時，你一定會勃然大怒。你會覺得還不如把進場觀展所付出的那個法郎施捨給可憐的乞兒呢！"

者中有許多買畫人，但也有許多藝評家，而且絕大多數是絕對憎惡印象派作品的。

最富爭議的是莫奈的作品《日出的印象》(1872～1873)，《喧囂》(Le Charivari)雜誌上的一篇文章借此將這次展覽會稱為"印象派畫展"，這就是"印象派"(Impressionist)一名的由來。作為藝評家過激的言辭，這一流派的名稱卻被沿用至今。其他的藝評家根本不用智慧來挑戰印象派：他們只是一味地猛烈抨擊。

畫框中的名字

*參加印象派的首次畫展在當時的藝術環境下是一次冒險，***吉約曼***(Armand Guillaumin, 1841～1927)就是這樣的一位冒險家，他也是壽命最長的印象派畫家。吉約曼曾經是一名鐵路工人，在斯維塞學院得遇塞尚和畢沙羅。他特別受到了塞尚的影響，其晚期作品十分接近野獸派作品的風格(參見第123頁："野獸")。馬蒂斯(Matisse)和德蘭(Derain)是野獸派的代表人物。參見他的作品《畢沙羅畫盲人》(Pissarro Painting a Blind, c.1868)和《伊夫里的日落》(Sunset at Ivry, 1873)。*

1875年
美國生產了五千萬支香煙。

1894年
伯納德．貝倫森（Bernard Berenson）創作了《文藝復興時期的威尼斯畫家》一書，奠定了自己在古典藝術領域的權威地位。

1902年
"泰迪"．羅斯福總統（Teddy Roosevelt）在打獵時拒絕向一隻熊射擊，米切湯姆（Morris Michtom）和妻子受此啟發，一同製作了世界上第一隻"泰迪熊"。

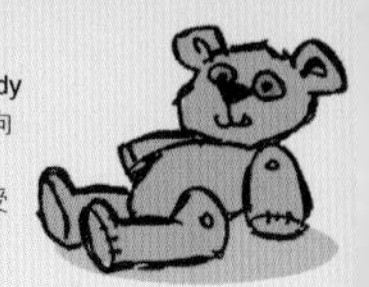

1874年～1941年
殘酷的收割者
印象派作家

這些現代法國作家是一群痛苦的人。"您是一個幸福的人，"波德萊爾在致一位友人的信中寫道，"我很遺憾您可以如此輕易地感到幸福。一個人只有墮落了才能認為自己幸福。"那些針對平庸而保守的拿破侖三世的帝國，以及那些平庸而保守的帝國追隨者的"正確"的藝術見解，也許正是導致他們痛苦的原因。而他們痛苦的另一原因也許是因為他們一直在疲於與社會道德作戰，更為可能的原因是由於這些法國作家對畫家們取代了他們而成為時代的主要推動力而感到痛苦。

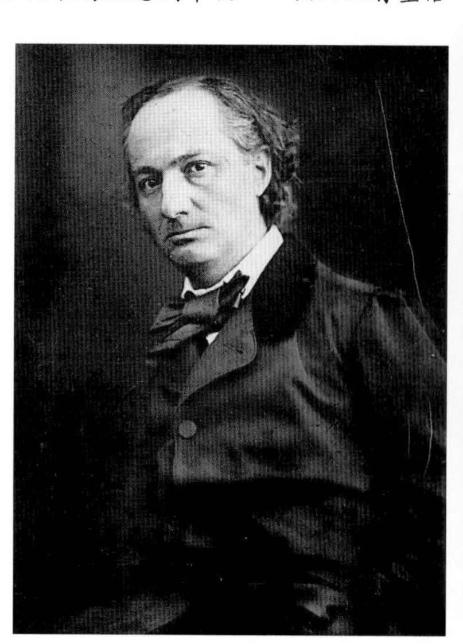

波德萊爾：一場新文學運動的主將，
在他去世之前曾支持過印象派畫家。

即使果真如此，這也並非事實的全貌。正是查理．波德萊爾（Charles Baudelaire, 1821～1867）這位詩人出色的藝術評論提出了"現實主義"理念，指出美術應當展現生活的原貌。還有作家埃米爾．左拉，他在全世界的反對聲中支持了印象派畫家。

左拉是蓋爾波瓦咖啡館深夜裡的辯論者之一，他自己在 L' Evenement報富有爭議的專欄中支持着朋友們的事業——至少是他在1879年發表攻擊馬奈的文章之前。他認為馬奈"滿足於近似性"，並寫道："因此，馬奈的作品恐怕只是在為世界所期待的未來的偉大畫家開拓道路。"他也許是正確的。

左拉在鬥爭面前從不退縮。他於1898年著名的信件《我控訴》將德雷福斯事件公之於天下，在那次事件中，一位法國炮兵

1917年
埃德蒙·艾倫比（Edmund Allenby）將軍率領英國軍隊攻入耶路撒冷城。貝爾福（Balfour）發表聲明，宣佈自己希望在巴勒斯坦建立猶太人的民族家園。

1922年
愛爾蘭革命者麥克爾·科林斯（Michael Collins）被不滿其與英國締結的和平條約的英國新芬黨成員暗殺。

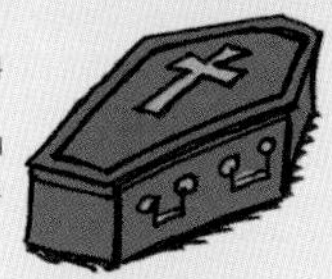

1941年
羅斯福總統制定了製造原子彈的“曼哈頓計劃”。L·R·格羅夫將軍負責這一計劃，他任命羅伯特·奧本海默在洛斯阿拉莫斯建立了一間實驗室。

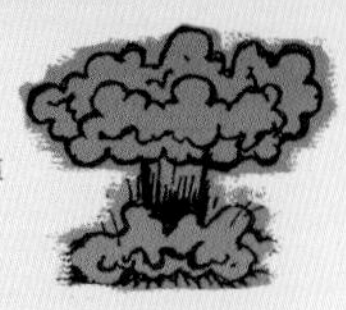

軍官在反猶太人的活動爆發後被不公平地以通敵罪判處監禁。左拉的二十部小說系列作品《魯貢瑪卡家族》（Les Rougon Macquart, 1871～1893）與印象派作品同樣名垂青史：其中一部是關於妓女的，另有一部則關於酗酒的，還有許多其他題材。他的同志，因為《包法利夫人》被起訴的福樓拜（參見第25頁）也被認為創作過無題印象派小說。儘管他本人可能沒有勇氣這樣做，但這一思想被他周圍一

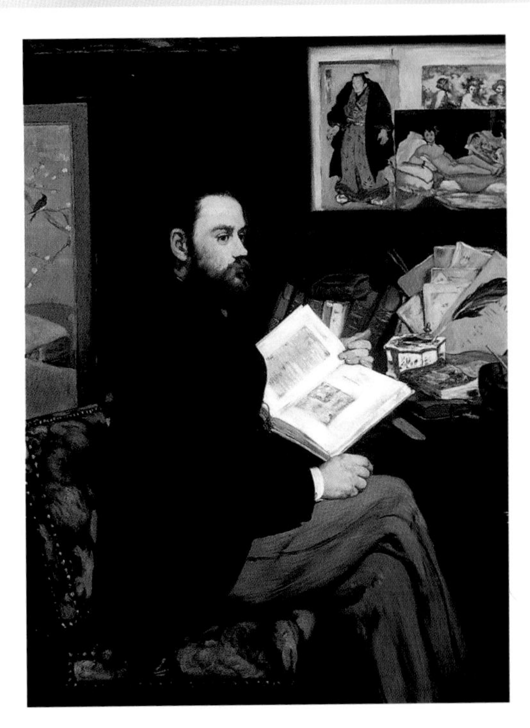

馬奈的《埃米爾·左拉》（Emile Zola, 1868）：他的朋友在畫中看來別具一格，而且非常文質彬彬。這幅肖像作於他們之間發生爭執前，當時他們還在彼此交流。

些熱情的青年作家們所發揚（參見欄內文字），並且影響了其他極其重要的名人泰斗，例如詹姆斯·喬伊斯（James Joyce, 1882～1941）。

畫框中的名字

如果世界上曾經有過印象派詩人的話，那就是 **斯蒂芬·馬拉梅** *（Stephane Mallarmé, 1842～1889）。他創造了象徵主義流派，它是富有音律的、實驗性的、不完全符合語法規則，含義非常朦朧。與波德萊爾一樣，他在翻譯美國人* **艾倫·坡** *（Edgar Allan Poe, 1809～1849）的作品上花費了大量時間。不過，他力圖使自己的詩歌產生和莫奈的作品一樣的效果——對於流逝中的瞬間一種完全客觀的表達（如“標出幸福時光/ 在薄霧中的山巔踮起腳尖”等等）。這類例子還有很多。*

1875年

約翰·瓦爾納·蓋茨（亦名"讓你贏得百萬身家"的蓋茨）在聖·安東尼奧中部修建了養牛的柵欄，用以展示帶刺鐵絲網的安全性。

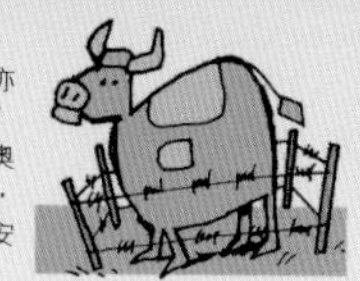

1875年

公元10世紀到12世紀之間尤卡坦的瑪雅－托爾特克文化的Great ChacMool石灰石像在奇琴伊察一座廟宇的入口處被發現。

1875年

當亞歷山大·格雷厄姆·貝爾（Alexander Graham Bell）聽到他的助手在他的電子實驗室的閣樓上撥弄彈簧時，他意識到自己發現了電話的運作原理。

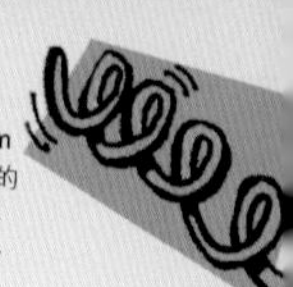

1875年～1876年

麻木不仁者

喝苦艾酒的人

苦艾酒是法國那些厭世的波希米亞人和潦倒漢的精神寄託。如果你喝多了這種以杜松子為原料的苦艾原味的酒，你就會成為一個徹底痛苦的人。這就是德加的作品《苦艾酒徒》（The Absinthe Drinker, 1875～1876）所表現出的發人深省的思想之一，儘管只是"之一"。這幅作品1893年在倫敦首次展出時曾引起了廣泛的爭議。

作品曾經有過幾個不同的名稱。首先是"Dans un Café"，而在英國被出售時的名字則是《法國咖啡館中的速寫》。作品表現了坐在一個極不體面的邋遢男人身邊的一個表情極其痛苦的女人——她如此的痛苦，以至無法拿起她的酒杯。事實上，他們是德加的朋友：女演員埃倫·安德莉（Ellen Andrée, 1857～約1915）和雕刻家馬爾塞林·德斯保廷（Marcellin Desboutin, 1823～1902），而德斯保廷還是一位禁酒人士。這幅作品是都市人絕望的寫照。

1830到1840年代

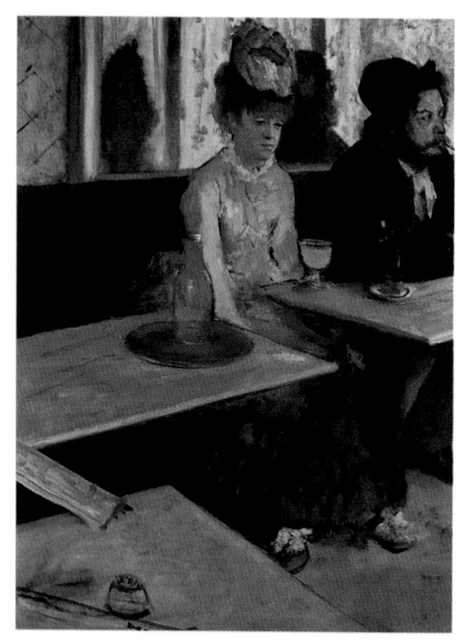

德加的《苦艾酒徒》（1875～1876）：它震驚了倫敦人。

作品的價格

印象派畫家們控制之中的售畫價格在穩步上漲，不過它們的起點實在是太低了。當畫商皮里·湯古伊（Père Tanguy, 1825～1893）在1875年開始出售塞尚的作品時，每幅售價只是50法郎。1877年在Hôtel Drouot舉辦的銷售活動（參見第80頁）中，雷諾阿的十五幅作品以2005法郎的價格成交。莫奈在1880年畫展上售出的唯一一幅作品《塞納河上的浮冰》（1880）贏得了1500法郎的收入。十年後，莫奈為法國政府購買馬奈的《奧林比亞》（參見第54頁）時，則籌集了20, 000法郎。到了1908年，雷諾阿的《塞納河之浴》（1869）以同樣的價格被轉手，印象派作品的價格開始一路飈升。

1875年
波斯尼亞—黑塞哥維那奮起反抗土耳其人的統治；阿布達爾·阿齊茲蘇丹同意滿足他們的要求，並實施一些改革措施。

1876年
托馬斯·利普頓在兩頭肥豬身上寫上“我要去利普頓，那兒是城裡最好的愛爾蘭鹹肉鋪子”，然後趕着它們走遍了格拉斯哥的大街小巷。

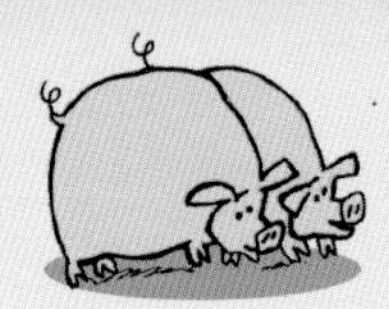

1876年
亨利·詹姆斯（Henry James）的處女作《羅德里克·哈得森》講述了一個從馬薩諸塞州來到羅馬卻發現自己無法適應的年輕人的故事。

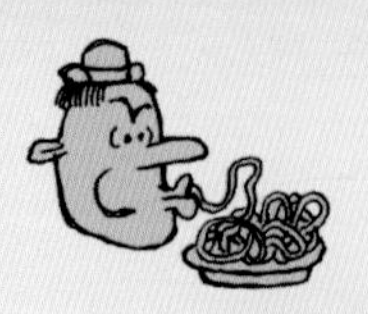

技法

那個可憐的女人是作品中痛苦氣氛的核心，但是構圖卻有些特別。它是從側面來觀察的，看起來房間裡真正重要的活動是在某個其他地方。如果說它看起來像幅照片，這也並不是巧合，因為德加對攝影和日本版畫中切割畫中人物的方法十分感興趣。

間，苦艾酒開始在法國流行，當時這種酒被配發給在阿爾及利亞作戰的法軍士兵。到了1870年代，它已經成為社會邊緣人物的杯中之物。左拉在他的小說L'Assommoir 中描述了苦艾酒的可怕之處，在他創作這部小說的同時，德加恰好將要完成這幅作品。在第一次世界大戰期間，法國法律禁止製造和銷售苦艾酒，而現在它在互聯網上則隨處可得。

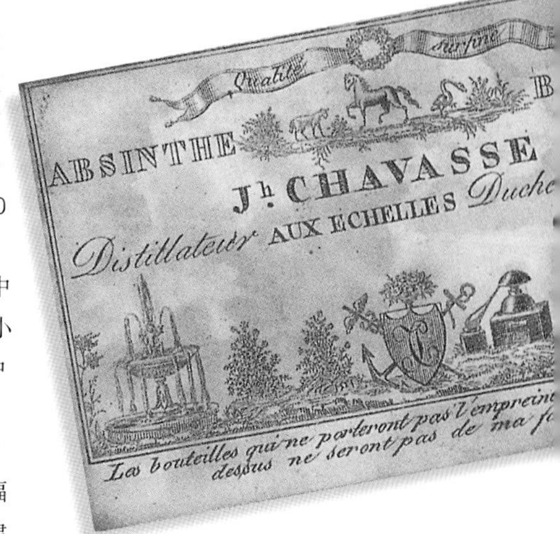

苦艾酒是當時的烈酒，本身是淡綠色，與水摻和後變得渾濁，而且酒精含量很高。

德加發現要完成這幅畫具有相當的難度。他曾經希望在第二屆印象派作品展上展出這幅作品，但是卻未能如願。它參加了第三次畫展，在一間專門展出咖啡館場景作品的房間裡展出，並且被人買走（參見欄內文字）。但是它真正引來衝擊是在當年晚些時候在倫敦格拉夫頓美術館舉辦的展出中。

《威斯特敏斯特公報》的評論說，這是一幅關於“兩個麻木不仁者”的作品。另一些雜誌則認為它既墮落又令人厭惡。當然這並不是那種讓人們隨着生活的喜悅激情澎湃的作品。事實上，它表達了畫家刻意營造的感覺——有點像苦艾酒的餘味。不過，它確實真實地反映了都市生活：這才是畫家們的本意。

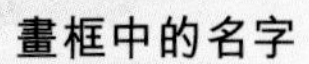

畫框中的名字

德加將這幅作品賣給了布萊頓的一位名叫亨利·希爾（Henry Hill）的裁縫，並且在布萊頓博物館首次展出。後來，德加借回這幅作品參加了第三屆印象派作品展。1892年，當它在倫敦克里斯蒂宅被轉手時，觀眾們都不以為然。它最終於1911年落戶羅浮宮，現在也可以在巴黎奧賽博物館的印象派收藏中一睹它的風采。

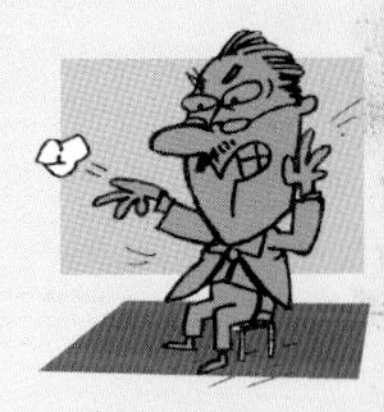

觀眾們對它嗤之以鼻

1875年
德國胚胎學家奧斯卡·赫特維希（Oscar Hertwig）發現一個單獨的精子細胞會進入雌性的卵子。

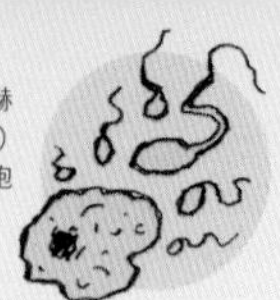

1877年
三藩市爆發了反華暴動，25間中國洗衣店被焚毀，但警察沒有干預。

1880年
移民薩繆爾·巴斯·托馬斯將英國鬆餅帶到了紐約。

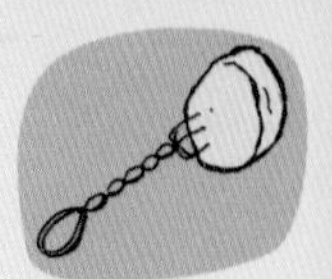

1875年～1886年

爭論不休的畫匠

另外七次畫展

這並不是文藝復興時代。在所有為了運動的發展而進行的努力過後，你也許會認為印象派畫家們將會團結一個世紀，因為他們最終已經形成了一個有凝聚力的團體來對抗藝評界的憤怒。但是你錯了：從1874年的第一屆作品展到1881年，所謂"印象主義盛期"的時代僅僅持續了七年。

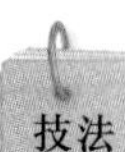

技法

他們發生分歧的真正原因是彼此使用的技巧不同。謝夫勒爾（參見第22頁）發明的色彩處理方法是他們的共同點。戶外寫生也是他們的共性，但當時他們對寫生的要求並不嚴格。他們還都強調即時性。

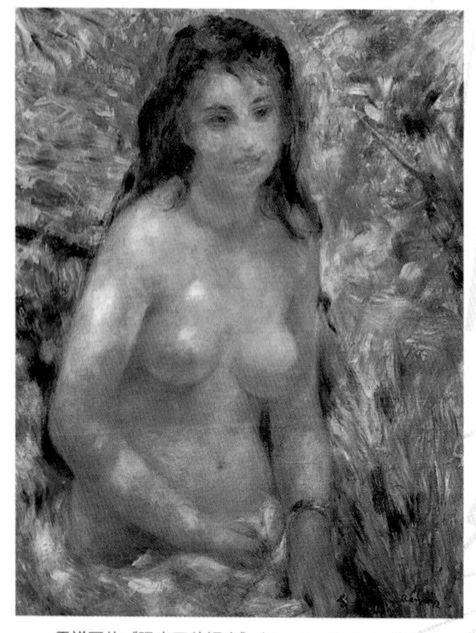

雷諾阿的《陽光下的裸女》（Female Nude in the Sun, 1876）。他在第一屆作品展中扮演了重要角色，但是卻拒絕參加1880年的第五屆作品展。

出現了什麼問題？部分原因是將技巧繼續發展下去的問題。印象主義似乎需要進一步的努力，正是這些努力使印象派畫家們可能走向不同的方向。但在巴黎舉行的另外七屆作品展也是印象派離析的原因，最初是大約一年一次，後來逐漸萎縮，這使畫家們開始對彼此不滿。

他們幾乎沒有什麼盈利。藝評界一直在不斷地冷嘲熱諷。漫畫成為了批判印象派作品的武器。"這些是屍體的顏色，"一位《喧囂》雜誌的評論者在漫畫中引用了一位藝評家評價德加的裸體作品的言辭。畫家的回答則是："遺憾我不能連腐臭味也表現出來。"在1870年代，做一位印象派畫家並不容易。

加里波特（參見第32頁）參加了1876年的第二屆作品展，他的《刨地板者》（The Floor Strippers, 1875）是畫展的焦點，吸

1883年
斯蒂文森（Robert louis Stevenson）的《金銀島》中有一首海盜歌：“十五個人踏在一個死人的胸膛上／唷—呵—呵，來一杯朗姆酒。”

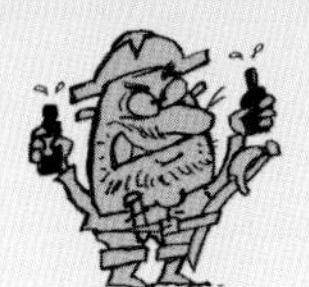

1885年
西班牙國王阿方索七世在兩次遇刺都安然無恙之後死於肺結核。

1886年
上門服務的銷售商大衛．麥肯耐爾創建了雅芳產品：他一直在賣書時向顧客免費贈送香水，但他不久就發覺顧客對香水比對書籍還要感興趣。

引了公眾，但也是他造成了團體內部日後的分裂。1877年第三屆作品展舉辦前夕，在加里波特主持的一次晚餐會上，畫家們同意為制約這個團體而制定畫展規則，但是雷諾阿參加沙龍展出的行為立即打破了這一規則。通過1880年的第五屆畫展，德加制定了約束自由的組織規則。莫奈、雷諾阿、西斯萊和塞尚根本拒絕參加。

他們在1882年的第七屆作品展中重聚，是迪朗—呂埃爾（參見第66頁）自己包辦了全部事務，挽救了這一活動。但是四年後最後一次畫展上的分化甚至超過了以往，這主要是由於新加入的改革派（參見第92頁）造成的。

畫框中的名字

1878年的莫奈潦倒到了極點，他甚至無法支付參加第四屆印象派作品展的費用。他的妻子卡蜜爾在九月裡去世，他的贊助商，百貨店主 **歐內斯特·霍希德**（Ernest Hoschede, 1838～1890）*破產，並把家人都送到了莫奈家裡。莫奈後來與霍希德的妻子結了婚，這也許並不奇怪。同時，他對其他印象派畫家極其不滿，以至避開了不少朋友：“小教堂已經變成了陳腐的學校，向第一個畫匠敞開了大門。”他尖銳地批判道。*

加里波特的《刨地板者》（1875）：儘管左拉等人持反對意見，人們對1876年的第二屆印象派作品展還是稍微滿意了一些。不久，加里波特轉向了划船場景的題材。

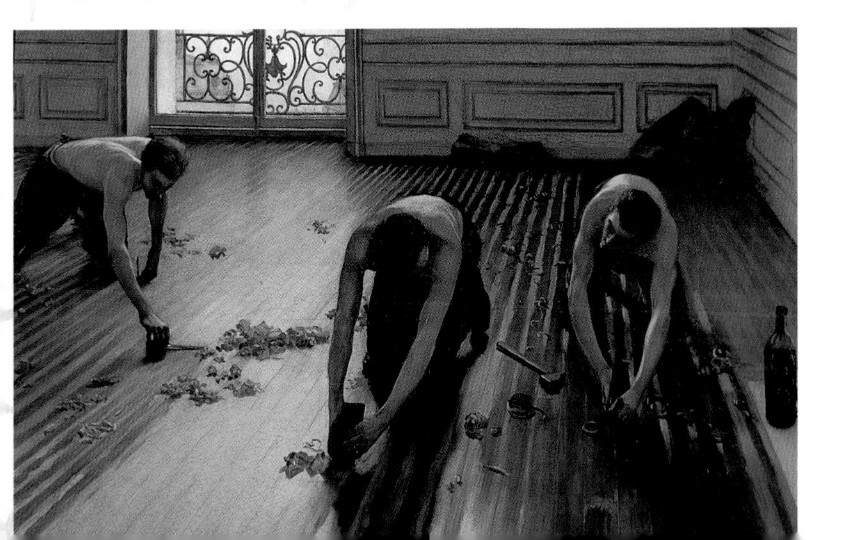

1875年
第一家溜冰場在倫敦的上流住宅區開業。

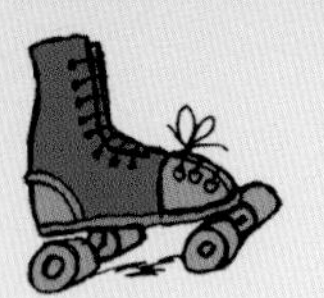

1888年
這一年，肢解者傑克(Jack the Ripper)在倫敦東區殺害並肢解了五名女性受害人。

1890年
詹姆斯．弗雷澤（James Frazer）爵士完成了世界神話大全《金色的主幹》（Golden Bough）。

1875年～1914年

餓死在閣樓

玩世不恭與頹廢主義

天知道那些不可思議的畫家們為什麼會成為這般模樣。他們整日坐在咖啡館裡狂飲苦艾酒。使公眾震驚的並不僅僅是他們的作品，單是印象派畫家們自身的存在就足以使公眾驚異——這包括他們的貧窮、他們的服飾、他們的不可信賴以及他們那些激進的觀點。

不過，事實上這也相當公平。庫爾貝（參見第21頁）這類人是前輩，他們是最初的玩世不恭者，面對着公眾的品味自由翱翔，或者在巴黎公社期間推倒紀念柱。與他們相比，印象派的作風要溫和得多。他們也許衣衫襤褸並且堅持在戶外寫生，但是他們對政治並不是很感興趣；而且一般說來，他們忠實於自己的配偶。

他們仍然是都市中第一代放蕩不羈的人，只是在家裡度過的時間比起沐風櫛雨的庫爾貝和杜比尼等人多得多。而且，儘管他們像波德萊爾（參見第70頁）和他的朋友們一樣鄙視城裡人和幸福的人，他們

畫框中的名字

具有波希米亞風格的印象派畫家們之間開始出現巨大的分歧，而德加在咖啡館的社交團體裡開始籠絡親信，吸收了現實主義畫家 **拉法利**（*Jean-François Raffaelli, 1850～1924*）*和意大利粉彩畫家* **贊杜門奈吉**（*Federico Zandomeneghi, 1841～1917*）*。團體越是成功，印象派畫家就越是厭惡他們。*

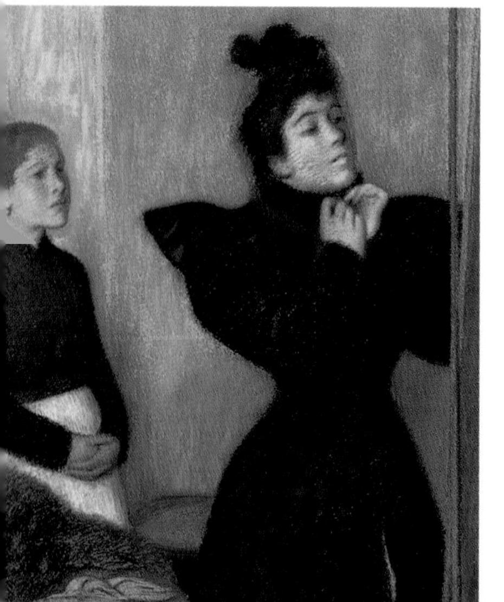

贊杜門奈吉的《準備出門》（Preparing to Go Out, 1894）：這位德加在咖啡館團體中的成員與德加一樣對女性題材感興趣。

1894年
位於新澤西州西奧蘭治的愛迪生實驗室將他們關於一個男人在攝影機前打噴嚏的電影作品進行了版權註冊。

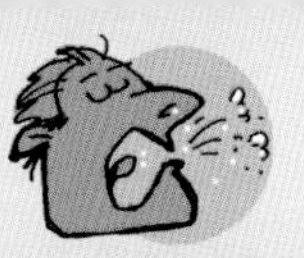

1901年
英國吞併了阿散蒂地區並將其納入英國的黃金海岸殖民地。1957年，阿散蒂成為加納的一個地區。

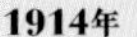

1914年
羅伯特·弗羅斯特（Robert Frost）在《修補圍牆》一詩中寫道：“好圍牆使鄰里之間更和睦”。

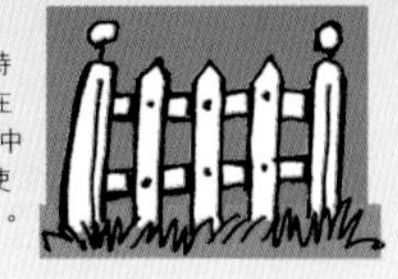

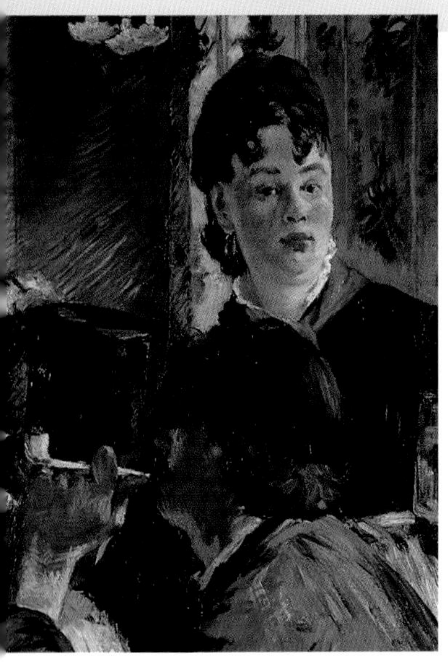

馬奈：《女招待》(1878～1879)。無情的城市生活。試與費里一貝熱爾酒吧(Folies-Bergère)裡的咖啡館女服務生做比較（參見第96頁）。

欣賞一下馬奈的作品《女招待》(The Waitress, 1878～1879)。她手中拿滿了啤酒杯，環顧四周看哪裡有客人招呼。這正是煩亂而孤獨的城市生活的寫照，忠實再現了那一刻的場景，而這正是印象主義的精髓。

還是很清楚自己屬於哪兒。劇院、酒吧或者巴黎的大街小巷才是他們的創作舞台。

和波希米亞人一樣，他們屏棄普通的生活，這不僅僅是由於輿論的抨擊造成的。印象派的全部理念是親身觀察景物，並且就像莫奈那樣，飛快地、毫不猶疑地將它們記錄下來。這就是他們所謂的“自然主義”，對普通公眾來說有些令人吃驚，甚至缺乏虔誠。畫家們並不在乎人們是否能夠理解這一點（而人們似乎越來越難以理解）。他們只是忠實地記錄眼前的一切。

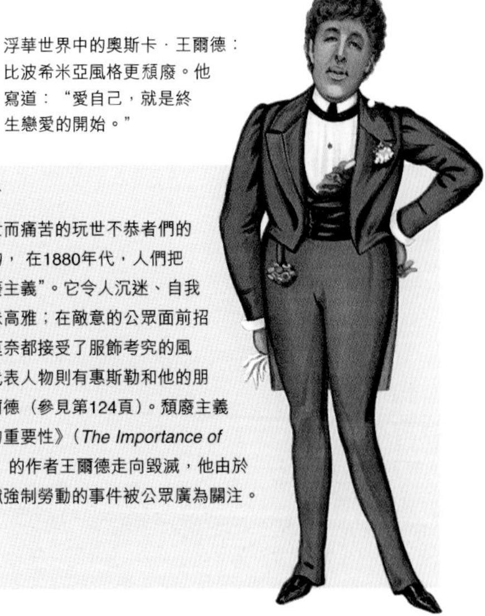

浮華世界中的奧斯卡·王爾德：比波希米亞風格更頹廢。他寫道：“愛自己，就是終生戀愛的開始。”

頹廢主義者

波德萊爾是厭世而痛苦的玩世不恭者們的新一代偶像人物，在1880年代，人們把他們稱為“頹廢主義”。它令人沉迷、自我毀滅，而又品味高雅；在敵意的公眾面前招搖着。德加和莫奈都接受了服飾考究的風格，在英國的代表人物則有惠斯勒和他的朋友奧斯卡·王爾德（參見第124頁）。頹廢主義最終使《誠意的重要性》(*The Importance of Being Earnest*) 的作者王爾德走向毀滅，他由於同性戀被判入獄強制勞動的事件被公眾廣為關注。

1876年
亨利・威克漢姆將一些橡膠樹種子偷偷帶出巴西，交給了基尤植物園。植物園將其中的一部分轉送給錫蘭、印度和馬來亞，從而結束了巴西對橡膠的壟斷地位。

1876年
在維也納，索涅特(Gebruder Thonet)設計了一種彎木製成的硬靠背椅。這種椅子在以後的一個世紀裡成為餐廳和咖啡館的典型坐椅。

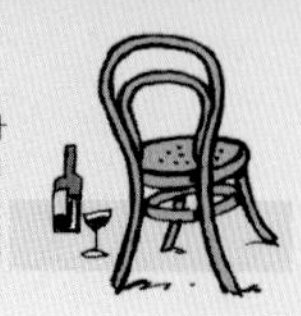

1876年
懷爾德・比爾・希科克（Wild Bill Hickok）在玩撲克牌時被謀殺。當時他手裡有一對A和一對8，後來這個組合成為了所謂的“死人之手”。

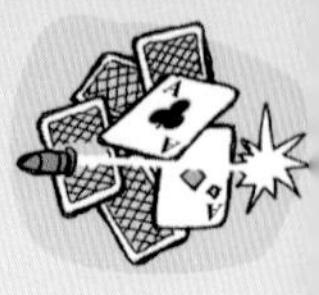

1876年
糾結的形體
加萊特磨坊的舞會

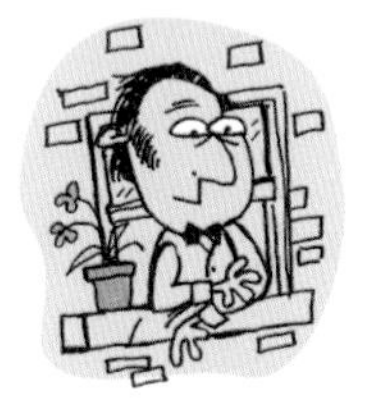

眺望加萊特磨坊的周日下午

當公眾最終被現代畫家們所征服時，他們說，我也許不懂藝術，但我知道自己喜歡什麼。隨着雷諾阿醉人的不朽之作《加萊特磨坊的舞會》（Dancing at the Moulin de la Galette, 1876）的出現，身處非議中的印象派畫家們終於有了似乎讓所有人都喜歡的作品。無論公眾和藝評界對印象派畫家們有多麼不齒，他們還是喜歡這一幅畫的。

事實上，這幅畫在1876年的第三屆印象派作品展上好評如潮。“它就像彩虹之光，”《法蘭西快報》評論道。的確如此。可以辨認出，許多臉龐都是雷諾阿的朋友，而他們看起來全都很高興。滿眼望去都是口紅和眼影。

這是一幅迷人的作品，似乎是從遠處擷取的素描，讓聚攏的人群產生了一種流動的效果。斑駁的日光——一位藝評家口中的“紫色的雲朵”——籠罩着這一切。大家的歡樂也籠罩着這一切。這也許是摩登生活的一幅剪影，但卻沒有描寫陰暗面。在雷諾阿的作品中不允許人們有痛苦，世界永遠是陽光明媚的。

雷諾阿在加萊特磨坊（由蒙馬特一個真正的磨坊改裝成為咖啡館和跳舞廳）附近

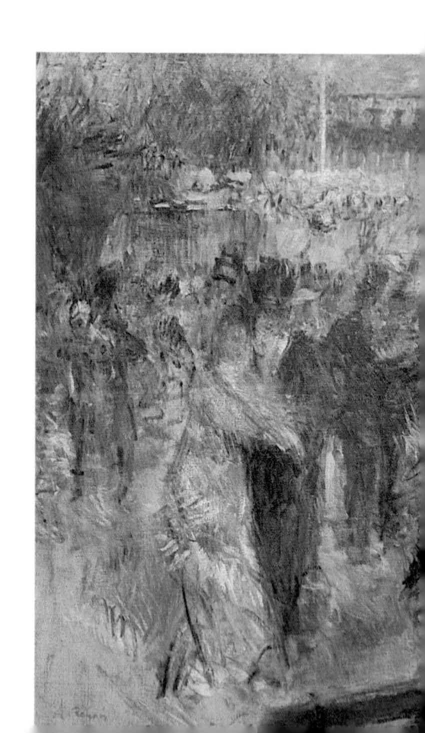

1876年
用箔紙包裹的香蕉在費城的集市上出售。大多數人以前從未嚐過它的味道。

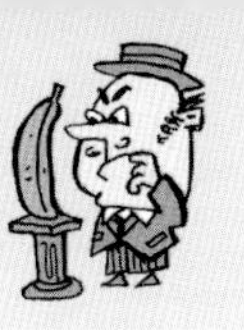

1876年
美國發明家約翰·麥克湯瑪尼展示了一種從帶孔的紙捲裡機械地發出聲音的演奏用的鋼琴。

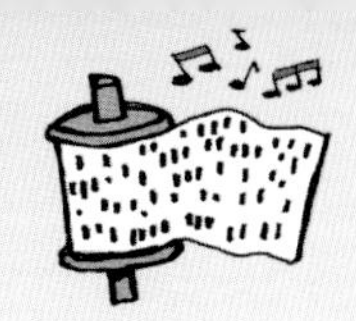

1876年
美國人莉迪亞·E·平卡姆銷售一種據説可以治療"婦女衰弱"及其相關症狀的蔬菜合成劑。

光斑

這幅畫展現了加萊特磨坊在周日下午舉行的一場例行舞會。人們從下午3點一直跳到深夜，天黑了就用白光燈照明。但與德加不同的是，雷諾阿對陽光下的，而不是人工光線下的舞會更感興趣。德加作品中的臉龐經常被側面或後面的光線照亮，產生一種憂鬱的效果。雷諾阿則傾向於用透過樹影的日光來照明，他並不想散播都市的苦痛。

雷諾阿：《加萊特磨坊的舞會》的畫稿（1876）。完成後的作品在雷諾阿去世71年後的售價為7, 810萬美元（參見第137頁）。

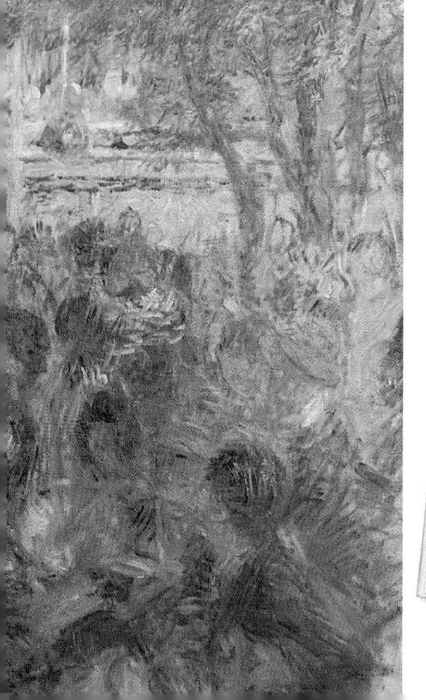

租下了一所公寓，為的就是創作這幅作品。蒙馬特不久之後成為時尚區，但當時出入的主要還是工人，他們來參加十九世紀晚期巴黎人最熱衷的休閒活動——跳舞。

在畫面中最顯著位置的那個用紫色斑點勾勒的人正是為雷諾阿作傳的作家喬治·里維埃爾（Georges Rivière, 1855～1943），一個女人正從畫面中央望着他。他曾經説過，雷諾阿在寫生中用真正的印象派風格創作了這一作品。不過，有一些草稿現存於世，而且這幅作品的氣勢相當恢弘；我們可以肯定地認為雷諾阿是在畫室中完成它的。

畫展過後，這幅畫被加里波特（參見第32頁）買走，並成為加里波特早逝之後留給國家卻在其後的二十年裡遇到法律障礙的那批藏品之一。它現於巴黎的奧賽美術館展出。

技法

描繪紅色的臉頰和嘴唇的原因之一是印象派一直堅定不移地使用鮮豔的紅色、藍色和黃色。雷諾阿選用特殊的色塊構成了這幅畫。他對表現形狀興趣不大，只用快速的筆法和閃爍的色彩大致表現形狀。不過，他還是試圖傳達動感。黃色的日光班駁地遍佈畫布，使人感到場景中的活力。

1877年
愛迪生展示了一種搖柄式留聲機，亦名“會說話的機器”。他唱：“瑪麗有隻小綿羊”，機器將這句話又重複了一遍。

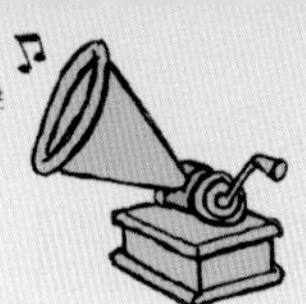

1877年
一位瑞典工程師發明了一種利用離心力的脫脂器，它可以降低生產黃油的成本。

1877年
“別跳！”在托爾斯泰的史詩中，安娜．卡列尼娜撞上了一列火車。

1877年
煙靄茫茫
聖拉查爾火車站

帶着調色板和畫筆，印象派畫家們奔赴塞納河的阿奈德依遠足，那裡是他們最喜愛的寫生地，也是莫奈那艘浮動畫船（參見第27頁）的所在。他們要從巴黎的聖拉查爾火車站出發，搭乘15分鐘的火車。這座壯觀的火車總站是為1830年代通往巴黎的第一條鐵路修建的，它是印象派畫家們所希望描繪的摩登生活的象徵。

莫奈的作品《聖拉查爾火車站》（La Gare Saint-Lazare）成為了印象派1877年第三屆作品展中以火車站為主題的系列作品之一。它看起來更主要地表現了從機車中噴湧出的煙霧，而不是其他的東西。

這並非巧合。這幅作品源自莫奈對於藝評界關於煙霧不應成為正常作品主題這一觀點的憤慨。他決定更進一步。因此，他穿上自己最為考究的裝束，帶上畫架來到當地的火車站，向負責人介紹自己為“畫家克洛德．莫奈”。負責人雖然並不肯定，卻也不願冒險。他將人撤離了月台，讓人將機車引擎裡裝滿了煤，以便釋放更多的煙霧，允許莫奈在車站中自由作畫，並在莫奈最後離開時向他充滿敬意地鞠了一躬。

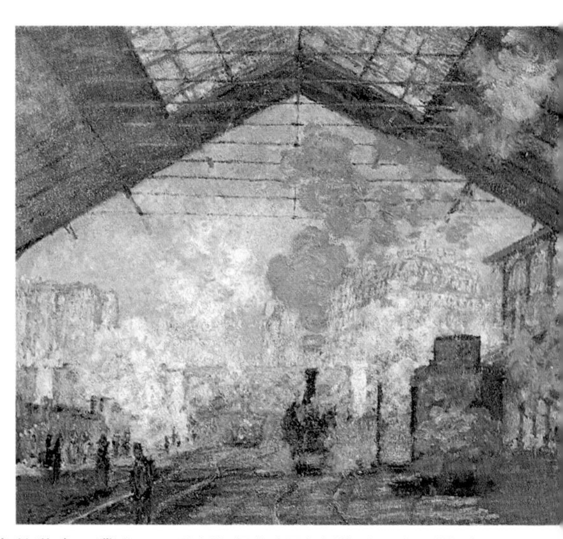

莫奈的《聖拉查爾火車站》（1877）：藝評家們質疑以水蒸氣作為畫家的題材是否合適。

當然，這位負責人所有的鞠躬和幫助都有所報償，他成就了一幅行雲流水的傳世

1877年
在武士們被停發津貼並被禁止佩帶雙劍後，日本爆發了薩摩起義。

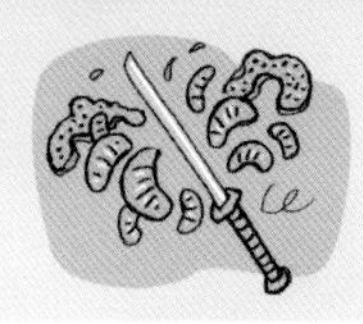

1877年
由柴可夫斯基配樂的芭蕾舞劇《天鵝湖》在莫斯科大劇院首演，但是作品並未獲得成功。

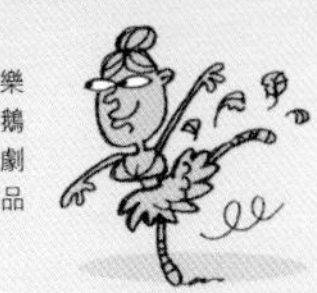

1877年
在倫敦，查理・布雷德洛和安妮・伍德・貝贊特由於出版了一本宣傳避孕措施的書而被審判；他們被判無罪，該案也成為一個重要的先例。

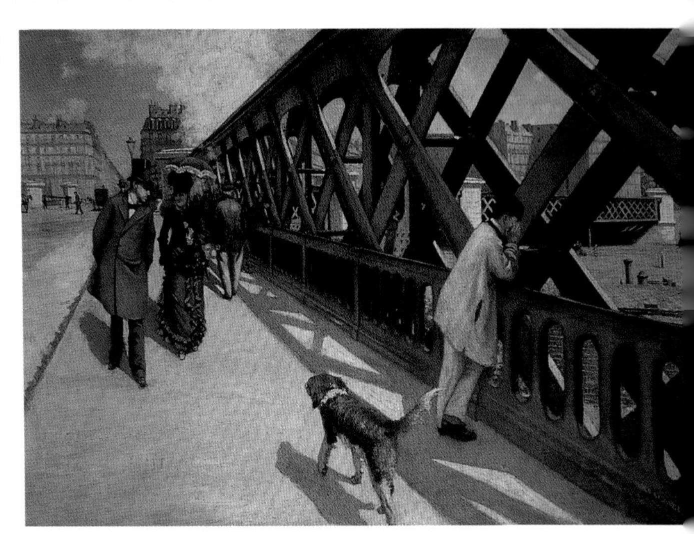

加里波特的《歐洲大橋》(1876)：一隻狗顯然是畫中主題的中心。

兩座橋

就在莫奈完成《聖拉查爾火車站》之前，他和加里波特（參見第32頁）同時在畫巴黎的同一座橋——歐洲大橋。不過加里波特的《歐洲大橋》(Le Pont de l'Europe, 1876）並不是真正由瞬間的印象產生的結果——事實上，一些十分非印象派的因素在這幅作品中佔據了主導地位。另外，頭戴高帽的人似乎正是畫家本人。

之作，這正是印象派畫家們所宣稱要創作的那種作品：摩登生活的真實寫照。而它也確實最大程度地體現了煙霧的效果：莫奈甚至刮掉了一些畫布上的顏料，使你看到畫布上的白色紋理，這恰恰使作品產生了特殊的印象。如果我們分辨不出這是一座火車站的話，作品上甚至還有一兩輛機車。“這是圖畫式的交響樂，”一位藝評家如是說。

印象派畫家喜愛蒸汽機車並反復地描畫着它們。參見莫奈的《鄉間的火車》(Train in the Countryside, 約1870～1871年）或者畢沙羅普法戰爭期間在他位於倫敦南區諾伍德的住處附近完成的《達利奇的羅德什普・萊恩火車站》(Lordship Lane Station, Dulwich, 1871)。

短程旅客

阿奈德依、Bougival、馬爾港和大橋，這些印象派畫家們的活動中心，與聖拉查爾火車站之間的交通都十分便利，而且距離他們的巴黎之家巴蒂哥諾勒斯大街也不遠。他們是第一代都市畫家，穿梭於被鐵路連接起來的城鄉之間。火車站是他們日常生活的一部分。也難怪印象派畫家們一直在畫這些車站。

1877年
安娜·休厄爾極為暢銷的作品《黑美人》僅為她帶來了20英鎊的收入；她也從未領取過任何版稅。

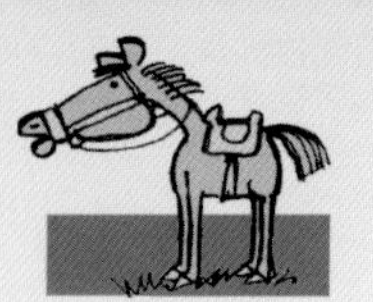

1877年
《華盛頓郵報》第一次印刷並開始成為早餐桌上的讀物。

1877年
第一屆草地網球錦標賽在溫布頓舉行，英國人斯潘塞·戈爾奪冠。

1877年～1878年

顏料罐

羅斯金 vs. 惠斯勒

通常藝評家和苦澀的藝術家之間的激烈碰撞是不會發展到對簿公堂的。即使偶爾會發生這樣的情況，通常整個事件也會被儘快地私下處理掉。但是一場在美術史上至為重要的法庭之戰還是不同尋常地爆發了。羅斯金和惠斯勒（參見第30頁）在倫敦進行的這場偉大的誹謗訴訟案，同時還在某種程度上以法律形式解決了一場重大的印象主義之爭——完成作品的速度是否重要。

一切都緣起於惠斯勒那幅關於泰晤士河上的煙火的爭議性的印象派作品。他堅持將其命名為《黑色和金色的夜曲》（Nocturne in Black and Gold, 1877），又名《散落的煙火》（The Falling Rocket）。作品的整個概念觸怒了當時最著名的藝評家約翰·羅斯金（John Ruskin, 1819～1900），他指責惠斯勒是在“往公眾的臉上傾倒一罐顏料。”惠斯勒以誹謗的罪名將他訴諸法庭。

在訴訟過程中，當惠斯勒被控辯雙方質問時，他被盤詰他在完成該作品時耗費的時間以及他期望以何種價格出售該作品。惠斯勒以同樣的問題反問出庭律師：他用了多長時間來準備這一案件，每小時的收

惠斯勒的《黑色和金色的夜曲》（1877）：引發一切爭議的作品。參見第38～39頁關於他早期作品的內容。

1878年
蘇格蘭作家羅伯特·路易斯·史蒂文森在法國製成了第一條睡袋。

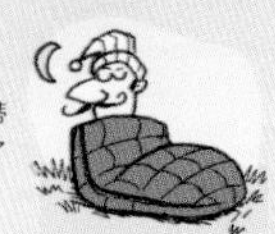

1878年
路易斯·康福特·蒂法尼(Louis Comfort Tiffany)在紐約皇后區設立了一家製造特種玻璃器皿的工廠。

1878年
英國在答應土耳其蘇丹保護土耳其之後得到了塞浦路斯。

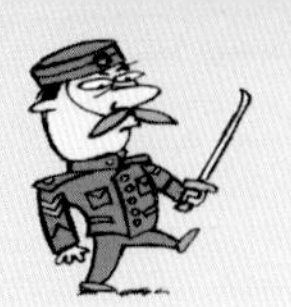

重大損失

這場誹謗案件對雙方來説都是一場經濟上的災難。對於羅斯金來説，這是導致他最終緩慢發展為精神錯亂的另一誘因。對於惠斯勒來説，他雖然贏得了訴訟，卻慘遭破產；不得不流亡到威尼斯，以他可以確信自己權威地位的唯一手段——創作蝕刻版畫來籌募。正如所有誹謗案件一樣，律師們才是唯一的獲利者。

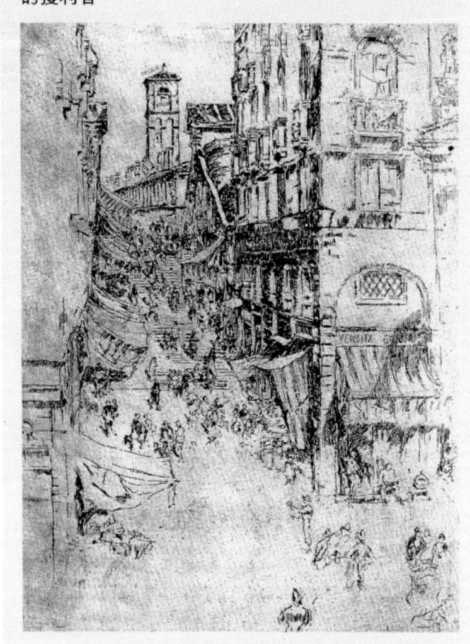

惠斯勒的《威尼斯的里奧托橋》(Venice, The Rialto, 1878) ：一幅他用來籌措律師費的蝕刻版畫。有一段時間，他避免使用色彩和粗線條而偏愛精細的素描。

費標準如何？這是一次巧妙的辯護，並為惠斯勒贏得了訴訟，儘管他僅得到了半個便士的賠償金。但有一點被確認，那就是畫家與其他專業並沒有什麼不同：完成作品的時間並不重要，而畫家賦予作品的經歷和內涵才是根本。這也正是印象派畫家在英吉利海峽對岸所力圖澄清的。

瞬間的印象、快照和流逝的情緒正是印象主義的素材。莫奈在畫布前消磨的時間也許並不長，但他用了整整一生去練習，最終擁有了足以捕捉非凡瞬間的能力。有一點是權威性的：美術不應當由保守的沙龍評審們根據投入作品中的時間和工作量來評斷。

這一案件是畫家在世人眼中從工匠成為專業者的轉折點。當然，要説服固執的法國藝評界，僅憑一個英國法庭判例是不夠的，但畢竟已邁出了關鍵的一步。

畫框中的名字

這起案件是隨後所謂的“美學運動”得以發展的重要基石。美學運動是由印象主義散播開來的，吸引了不同風格的畫家，如 **惠斯勒、愛德華·伯恩－瓊斯** *(Edward Burne-Jones, 1833～1898)、* **弗雷德里克·萊頓** *(Frederic Leighton, 1830～1896) 和* **奧布里·比爾茲利** *(Aubrey Beardsley, 1872～1898)。它成為世紀末的美學運動。它是厭世的、都市化的、頹廢而又完全消極；但它對美的解釋卻又是蓄意地隱晦、妖艷而又具挑逗性的 (參見第124頁)。*

1877年
第一批來自阿根廷的凍肉抵達英國，這被視為國際貿易史上的里程碑事件。

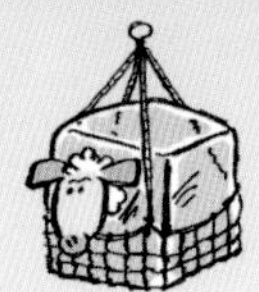

1887年
路易斯．凱勒在紐約出版了第一本社交界名人錄。如果想名列其中，你必須是非猶太血統的白人，沒有離過婚，並且被人尊敬。

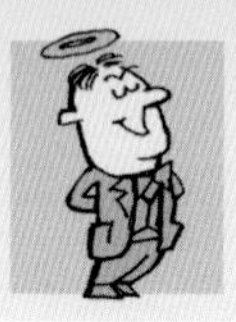

1891年
高更到南太平洋航行，先是在大溪地島上居住，後來又去了馬克薩斯群島。

1877年～1926年

與美國的聯繫

卡薩特

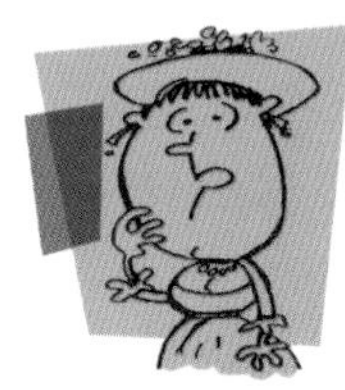

卡薩特在考慮德加最近的偏好

沒有人當真相信瑪麗．卡薩特（Mary Cassatt, 1844～1926）是德加的情婦，但他們確實在1877年初會之後就成為了終生的朋友，而德加的隻言片語也一直在影響着她。他為她所作的羅浮宮肖像並沒有刻意美化她。但是在他的一本筆記中記錄着他打算為一次印象派畫展送去的參展作品名單，旁邊則是她的參展作品名單，親密之情顯露無疑。

德加被認定是個厭惡女人的人，因此他和女人的關係總是有些尷尬。儘管德加將他為卡薩特所作的一幅肖像形容為表現了“女人破碎的尊嚴和在藝術面前的麻木”，她還是一次又一次地擔任他的模特。不過，在德加對她的一幅作品發表了令人不快的評論之後的幾年裡，她一直迴避着他。

銷售畫作

卡薩特還是一位對印象派畫家十分重要的畫商。她購買他們的作品，並鼓勵美國人也這樣做，她甚至還曾為窘境中的迪朗—呂埃爾（參見第66頁）雪中送炭。1878年，在Drouot酒店舉行的一次悲哀的銷售中，三幅雷諾阿作品的售價僅為157法郎；卡薩特挺身而出，買下莫奈和摩里索的作品來支持他們。她的朋友路易斯尼．沃爾德倫—埃爾德將德加的《芭蕾舞排練》（Ballet Rehearsal, 1876～1877）借給美國水彩畫協會，使美國人首次得見德加的作品。

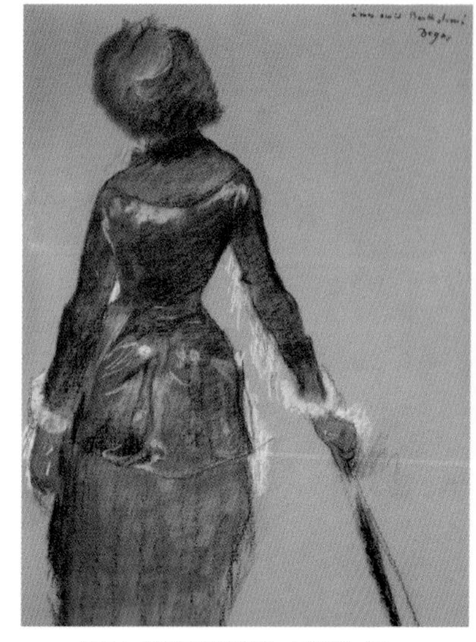

德加：《羅浮宮裡的瑪麗．卡薩特》（Mary Cassatt at the Louvre, 1879～1880）。這也許並不是她最美的角度，但她似乎並不介意。

1909年
在紐約，奧尼爾（Rose Cecil o' Neill）設計了丘比特娃娃——一種貌似愛神丘比特的美國娃娃，為此賺了1千5百萬美金。

1917年
澳洲鋼琴家保羅．維特根斯坦在俄國前線的戰爭中失去了一條手臂。不過這並沒有終止他的職業生涯。戰後，他演奏由斯特勞斯、普羅科菲耶夫、布里頓和其他作曲家專為左手譜寫的作品。

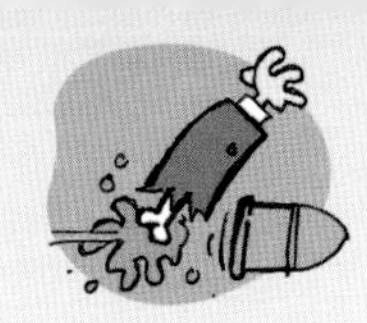

1926年
維奧萊特．吉布森行刺墨索里尼，但子彈只是擦傷了他的鼻子。

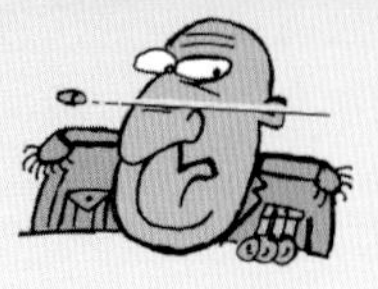

當然，將她引見給印象派畫家們也是德加對大家的回報。卡薩特是一位匹茲堡富商的千金，在法國長大，遊歷甚廣。儘管雙親多次反對，她還是一心希望成為畫家。她一直住在巴黎，在和印象派畫家們相識以前，她已經遠遠地仰慕了他們九年多。

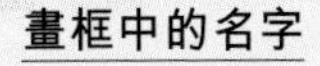

畫框中的名字

*卡薩特最主要的影響是對一小群後來被稱為個人派的畫家，這一代人結合了廣告海報畫和印象派的特點。他們筆下的題材多為有故事性的室內情景。***勃納爾***（Pierre Bonnard）和***維亞爾***（Edouard Vuillard，參見第122頁）在巴黎共用一間畫室，正是他們的作品將印象主義帶入了下一個世紀。參見維亞爾的《樹下》（Under the Trees, 1894）。*

初識德加時，她向沙龍提交的全部作品恰好都被駁回，德加建議她參加他們的展出。於是，她參加了四次印象派作品展，作品取得了極大成功。比起其他作品，她的作品受到日本版畫的影響更深（參見第34頁）。和摩里索的作品一樣（參見第60頁），它們主要取材於家居場景——參見《餵鴨》（Feeding the Ducks, 1895）和《在公車裡》（In the Omnibus, 1891），雖然沒有摩里索的作品風格自由，但卻有更多的後印象主義的和純粹的色彩。儘管她家世富有，她筆下卻很少涉獵那些摩里索所熱衷的中產階級富有的女性；她對平凡人的生活更感興趣。

卡薩特的《在公車裡》（1891）：在所有印象派畫家中，她的作品最具日本風格。她特別鍾愛在冷靜、不煽情的光線下描繪母親和兒童的日常生活。

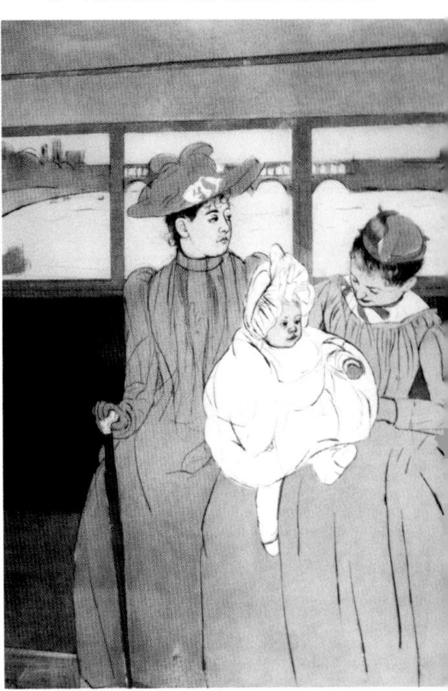

和其他許多印象派畫家一樣，卡薩特患有眼疾。在她失明而死前，賓夕法尼亞州美術協會授予她榮譽金獎。

1878年
德國移民馬克西米連．戴爾費尼爾斯．伯利茨在羅德艾蘭州開辦了他的第一所語言學校，並且創造了他的一系列輕鬆學習法，其中包括讓學生跟隨不懂得英語的教師學習。

1878年
在南非發現了有史以來最大的鑽石——“蒂法尼鑽石”，它重達287.42克拉。

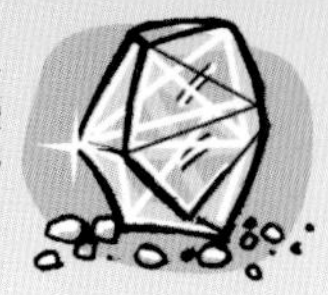

1878年
在愛迪生發明了家用電的廉價生產傳輸方法後，紐約煤氣公司的股值一瀉千里。

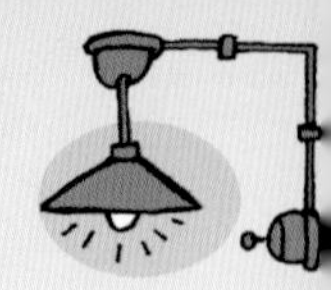

1878年

香汗淋漓

明星

德加不是特別喜歡女人。儘管他對女人的極度厭惡總是遭到指責，他還是在巴黎的劇院裡流連了數十年，描繪着芭蕾舞演員；婦女也經常成為他作品的題材。公眾是否因為他在畫中表現了她們的瑕疵就推定他不喜愛她們呢？一位藝評家甚至認為德加作品中的婦女是在“被動物化地侮辱着”。

德加的《明星》（L'Etoile, 1878）：這一次雖然不是後台場景，角度卻是出人意料的。

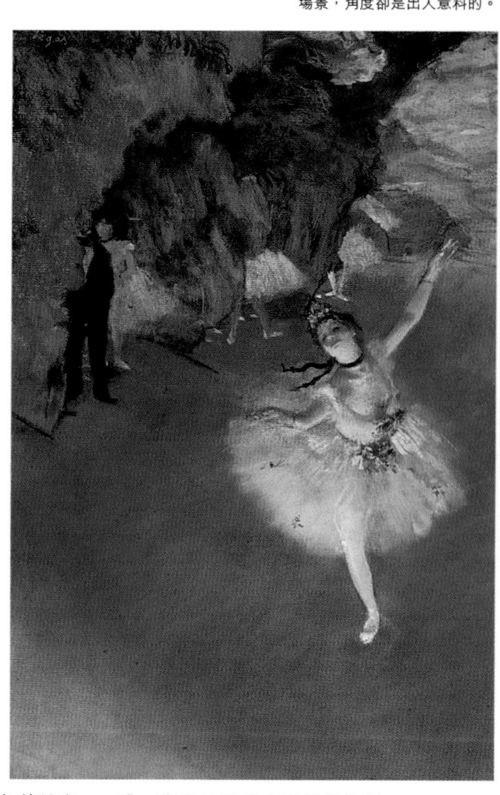

他確實終身未娶。而他對芭蕾舞女的興趣也確實不是由於她們是美貌佳人。他喜歡觀察由奇異的角度構成的造型，並且參詳那些光和影——尤其是在人工光線之下。毫無疑問，他會說明自己的立場是客觀的。他屬於印象派，只是自己並不承認而已。他對那些乏味的女子本身沒有多少興趣，而只是着迷於她們的身體：這正是現代畫家的情色觀。

《明星》是德加最為著名的作品之一，具有除去不體面之外的一切德加作品的風格。那位芭蕾舞首席女演員簡直就是在舞台燈下用腳尖旋轉的安琪兒。畫中也許只

1878年

海斯總統邀請華盛頓的兒童參加在白宮草坪舉行的復活節滾彩蛋活動。

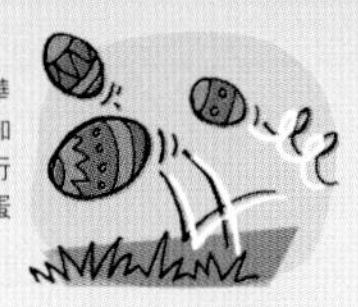

1878年

查理·T·拉塞爾建立了“耶和華見證人”教會，聲稱基督第二次降臨是在1874年，而且他們經歷的“千年時代”將在1914年的革命暴動中結束。

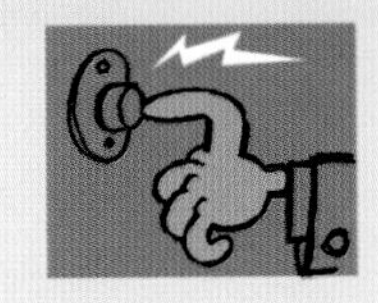

1878年

英國人埃德沃德·邁布里奇出版了他著名的經過多重曝光的關於運動中的動物和人物的照片。

看得到她的一條腿，一條手臂也明顯比另一條短，但是你能從中看到她那旋轉的動作和喜悦之情。

一雙屬於有權勢的“名流”的腿在後台相當險惡地出現，那是在巴黎大劇院後台獵艷的富有者。而較之台上出現的景物，德加對後台的事情要感興趣得多。他關於排練室或化裝室的粉彩畫作品要遠遠多於舞蹈員演出的作品，例如《等候提示》(Awaiting the Cue, 1879)。

《明星》這幅粉彩畫並沒有產生照片的效果，但是它的構圖卻與德加的許多照片十分接近。在這幅作品或者另一幅明顯表現了舞者和“名流”的作品《窗簾》(The Curtain, 1880) 中，你都看不到完整的人體。舞女在飛旋的瞬間裡動態被捕捉。加里波特十分喜歡這一作品，並買下它作為自己的收藏 (參見第34頁)。

拉拉小姐

1879年，德加帶着他關於雜技演員的作品低調地參加了第四屆印象派作品展，作品中表現了用牙齒咖住繩索被吊向馬戲團頂棚的女演員拉拉。與他的其他粉彩畫作品不同，《費爾南多馬戲團的拉拉小姐》(Miss La La at the Cirque Fernando) 十分精緻，是在家中根據四幅粉筆速寫創作的結晶。這是非常“非印象主義”的舉動。

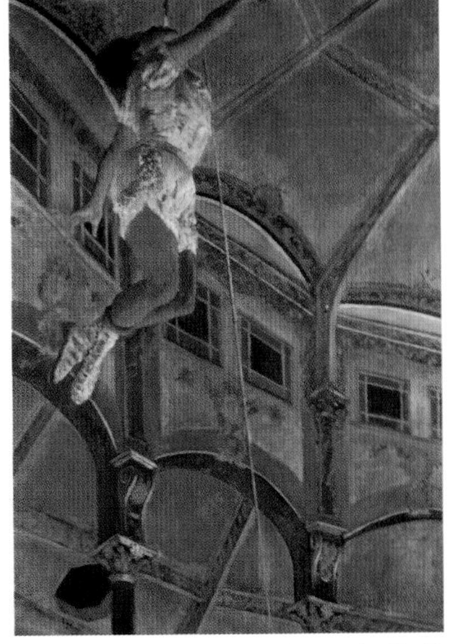

德加的《費爾南多馬戲團的拉拉小姐》(1879)：另一個不同尋常的倒置角度，幾乎要仰視雜技演員的短裙才行。

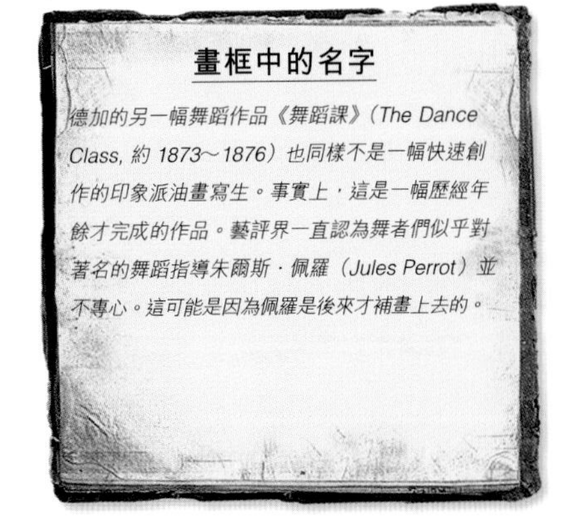

畫框中的名字

德加的另一幅舞蹈作品《舞蹈課》(The Dance Class, 約 1873～1876) 也同樣不是一幅快速創作的印象派油畫寫生。事實上，這是一幅歷經年餘才完成的作品。藝評界一直認為舞者們似乎對著名的舞蹈指導朱爾斯·佩羅 (Jules Perrot) 並不專心。這可能是因為佩羅是後來才補畫上去的。

1879年
從愛丁堡開往敦提的一列火車經過泰河大橋時，大橋坍塌，大約有90名乘客遇難。

1879年
糖精在巴爾的摩一間實驗室裡被偶然發明；它比糖甜300倍，是糖尿病患者的福音。

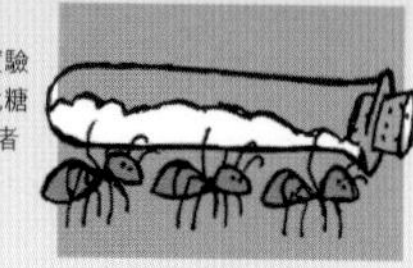

1879年
最後一頭南方野牛在德克薩斯被獵牛者殺害。

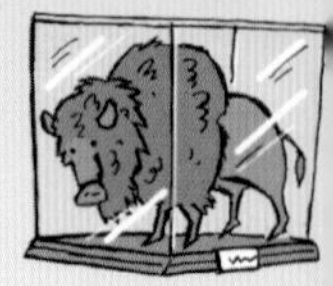

1879年～1880年

搖搖擺擺的桌子

高腳果盤上的靜物

德尼的《向塞尚致敬》（1900）：一件送給塞尚本人以及他的靜物畫的禮物。

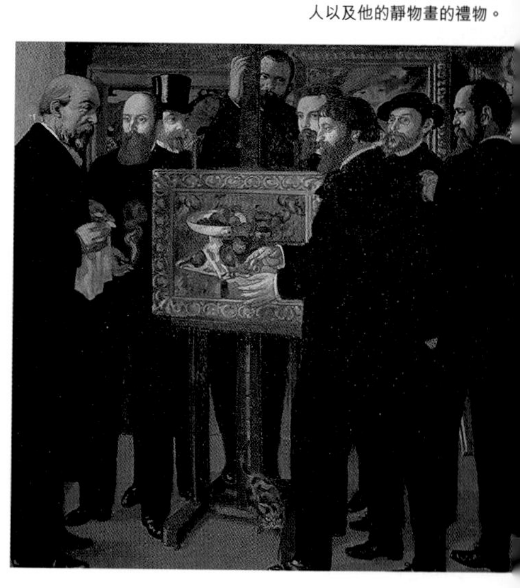

如果有人畫了一幅靜物畫，畫中的桌子似乎是傾斜的，蘋果就要滾落到你的膝蓋上，你絕不會認為他們是從受到過印象主義和攝影技術影響的美術學校裡畢業的。但塞尚（Paul Cézanne, 1839～1906）就是這樣的與眾不同。他成長於普羅旺斯地區艾斯克，其思想超出了印象主義，一直駛向未來藝術的彼岸。

事實上，塞尚一共創作了超過200幅靜物畫，其中絕大多數作品中都出現了蘋果。即使只是想想以這類事物作為題材就已經屬於激進的舉動了，因為靜物是被保守的沙龍所極力抵制的。他們認為靜物缺乏道德內涵。印象派畫家們並不在乎這一點，因為他們並不認為自己的任務是傳遞道德信息；不過他們還是竭力避免靜物，因為在戶外寫生中畫靜物並不太容易。

因此塞尚只得苦心孤詣。他對形狀、色彩以及它們之間的相互關係比對飛逝的印

畫框中的名字

事實上，《靜物：高腳果盤》屬於高更（參見第100頁）所有。它還出現在塞尚的一位狂熱崇拜者——象徵主義畫家 **茅里斯．德尼** *（Maurice Denis, 1870～1943）的作品《向塞尚致敬》（Hommage à Cézanne, 1900）中。德尼希望將它送給這位偉人以及德尼自己所崇敬的文藝復興時代的畫家們。似乎很奇怪，藝術的道路總是往迴循環的。*

1879年
跟隨英軍的法國王子在祖魯蘭被一支祖魯矛刺死。

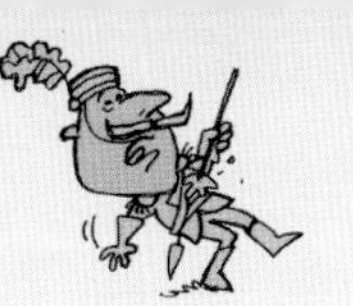

1879年
詹姆斯·里提發明了一種在捲紙上記錄交易的收銀機，並且在自己位於俄亥俄州代頓的酒館裡試用，以杜絕酒保們的偷盜行為。

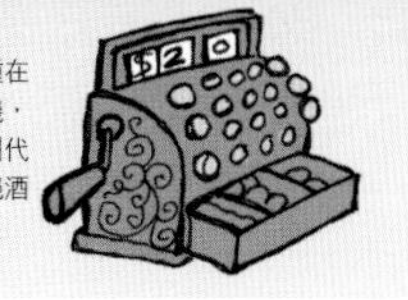

1880年
杜斯妥也夫斯基（Dostoyevsky）在他臨終的前一年完成了《卡拉馬助夫兄弟們》。

象更感興趣。為什麼不能稍微傾斜一下桌子讓我們看看那邊到底有些什麼呢？

在《靜物：高腳果盤》（Still-Life with Compotier, 1879～1880）中，一切都是成雙成對的，每一對組合都因為成對的色彩而顯得更為複雜。塞尚似乎要重新確立美術。如果透視對他毫無用處，他就徹底拋棄關於它的全部概念——就像沙龍在1880年拒絕他的時候那樣。這是一項孤獨而痛苦的事業。

塞尚這一時期創作的一些靜物畫，在似乎是黃色的背景上採用了奇異的星形背景圖案，歷史學家們認為這是他居於巴黎時的寓所中的壁紙。例見他的《高腳果盤和點心盤》（Compotier and Plate of Biscuits, 約1877）。也就是在這一時期，塞尚開始畫他那些招牌式的蘋果。

藝評界逐漸愛上了這些蘋果。甚至連一向吝嗇的德加也買下了他幾幅作品。小說家兼藝評家朱里斯—卡爾·于斯曼（Joris-Karl Huysman, 1848～1907）認為它們“將我們帶往了神秘的境地”，將它們形容為“野蠻、粗糙、用油畫鏟創作的、用大拇指迅速塗抹過的蘋果”。這不過是對一種普通水果的稍加留意而已，但靜物終於就此被美術史學家們載入了史冊。

果香

另一位涉獵靜物畫的印象派畫家是雷諾阿，但是他看待這一切的角度又自成風格。他的靜物畫以華麗而鮮艷的物品為題材，不僅有蘋果這樣的普通水果，還有來自異國的香甜蔬果。只要看看《來自米迪的水果》（Fruits from the Midi, 1881），你就會明白我的意思了。

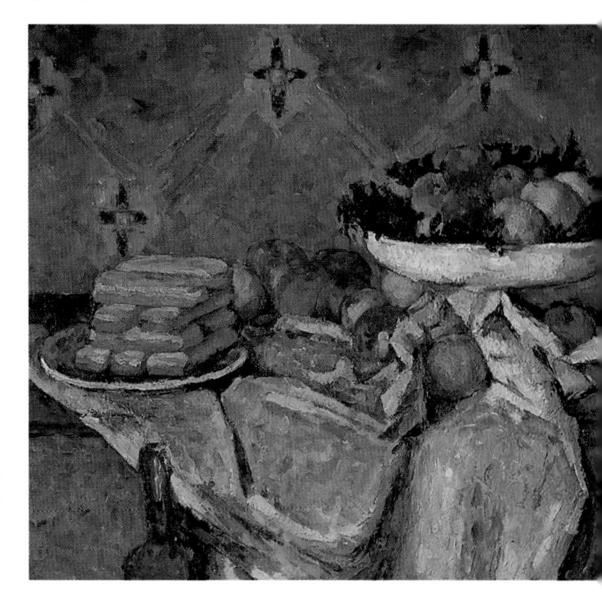

塞尚：《靜物：果盤和點心盤》（Still-Life with Fruit Bowl and Plate with Biscuits, 1879～1880）。注意構圖中物品和色彩的對稱性；這是他的“蘋果”時期。

1880年
一項海底隧道工程在英國肯特郡福克斯通開工，但僅進行了2,884英尺（879米）便停工了。

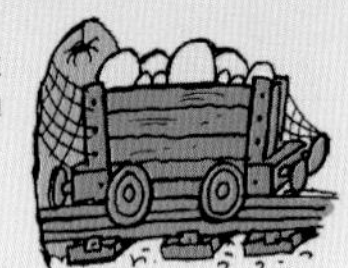

1880年
奧芬巴赫（Offenbach）在他的《霍夫曼的故事》於巴黎首演的前一年辭世；他的芭巴利拉詠嘆調大獲成功。

1881年
加菲爾德（Garfield）總統在華盛頓特區的火車站被一位曾經被他拒絕錄用的人槍殺。

1880年～1881年

朦朧的野餐

遊船上的午餐

“唉，我成了人物畫家，”這是雷諾阿在聽到莫奈正在嘗試風景畫時的哀嘆。這是雷諾阿的悲劇，但也是他天賦所在。事實上，從一個笨拙的青年成長為一位坐在輪椅中受人敬重的偏癱畫家，雷諾阿一直只對同一個題材感興趣——圓臉、豐腴而充滿活力的婦女。他只喜歡這些。如果說左拉希望畫家們更多地描繪現代生活，那麼在雷諾阿筆下所能描繪的現代生活也就是這些了。

包廂

雷諾阿的《包廂》（La Loge, 1874）是另一幅能夠表現細微動作印象的作品——如一些比眨眼更顯著的動作。這是在第一屆印象派作品展上唯一免遭藝評界猛烈抨擊的作品。

這樣的評價也許不太公平。雷諾阿同樣喜歡像照相機一樣及時地捕捉一切關於流逝的印象和模糊的動作的瞬間。無論從哪個角度來看，《遊船上的午餐》（Luncheon of the Boating Party, 1880～1881）都是他最著名的作品之一，它從一開始就贏得了公眾的喜愛。

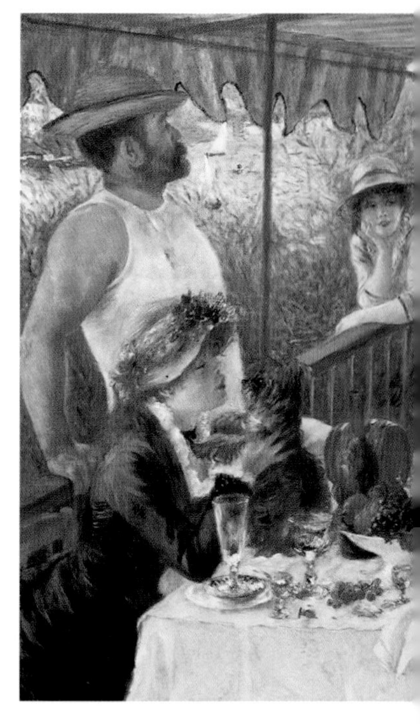

它是在1882年迪朗—呂埃爾（參見第66頁）組織的第七屆印象派作品展上首次與公眾見面的，當時身染肺炎的雷諾阿正在外地休養。如果當時他在巴黎，也許會選擇另一些作品參展，這樣就會避免遭到于斯曼（參見第89頁）等少數藝評家的攻擊：“她們並沒有散發出巴黎的氣息，”于斯曼認為雷諾阿畫中參加聚會的婦女“就像剛剛從來自倫敦的船上走下來的煙花女子”。

1881年
英國伍斯特郡遭遇強風暴，冰雹和海螺從天而降。

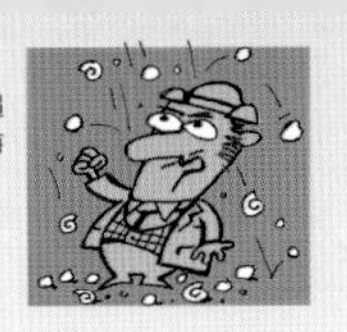

1881年
在加利福尼亞，詹姆斯·哈維·洛根通過將一株紅覆盆子和一株野生黑莓嫁接培育了"洛根莓"。

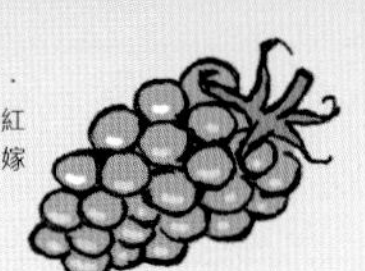

1881年
瑞士作家約翰·施皮里（Johann Spyri）創作了悲劇《海迪》(Heidi)，描寫了一個離開山裡的祖父到河谷學校讀書的小女孩的故事。

實際上並非如此。最左邊正在與她在餐桌上的狗嬉戲的女子是艾琳·查里哥特（Aline Charigot, 1861～1916），正是雷諾阿後來的妻子。其他人則都是曾被雷諾阿作為背景使用的塞納河畔弗奈瑟餐廳的常客。參見他為餐廳老闆所作的肖像《M·弗奈瑟》（M. Fournaise, 1875），畫中人戴着帽子，啣着煙斗。一如往常，雷諾阿將朋友們加入到了作品當中。

作品呈現一種朦朧的效果。這也許是微薰的結果——看到這麼多紅酒酒瓶已經半空就可以猜測出這一點了；但這同樣也是雷諾阿像鏡頭一樣捕捉動作的嘗試。在他同年創作的另一幅極為模糊的作品《克里西街》（The Place Clichy, 約1880）中，他進行了更為大膽的嘗試。畫中是繁華的街景，但畫布的一角留有大片空間，準備讓一名正朝着這方向的女子走進去。當時攝影技術的局限性在於：由於快門速度太慢，除非所有人都保持靜止，否則照片上的一切都會十分模糊。

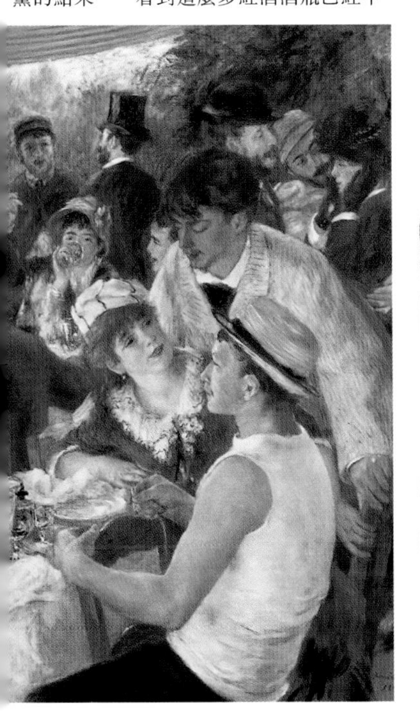

雷諾阿的《遊船上的午餐》（1880～1881）：一次及時捕捉分秒瞬間的嘗試，表現了在弗奈瑟河畔餐廳裡享受明媚陽光的巴黎人。

畫框中的名字

當雷諾阿在繪畫中嘗試攝影般的效果時，英美先驅 ***伊德韋爾德·邁布里奇*** *（Eadweard Muybridge, 1830～1904）出版了他的攝影集《運動的馬》（The Horse in Motion, 1878），並在其中第一次表現了高速下的馬腿動作的定格。德加是這部攝影集的書迷之一。在德加創作《午餐》的那一年，邁布里奇正在忙於發明他用來拍攝動物行為的鏡頭，並在照片盤上打光產生運動的效果。這就是運動照片的先驅。*

1880年
有一半的紐約居民在下東區租房居住，這一地區的年死亡率佔紐約全市的70%。

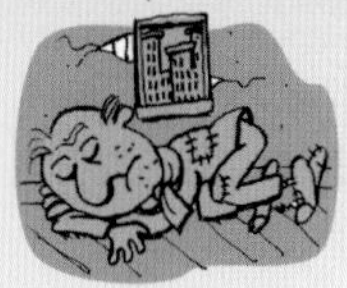

1883年
在英國，《腐敗與非法行為法案》對各政黨在大選中的花費進行了限制。

1886年
第一屆克魯夫茨狗展在英國舉行，"菲菲"和"海盜"是奪冠熱門。

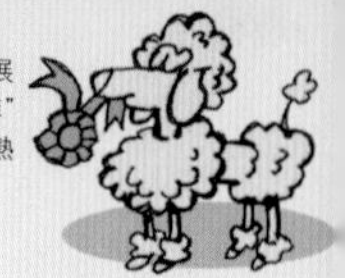

1880年～1900年

將點點連結起來

修拉和點彩畫法

修拉作品的特點是，要欣賞它們就必須站在恰當的距離以外：太近會使所有的點分離開來；而太遠又體會不到構圖的全部效果。正是這一點使印象派畫家對他頗為惱火：為什麼一位畫家能做到與印象派如此相似卻又截然不同呢？而那時印象派畫家們才剛剛開始得到一些公眾的認同。

清晰可辨

修拉在1890年是這樣闡述他的理論的："和諧就是各種對比因素的親和性，是調子、色彩和線條等相似事物的親和性"。他的用詞"事物"和"線條"都清楚地表明：一個新的時代開始了。印象派畫家們從不曾對這其中的任何一點感興趣。

修拉（Georges Seurat, 1859～1891）是革命性的思想家之一，這類人相信自己是應運而生的，他們極為刻苦卻又英年早逝。和一些印象派畫家一樣，修拉曾就讀於美術學校，受到謝夫勒爾色彩學理論的影響（參見第22頁），並逐漸領悟到描繪現代生活的原貌才是畫家的使命。

他以一些細小的色點，將印象派的特徵轉化為精確的科學原理。這些都是光譜中純粹的原色，僅與白色混合過。和印象派畫家一樣，修拉和他的"點彩畫同伴們"禁絕使用黑色。他們用修拉設計的那種和諧的線條來表現人體。作品中沒有了印象派的自發性和戶外寫生，但效果卻更明亮，更具永恆感。這種風格日益突出，最終在奇異而修長的、正在彈琴或拉大提琴的理想化人體上形成了"點彩畫法"（pointil-lism或divisionism），或所謂的"新印象主

修拉的《阿涅爾浴場》（1883）：新的流派正在崛起。

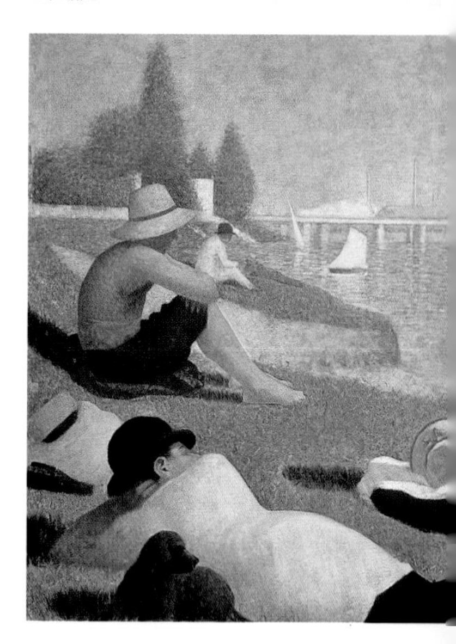

1888年
世界上第一扇十字形旋轉門被安裝在費城的一座辦公樓裡。

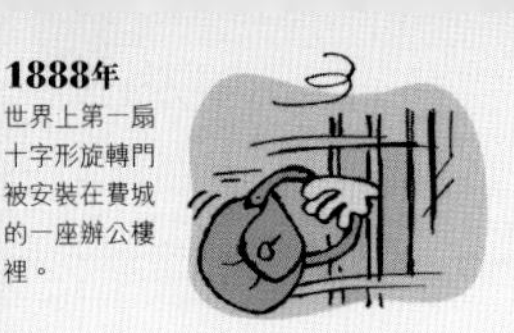

1891年
阿薩·坎德勒以2,300美元的價格買下可口可樂公司。在一輪新的廣告宣傳活動中，他宣稱可口可樂對治療咽喉疾病有療效。

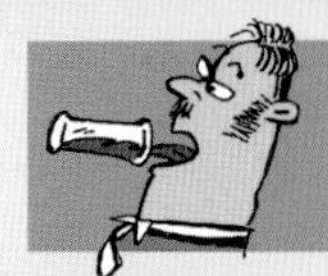

1900年
西奧多·德萊塞（Theodore Dreiser）的妻子告訴他《嘉莉妹妹》（Sister Carrie）太過齷齪，於是他放棄了出版的打算。

義”(Neo-Impressionism)——兩種名稱都很恰當。

修拉32歲便匆匆辭世，此前他的繪畫生涯並沒有多久，但他還是試圖將其分為三個階段。起初，他練習塞納河畔洗浴者的速寫，並以此完成了兩幅使他聲名鵲起的巨作——《阿涅爾浴場》（Bathers at Asnières, 1883）和《大碗島的星期天下午》（Sunday Afternoon at the Island of La Grande Jatte, 參見第110頁）。從1885年起，那裡一直是他的取景地。1888年以後，他開始跟隨德加出入娛樂場所；在這段時間裡，他的作品更像是海報廣告畫。

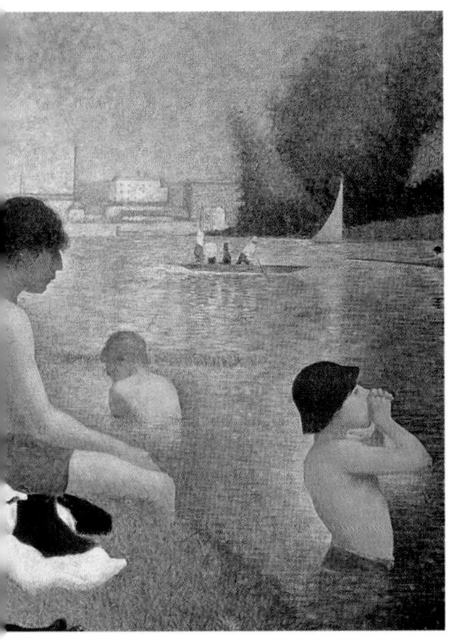

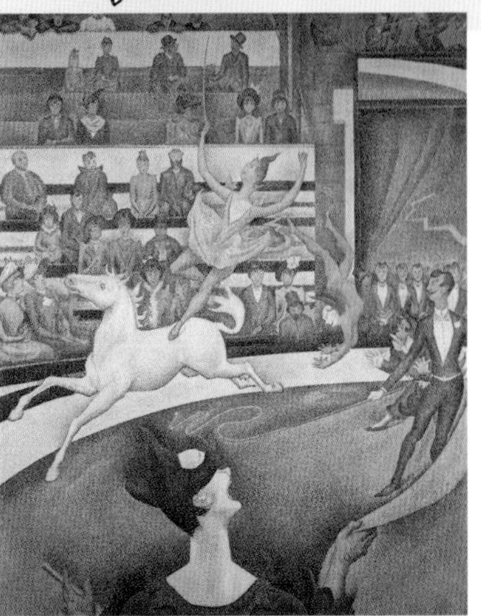

修拉的《馬戲團》（The Circus, 1891）：別具一格又並非完全屬於印象主義，這真讓人摸不着頭腦。

修拉和他的朋友西涅克（Signac）在1886年參加了第八屆印象派作品展，儘管他們的作品是被分在單獨的一間畫室裡展出的，但他們的參與仍然使印象主義運動出現了分化。很明顯，印象派畫家們提出的問題現在有了另一種解決方案。

畫框中的名字

修拉的朋友 **西涅克** *（Paul Signac, 1863～1935）是他最堅定的支持者。他們一起創建了“獨立藝術家協會”。修拉去世後，西涅克輾轉來到聖—特洛普茲，與馬蒂斯（Matisse, 參見第123頁）等未來的畫家們聯合。參見他的作品《瑟堡》（Cherbourg, Forte de Roule, 1932）。*

1881年
在《大西洋月刊》上刊載的一篇題為《壟斷寡頭的故事》的文章抨擊了約翰·D·洛克菲勒的標準石油公司。

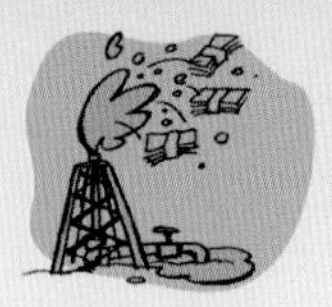

1881年
威尼斯引進了汽艇，而貢都拉不久就成為了只為遊客使用的運輸工具。

1881年
亞利桑那州湯姆斯通城外的牲畜欄中發生了一場決鬥，懷亞特·厄普兄弟與酒鬼多克·霍利德並肩戰勝了艾克·坎頓和比利·克萊本團夥。

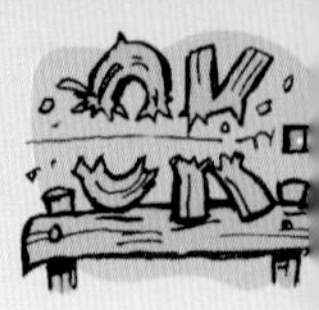

1881年～1882年

歸來吧，拉斐爾，一切都過去了

雷諾阿的意大利之行

在1880年代，雷諾阿經歷了一些意外之災。為了避開他所謂的自己的"酸楚"時期，他遠赴意大利，並在這段時間裡重新發現了古典藝術的魅力。當他歸來時，他再也不追求那種瞬間性的感覺和朦朧的線條了：他希望自己的藝術能夠像拉斐爾或米開朗基羅的經典那樣永垂不朽。

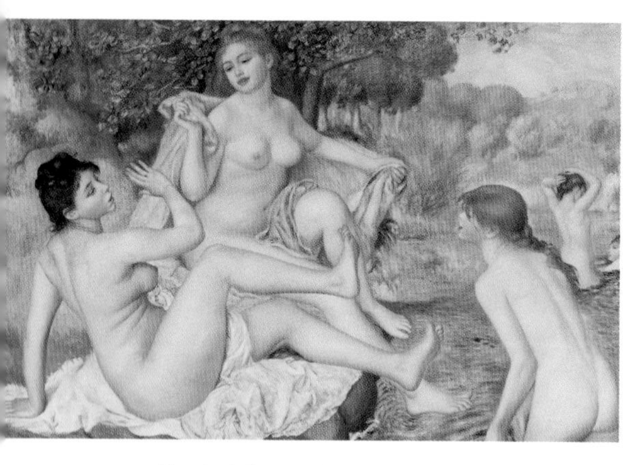

雷諾阿的《大浴女》（約1887）：鮮明的輪廓和姿態曼妙的人體。他喜歡讓他的模特兒們顯得嬌媚艷麗，並用肉感的顏色來描繪她們。

"我並不想成為這個時代的革命者，"他在寫給迪朗—呂埃爾的信中是這樣解釋自己為什麼不願意參加1884年的印象派作品展的。雷諾阿剛過不惑之年，但一股傳統的潮流已席捲了他的身心。他清楚自己那些富有的贊助商們希望得到些什麼，但他也能看到修拉的影響已成為美術史上的一次革命；未來似乎將要皈依傳統的浪漫主義題材和經典構圖。"我已經走到了印象主義的盡頭，"雷諾阿這樣寫道。

1881年雷諾阿到意大利時，只和他新的情婦艾琳·查里哥特在那裡逗留了三個月（參見第90頁）。但當他歸來時，拉斐爾的作品和龐貝城的壁畫仍然在他的腦海中揮之不去。他開始嘗試古典神話、經典題材以及清晰的輪廓線，並在《大浴女》（約1887）中將這一切

畫框中的名字

在雷諾阿晚年時，他挑選僕人的標準不是他們是否勝任，而是根據他們的皮膚是否"有光澤"。這也解釋了護士加布里埃爾為什麼會出現在他這一時期如此眾多的作品之中——參見《閱讀中的加布里埃爾》(Gabrielle Reading, 1890)。

1882年
意大利吞併了埃塞俄比亞的北部城市阿薩布。

1882年
紐約市電動機公司的一名職員發明了一種有兩片扇頁的坐枱式電風扇。

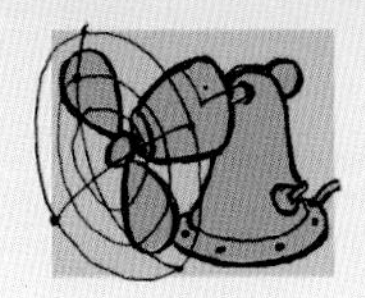

1882年
莉莉·蘭特里在一齣名為《不公平的比賽》的舞台劇中初登美國舞台。在約翰·埃弗雷茨·密萊司爵士為她畫了題為《澤西莉莉》(Jersey Lillie)的肖像後，"澤西莉莉"就成了她更廣為人知的名字。

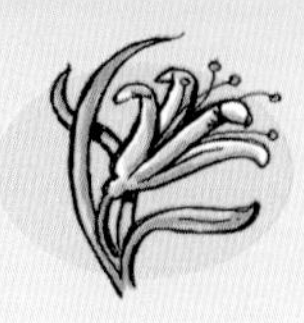

發揮到了極致。這一時期，他畫了很多速寫，還臨摹文藝復興大師們的作品。按照一位藝評家的說法，即使是他筆下的葉子也已經從朦朧的印象轉變成為清潤逼真的“止咳糖”了。

雷諾阿後來又重拾朦朧的印象主義線條，但他並未完全放棄經典的樣式：參見他的作品《麵包房》(La Boulangère, 1904)。雷諾阿一直堅持畫裸體，他筆下的裸女們珠圓玉潤，有着飽滿的笑靨和形狀相同的乳房。例見他的《梳妝》(La Toilette, 1902) 和《敞開晨衣的加布里埃爾》(Gabrielle with an Open Blouse, 1907)。

他認為自己的作品植根於清晰可見的藝術傳統之中，例如他的作品《母性》。“它們是十八世紀風格的延續，”他在交付自己的最新作品時這樣告訴迪朗—呂埃爾，不過“沒有那麼出色”罷了。

直到他的晚年，甚至在1912年因患關節炎而無法行走之後，雷諾阿仍然在用逃避現實的女性作品來追求着同一種美的理念。他的品味是毋庸置疑的。

豪華之旅

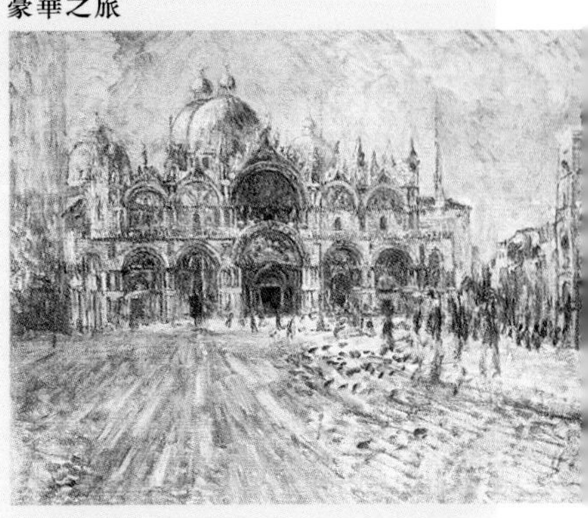

威尼斯是雷諾阿意大利之旅的第一站；他為這座城市所傾倒，畫下了他所見的一切——例如上面這幅《威尼斯的聖馬可廣場》(St. Mark's Square, Venice, 1881)。他在迪朗—呂埃爾面前承認了自己作為印象派畫家的罪行：他沒有在寫生中完成作品，而是將它們帶回巴黎的畫室完稿。試與馬奈（參見第40頁）與惠斯勒（參見第85頁）關於威尼斯的作品相比較。無論第一代印象派畫家們如何激進，他們中的許多人還是或早或晚地被威尼斯的魅力所征服。

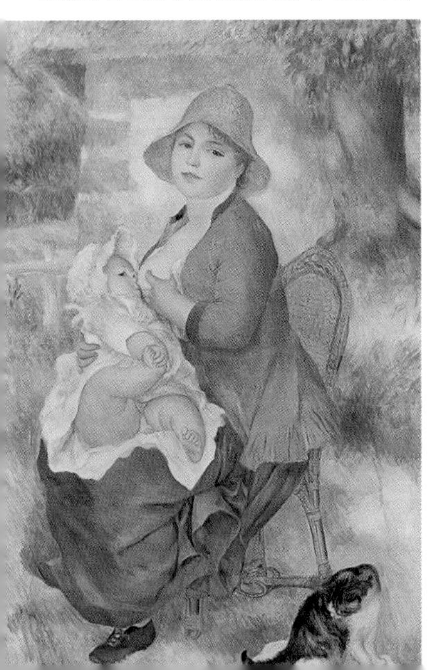

雷諾阿的《母性》(Maternité, 1885)。他的技巧改變了，但是品味如一：胸部豐滿的肉感女人。

1881年
"小比利"（Billy the Kid）成功越獄後在新墨西哥被射殺。幾周後，《小比利的真實故事》成為紐約的暢銷書。

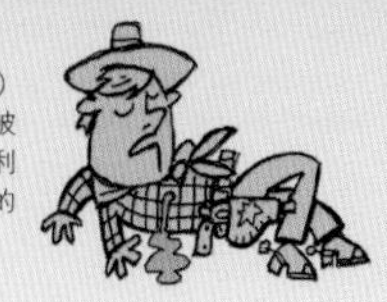

1881年
各國人口為：美國5, 300萬，英國2, 970萬，德國4, 520萬，法國 3, 760萬，意大利 2, 840萬。

1881年
古巴醫生芬萊·卡洛斯·胡安認為蚊子可能是黃熱病的傳播者。

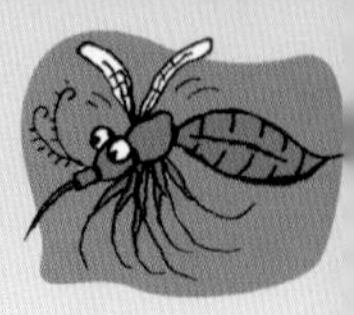

1881年～1882年

都市風情

費里—貝熱爾酒吧

藝術家正在調動作品題材的情緒

馬奈到底對出現在自己的最後一幅傑作《費里—貝熱爾酒吧》中的那位女侍應說了些什麼呢，以至於她看起來是這樣的心事重重？無論如何，她似乎出於某些原因拒絕與畫家或者我們對視。和達文西的《蒙娜·麗莎》一樣，這是一幅非常神秘的作品。

馬奈的最後一幅傑作見證了他從真正的印象派畫家當中崛起一直回到他自己最初的口號——忠實描繪現代生活原貌這一過程。而現代生活也從未像在費里一貝熱爾酒吧裡這般激烈過。這裡是巴黎最著名的咖啡館之一，也是這座城市中最著名的咖啡館音樂會的舉辦地。

這也是一幅稍顯哀愁的作品。它於1882年被沙龍接受，並使馬奈獲得了他一直夢寐以求的藝術權威的認可。但是在第二年，馬奈就經歷了癱瘓和壞疽，直到最終去世。這同時也是向他的朋友左拉致敬的一幅作品，它受到了左拉的小說Le Ventre de Paris（1873）中一章的啟發，馬奈甚至還有這部小說的簽名手稿（這些都發生在左拉出版引發爭議的《全集》之前，關於這一事件，參見第70頁）。而作品中的故事也確實相當神

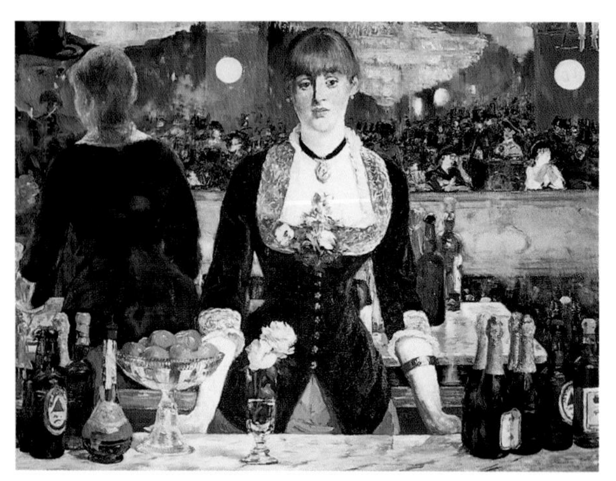

馬奈：《費里—貝熱爾酒吧》（Bar at the Folies-Bergère, 1881～1882）。馬奈和德加在1880年代是那裡的常客。反映在鏡中的影像是畫家本人嗎？抑或是我們——觀賞者？

1882年

《紐約太陽城報》的編輯約翰·博加特提出了他的著名格言："狗咬人並不是新聞；人咬狗才是新聞。"

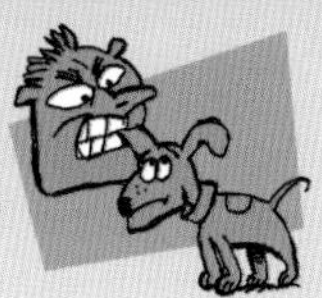

1882年

大象"詹伯"出現在麥迪遜廣場花園裡。他站立時高11英尺6英寸（3.5米），重達6.5噸。

1882年

意大利作家卡爾羅·科洛迪創作了木偶匹諾曹的探險故事，每當匹諾曹説謊時，鼻子就會變長。

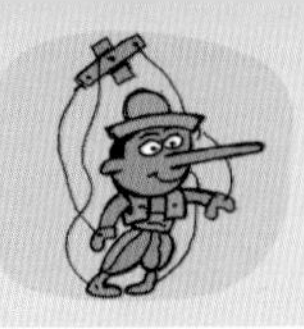

出售

1884年，也就是馬奈死後的第一年，迪朗—呂埃爾在他的畫室裡組織了一場作品展賣。但是三幅最重要的作品卻無人競標，因為迪朗—呂埃爾所出的底價太高。加里波特以3, 000法郎買下了《陽台》（參見第60頁），整個拍賣會的收入一共是116, 637法郎。這是迪朗—呂埃爾行將破產時代的開始。他的許多印象派作品的顧客都勸他降低價格。

秘。我們知道，畫中人名叫蘇珊，她的確是費里—貝熱爾酒吧的女侍應；但是應當站在我們現在的位置上直面鏡子的人卻並不是我們：那是馬奈一位名叫蓋斯頓·拉圖奇的朋友的影像。在作品中，觀察者已經完全消失了——這正是印象主義理想化的理念：景物的觀察者是客觀的，他們根本不應當出現在那裡。

但現在的馬奈已經不再堅持許多印象主義的原則了。這幅作品不是寫生，而是在畫室中完成的，蘇珊非常和善地到那裡去為他擺好姿勢。不過，她身後的鏡子裡顯現出的是1880年代巴黎的摩登生活，在我們面前的正是屬於這種摩登生活的大禮帽和種種誘惑，而且保持着它們的原貌。

作為一位不情願的印象主義運動領袖，馬奈去世時剛剛年過半百。如果他能夠活到世紀之交，能夠看到藝術領域的新潮流，不知道他還會再畫些什麼？

德加：《大使街的咖啡館音樂會》（1876～1877）。德加最喜歡出沒的地方，他所身處的摩登生活的一瞥。及時的定格捕捉到了演出和交流的瞬間。

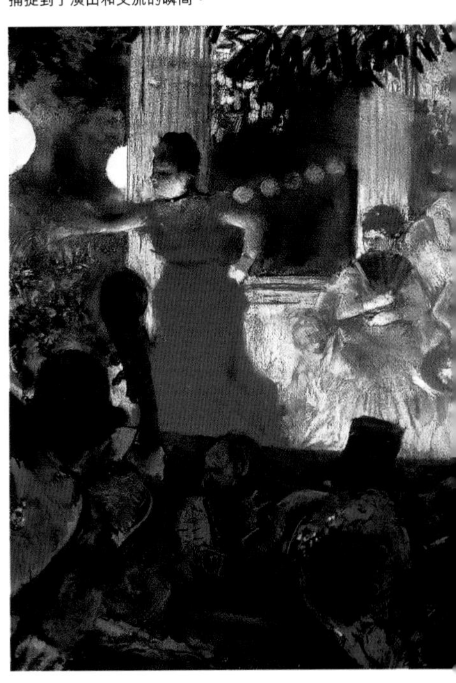

咖啡館生活

馬奈和德加是最喜歡咖啡館生活的印象派畫家了。他們的作品根本沒有故事內涵，僅僅是為了表現當時的生活而已。例見馬奈的《讀者》（The Reader, 約1878～1879）和德加的《大使街的咖啡館音樂會》（Café Concert at the Ambassadeurs, 1876～1877）。他們二人都並不欣賞其他同道中人對風景和寫生的陶醉。

1883年
印度尼西亞的喀拉喀托火山爆發，讓全世界都看到了壯觀的紅色日落。

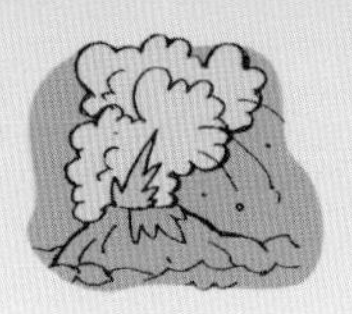

1884年
桂格燕麥片成為最先用紙板包裝出售的食品，在英國和美國都有強大的廣告宣傳攻勢。

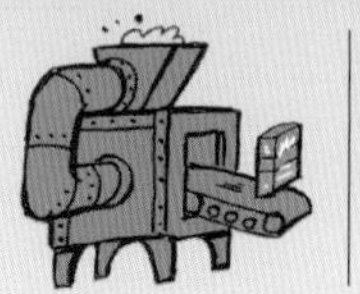

1885年
由路易斯．波拿巴於1808年成立的阿姆斯特丹國家博物館遷入新建的大廈中。

1883年～1890年 投奔點彩派

畢沙羅的新印象主義時期

畢沙羅一生對印象主義的忠誠也許就像他對印象派伙伴們的忠誠一樣無人能及。他不參與爭論，只畫自己能夠掌握的題材：他只表現自己對瞬間的印象，並儘可能在户外寫生。但是，在1883年前後，驚天動地的變化發生了。

"我被自己那些未經加工的粗糙作品搞糊塗了，"那一年，他這樣告訴兒子盧西恩。在雷諾阿和其他人正在為整個印象主義的理念困惑時，畢沙羅則在考慮是否應當讓自己的作品更流暢些。結果，他接受了盧西恩的點彩派朋友們的思想（參見第92頁）。

正是畢沙羅勸説其他人在1884年的作品展上吸收修拉和西涅克的作品，這使印象派團體分崩離析。不久，畢沙羅就接受了修拉新的"科學"技法，使用原色點來營造特殊的鮮明效果。

他最著名的作品《盧昂的拉克魯瓦——霧景》（Ile Lacroix, Rouen—Effect of

世界之窗

當畢沙羅開始重新寫生時，他發現自己的視力在衰退，因此不得不又回到室內。從那時起，他就習慣於畫緊閉的窗子外的景物了。他就要迎來自己生命中最偉大的年代了。儘管他從未取得過所謂的"輝煌"成就，但他的那些關於繁華街景、盧昂和巴黎的畫卻是他最成功的作品。例見他的《弗朗索瓦劇院大街》(Place du Théâtre Français, 1898)。

修拉的《艾菲爾鐵塔》（The Eiffel Tower, 1889）：世界上第一位點彩畫家正在以這幅作品高歌猛進。

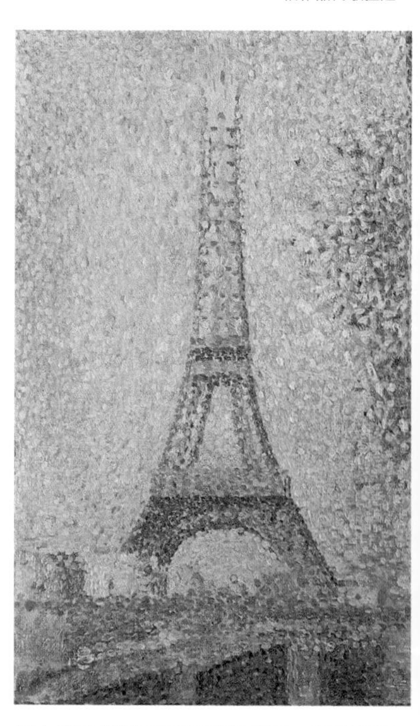

1886年
一位威斯康星州的鑲木地板商引進了強生牌（Johnson）的地板蠟。

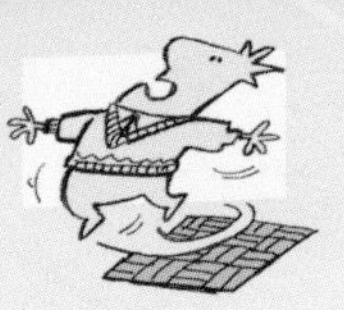

1886年
在羅伯特·路易斯·史蒂文森於當年出版的《誘拐》（Kidnapped）一書中，阿蘭·布雷克從一艘遇難船隻上獲救。

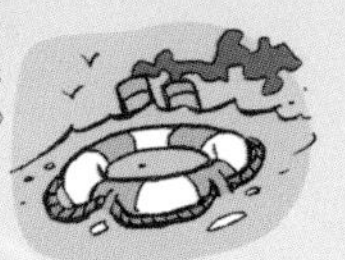

1888年
美國零售店主威廉·巴勒斯對一種加法計算機申請了專利，它每次都能得出正確答案，但其商業開發尚不可行。

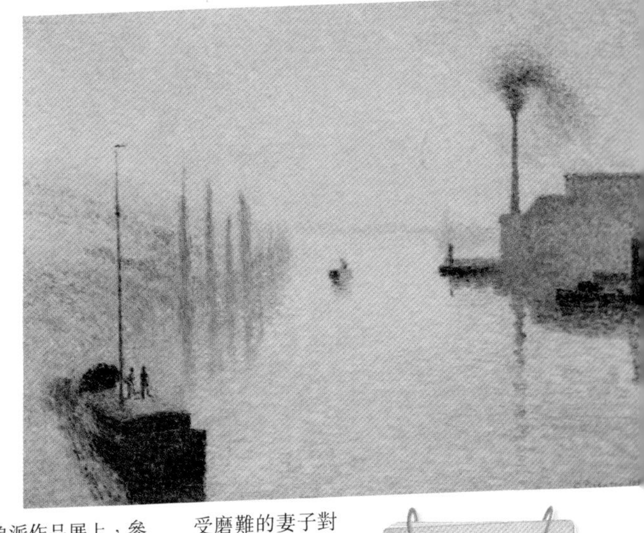

畢沙羅的《盧昂的拉克魯瓦——霧景》（1888）：畢沙羅向新印象主義的爭議性飛躍。在幾年間，他的色彩變得淺淡，筆法也更為自由了。

Fog, 1888）就這樣誕生了，這是一幅經典的煙霧風景畫。在畫中，水天一色，二者似乎都在空間感中微微顫動。作品最顯著的位置上是駁船上的兩個孤獨的人，他們的口中似乎正在吁着絲絲寒氣。

在1886年最後一屆印象派作品展上，參觀者發現很難將修拉、西涅克和畢沙羅的作品區分開來。畢沙羅的轉型是徹底的，但卻並不持久。他逐漸地意識到點彩技法的整體理念阻礙了他對景物的瞬間性的反映。“在多次嘗試後，我發現不可能忠實地表現我的感情並表現生活和運動，不可能忠實於自然界這些隨機而又令人讚嘆的效果，也不可能在我的畫作中表現獨立的性格。我只能放棄了。”他娓娓道來。

修拉的點彩主義不是為了個性而設計的，而是為了科學；因此，既然畢沙羅有這種想法，他放棄點彩技法也並不奇怪。當然也還有其他原因：他的朋友高更在他開始嘗試點彩技法後便與他決裂，而他飽受磨難的妻子對他再度不受歡迎以及雪上加霜的債務也不堪忍受，她投河自盡，幾乎淹死。

技法
修拉的點彩技法是這樣的：先塗上一層細緻的淺色顏料，然後密密地畫上彼此貼近的原色點，例如在表現草地的綠色點邊上畫上黃色點。這樣，它們在視覺上融合，而不是在調色板中融合。參見畢沙羅關於這種技巧的實踐——《田間女人》（Woman in a Field, 1887）。

1886年
羅伯特·路易斯·史蒂文森僅用三個晝夜便完成了《化身博士》(The Strange Case of Dr. Jekyll) 和《海德先生》(Mr. Hyde)。

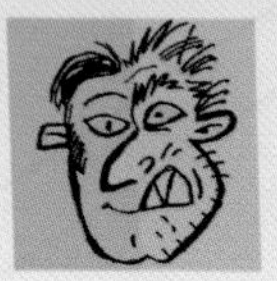

1888年
英國發明家約翰·伯伊德·鄧洛普發明了一種充氣輪胎，它有橡皮外皮和可以用氣泵充氣的內管。

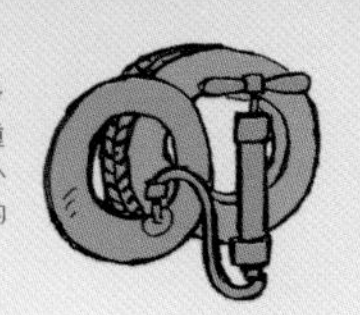

1891年
新奧爾良的私刑暴徒衝進監獄，殺死了十一名被判決謀殺罪名不成立的意大利移民。這是美國歷史上最嚴重的私刑事件。

1883年～1903年

本性的回歸

高更與綜合主義

高更可憐的妻子曾抱怨說，她在結婚時根本就不知道他是畫家。當她步過教堂的紅地毯時，她只知道自己要嫁給一位從水手的職業而成功轉行的股票商——他在工作之餘可能有時會愚昧地買幾幅隨意的印象派作品。她不知道，自己已經向一位原始藝術的先鋒許下了永遠忠貞的誓言。

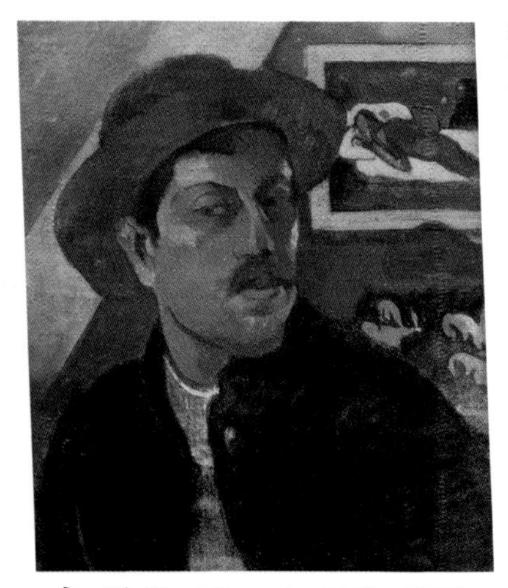

高更的《自畫像》(Portrait of the Artist, 1892～1894)：作於他放棄股票商生涯十年之後。此時，他已經周遊了拉丁美洲，並在大溪地島居住了兩年。

高更 (Paul Gauguin, 1848～1903) 在秘魯長大，也許這使他在早年就獲得了南太平洋的品味，這對他而言十分重要。他在巴黎遇到了畢沙羅，就此點燃了藝術的火種。他參加了印象派作品展，並且在三十五歲那年放棄了股票商的職業，全身心地投入到藝術作品之中。

這是他一系列令人心碎的悲劇的開始，他日漸貧困，眾叛親離。他曾經數次遊歷過南美洲，又與梵高 (參見第114頁) 渡過一次災難性的假期，也曾在布列塔尼的阿望橋村逗留了相當長的時間。在那裡，“綜合主義”(Synthetism)或“象徵主義”(Symbolism)的藝術理念作為全新的流派成型。不久，他和象徵主義的其他同伴們開始嘗試用黑色的線條分割鮮艷的色塊，用以表

一項建議

“一項建議，”高更這樣寫道：“繪畫時不要過分地依賴自然。藝術是一種抽象，要通過夢想從自然中凝練出來。多想想創造性會有所幫助。通往上帝的唯一道路就是像我們的造物主一樣——創造。”對於高更來說，印象派關於複製瞬間或景物的思想是遠遠不夠的。

1895年
亨利·歐文獲得了第一個授予演員的爵士頭銜。

1899年
在克留格爾總統立法禁止英國人掠奪德蘭士瓦省的金礦之後，南非爆發了布爾戰爭。

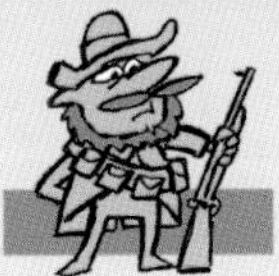

1903年
英國設立了“國家藝術收藏基金”，希望避免使藝術作品流失到國外。

達思想和情緒。這種技法借鑑了日本版畫和原始藝術，但這一切還是植根於印象主義之中的。

高更給阿望橋村帶來了巨變。不久，一個日益成長的年輕畫家群體開始聚集在那裡學習；在1889年的巴黎作品展期間，他們舉辦了聯合畫展（參見第100頁）。象徵主義是凱爾特裝飾主義（最終轉化為新藝術主義[Art Nouveau]）、中世紀的宗教象徵手法和高更對原始藝術的日益迷戀三者的奇異組合。

“我體內有兩種本性：敏感的和野蠻的，”他告訴妻子，“敏感的已經不見了，而野蠻的那一面則強有力地主宰了一切。”1891年，他動身前往大溪地島，“洗去文明的痕迹”。他將自己的餘生奉獻給了沙灘上的異國裸女、粉紅色的天空和紅色的狗。

悲慘的是，高更的晚年在貧病交加中度過，而且他還為自己的種種本土原因與殖民當局鬥爭。他死在Atuana時年僅五十五歲。

畫框中的名字

高更的作品主要有兩大影響。首先是對少年得意的詩人 ***阿瑟·蘭波*** *(Arthur Rimbaud, 1854～1891)。他在十歲到二十歲之間創作的少數詩歌由於歌頌了人類的本性而受到“不道德”的指控。後來他棄文從商。另一位是虔誠的* ***埃米爾·伯納德*** *(Émile Bernard, 1868～1941)，他與高更在布列塔尼相識，二人一起發展了效果強烈的平面色彩技巧。後來，由於高更將一切都歸功於自己，他們分道揚鑣。*

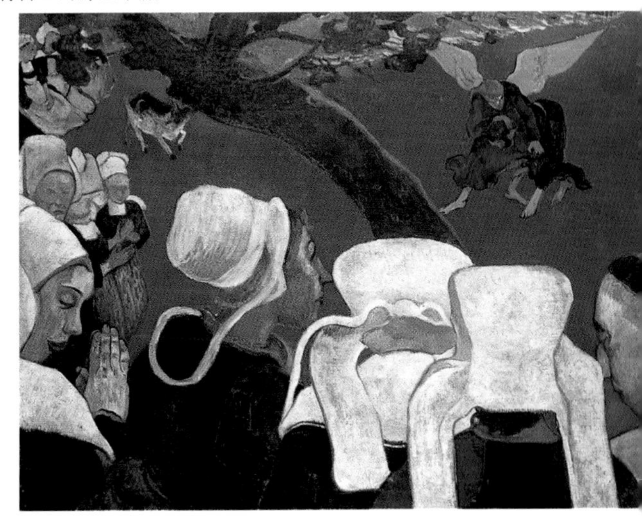

高更：《佈道後的異象》(The Vision After the Sermon, 1888)。唯一一幅關於雅各和天使摔跤的印象派作品。

1884年
莫泊桑創作了《項鏈》一書，剖析了巴黎社會的偽善。

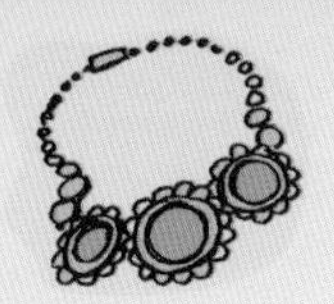

1893年
捷克作曲家德伏札克（Dvorak）的《新世界交響樂》（New World Symphony）借鑑了黑人的靈歌和美國的土著音樂。

1898年
皮埃爾和瑪莉．居里夫婦發現了兩種新的元素——鐳和釙。

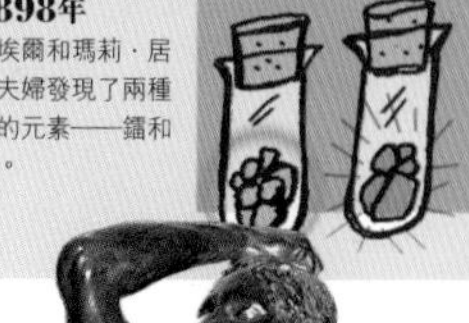

1884年～1917年

零碎的人體

羅丹

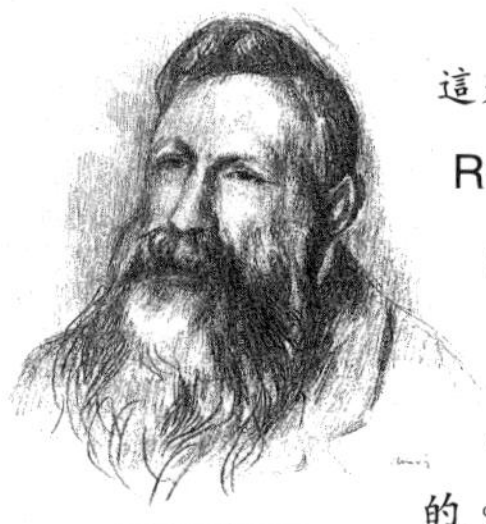

雷諾阿繪畫的羅丹像

這是偉大的雕刻家羅丹（Auguste Rodin, 1840～1917）在1870年代展出的第一件主要作品，它是如此的生動逼真，以至於有謠言散佈説它是用一名模特兒活生生地澆鑄出來的。這是世人對這位將成為法國最著名藝術家的人物的詆毀。

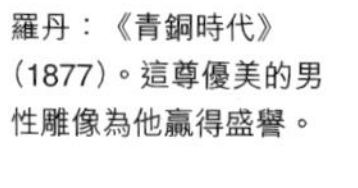

羅丹：《青銅時代》（1877）。這尊優美的男性雕像為他贏得盛譽。

事實上，在1884年倫敦的展出之前，沒有人特別留意過羅丹的成名作《青銅時代》（The Bronze Age, 1877）。就像對待印象派藝術家們一樣，公眾根本不清楚自己的好惡。

羅丹是一位政府官員的兒子，與莫奈同年出世。他最初的職業是個體石工，為新建的布魯塞爾股票交易所雕刻裝飾用的雕像。在這些標準化的作品中，你不會發現任何印象主義的痕迹。但是，儘管羅丹比其他印象派畫家們在有生之年更為功成名就，但他秉行的是相同的處世方法。在1889年的國際作品展期間，正是他與莫奈的聯畫展使莫奈終於獲得了商業上的成功，艾菲爾鐵塔就是在那次展覽中出現在世人面前的（參見第30頁）。

問題是，儘管對米開朗基羅十分景仰，但羅丹並不認為他自己的作品應當是“完成的”。應該留下一些想像的空間。有

技法

製作青銅雕塑需要漫長的過程，即使是在雕刻家自己的工作完成之後。首先，青銅鑄工需要製作一個模子，用這些模子製作青銅的模型，最後則是澆鑄。意大利人阿爾賓諾．帕拉佐洛（Albino Palazzolo）於1921年被授予榮譽勳位，就是為了表彰他為澆鑄羅丹和德加作品而完成的所有工作。

1904年
在聖·路易斯的集市上出售雪糕蛋筒。一個敘利亞的點心師傅在鄰居雪糕店用完了所有碟子後，將自己的威化餅捲成筒狀代替。

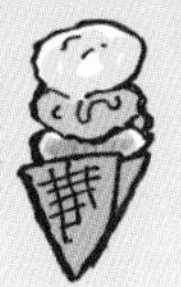

1911年
隨着小皇帝溥儀的退位和滿清皇朝的終結，中華民國宣告成立。

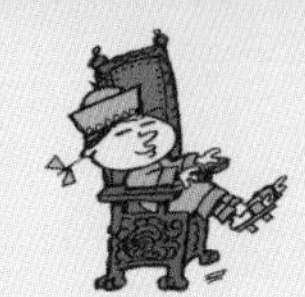

1917年
畢沙羅和俄國芭蕾舞蹈員Olga Khokhlova在她巴黎獻藝的首演中會面，畢沙羅跟隨她的演出團體來到了西班牙。他們於次年結婚。

時，他在石材上留下一些空白，讓他的人物或者人物的一部分得以浮現；他擅長畫手臂，也對解剖學中的人體各部分有相當研究。但這一技巧激怒了公眾，因為人們認為他是在偷懶。他們認為他是因為不想添麻煩而不去完成餘下的各部分身體。

傳統的藝術觀念認為藝術作品應當精雕細琢並徹底完成。羅丹則總是創造性地留下足夠的空白石材，賦予作品以思想的火花。

成為一名雕刻家的偉大之處在於每件作品可以有不止一件原件，因為它們可以從模子中不斷地澆鑄出來。單是《青銅時代》就有超過一百五十件原件，但這也確實意味着你能夠更容易地觀賞到羅丹的作品：最好的藏品現存於巴黎和費城的羅丹藝術館。

畫框中的名字

__羅丹__是最不幸的戶外雕塑家之一。他的《思想者》被人惡意破壞了；《卡萊的市民們》(Burghers of Calais, 1884～1886)被卡萊市議會攪得一塌糊塗；他的《雨果像》和《巴爾扎克像》多年來一直為委託會員干預。而他的《里玆將軍》(General Lynch)這座他唯一的騎馬塑像，則在智利革命中於聖地亞哥被一名暴徒所毀。

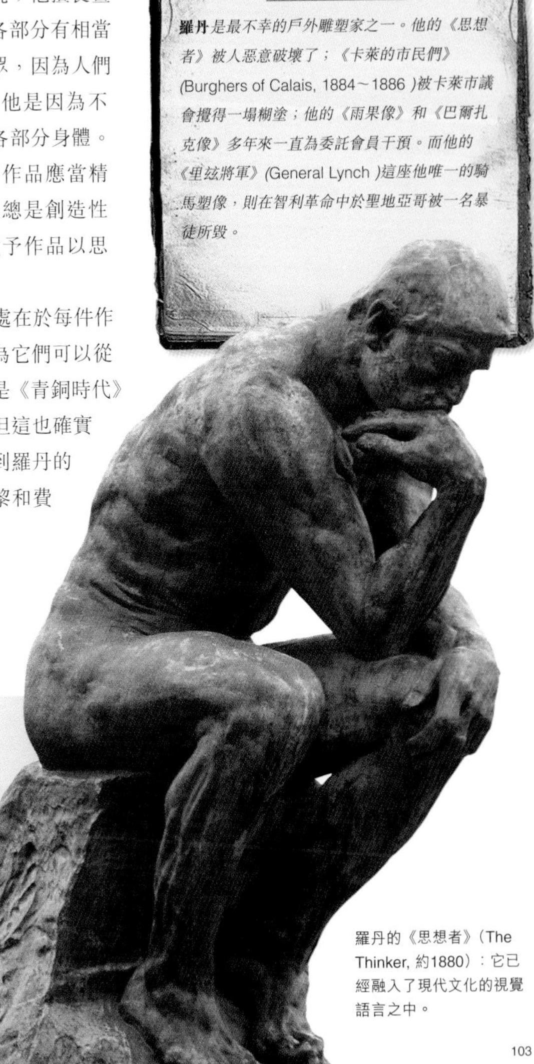

羅丹的《思想者》(The Thinker, 約1880)：它已經融入了現代文化的視覺語言之中。

未完成

我們可以用意大利語nonfinito來形容羅丹的技巧，它的含義是“未完成”。對羅丹來說，“未完成”意味着他雕出的不是完整的形體，而只是人體的一部分，甚至只是一隻手臂。他的工作助手貫徹了他的思想，而其他雕刻家也經常剪切他的作品並在其局部繼續雕刻。

1885年
吉爾伯特和沙利文的《日本天皇》轟動倫敦，劇中曲目包括《我有一張小單子》和《學校來的三個小女生》。

1891年
在科羅拉多州的克里普爾克里克發現了黃金，到了1900年左右，該鎮已有60, 000人口，以及139家餐廳及酒館晝夜服務。

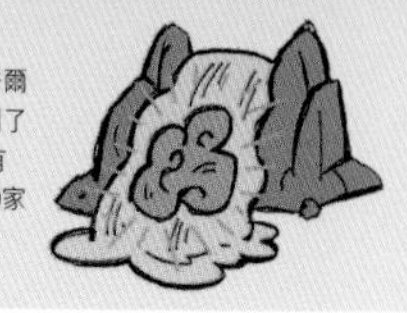

1900年
天才少年畢加索在十九歲時創作了《紅磨坊街》(Moulin de la Galette)。

1884年～1937年

色彩絢麗的音符

印象派音樂

當德彪西（Claude Debussy, 1862～1918）在極年輕的十歲被巴黎音樂學院（Paris Conservatoire）錄取時，教授們立即意識到他們得到了一位獨一無二的人物。不過，儘管德彪西熱愛音樂，並且注定會成為出色的鋼琴家，他卻似乎並不喜愛樂器。在成年以前，他轉到了作曲班，卻表現平平：他似乎也並不喜歡音樂創作的種種陳規戒律。

這就是音樂學院所謂的“印象派音樂”的起源，它試圖捕捉的正是印象派畫家們在繪畫中試圖捕捉的那些流逝的情感。德彪西像使用色塊一樣使用音符，他對不諧和音的使用暗合了謝夫勒爾的色彩即時對比理論（參見第22頁）。連評論家們也用色彩學的術語來討論他的音樂。

德彪西的雙親在聖—熱爾曼—恩—萊伊經營着一家瓷器店，他們無法理解自己的兒子。儘管缺乏父母的支持，德彪西還是憑藉清唱劇《浪子回頭》（The Prodigal Son）獲得了極高的榮譽——“羅馬獎”。他的愛情生活坎坷而悲哀，未婚妻的背叛以及威脅性的自殺接踵而來，讓他精疲力竭，但

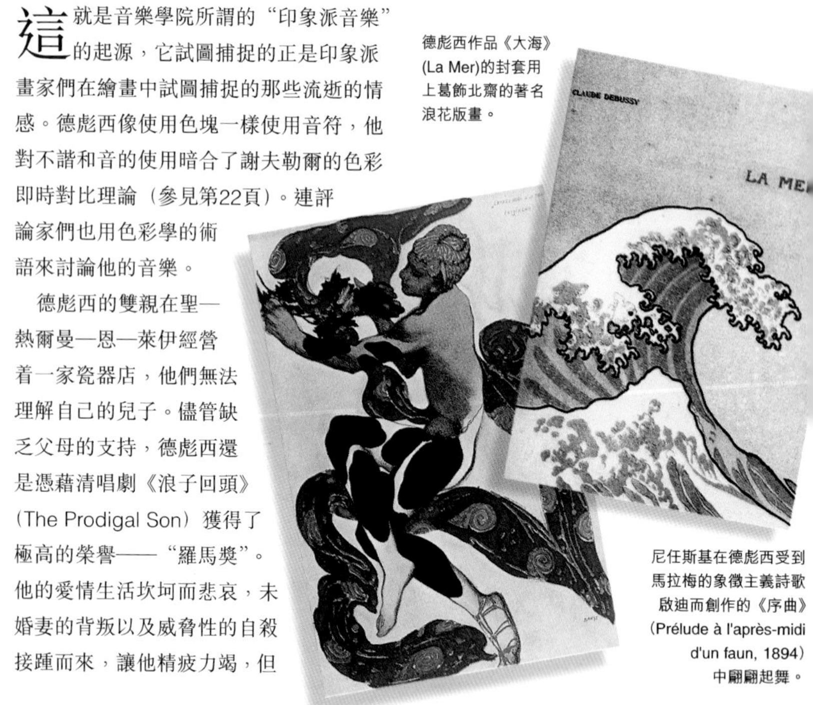

德彪西作品《大海》(La Mer)的封套用上葛飾北齋的著名浪花版畫。

尼任斯基在德彪西受到馬拉梅的象徵主義詩歌啟迪而創作的《序曲》(Prélude à l'après-midi d'un faun, 1894)中翩翩起舞。

1903年
法國最高文學獎——龔古爾獎（the Prix Goncourt）由小說家龔古爾（Edmond de Goncourt）捐資設立，並於當年首次頒發。

1922年
褲口寬大的法蘭絨長褲流行一時，大家爭相比評誰的褲腳最寬。

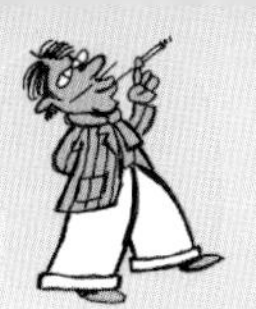

1937年
英國已經出現了電話報時服務。

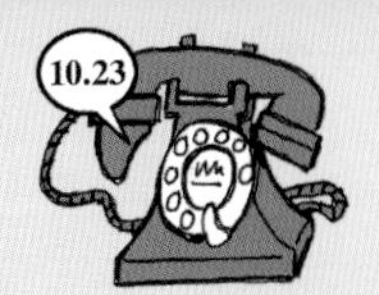

關於水的作品

當莫奈正在嘗試將印象主義的技巧發揮到極致，去描繪水面和睡蓮（參見第128頁）的時候，德彪西也在嘗試用音樂來表現水這一題材。他使用長串的互相聯繫的不諧和音十分流暢。你可以從他的作品《水中倒影》（Reflections in the Water）中欣賞得到。

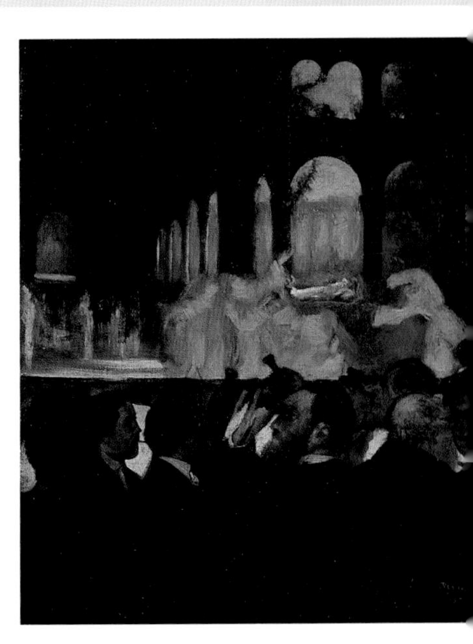

德加的《羅伯特·迪亞博的芭蕾舞》（The Ballet Robert de Diable, 1871～1872）：德加在其作品中同樣表現音樂。

他作品的知名度卻與日俱增。不久，德彪西開始將一些印象派詩人的作品譜成樂曲：他的《序曲》（Prélude à l'après-midi d'un faun, 1894）就是在象徵主義詩人史蒂芬·馬拉梅（Stéphane Mallarmé, 參見第71頁）的啟發之下創作的。

主流藝評家對他的評價與十年前對印象派畫家們的最初反應是一致的；他們或認為他漫不經心，或認為他徹底走上了歧途。

1904年，為了與新歡一同躲避舊愛，德彪西在伊斯特本大酒店落腳，在那裡他完成了他三首最著名的管弦樂作品初稿[《大海》]（La Mer）。他在印刷樂譜的封面上使用了日本畫家葛飾北齋（參見第35頁）的作品，你也許能猜到，這是因為他本人就是日本版畫的狂熱欣賞者。他還受到了蕭邦（Frédéric Chopin, 1810～1849）和1889年巴黎國際博覽會上木琴演奏者們的深刻影響。

畫框中的名字

德彪西被尊為現代音樂之父，他的印象主義同伴們包括了耽於夢幻的英國作曲家 **弗雷德里克·德利烏斯** *（Frederick Delius, 1862～1934）、他的法國同志* **莫里斯·拉威爾** *（Maurice Ravel, 1875～1937）——他和德彪西一樣，最後為俄國劇團經理* **謝爾蓋·達基列夫** *（Sergei Diaghilev, 1872～1929）譜寫芭蕾舞曲；還有陰鬱的法國作曲家* **伊曼紐爾·夏布里埃** *（Emmanuel Chabrier, 1841～1894）。但是德彪西並沒有組織一個流派去明確宣佈許多作曲的陳規應當被廢除。*

1885年
英國首次現代意義上的火葬在英國沃金的一所火葬場舉行。

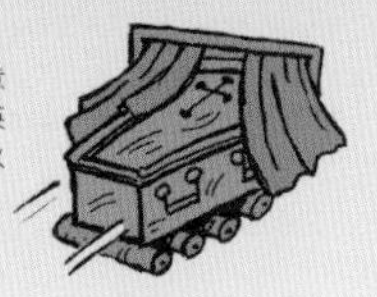

1889年
社會主義歌曲《紅旗》(The Red Flag)在倫敦的一次碼頭工人罷工之後誕生。

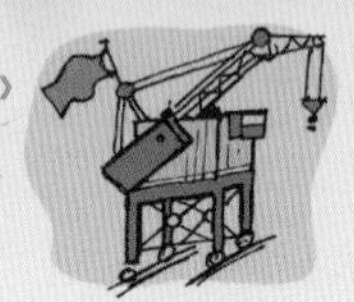

1892年
英國化學家查理·克羅(Charles Cross)、愛德華·貝文(Edward Bev
和克萊頓·比爾(Clay
Beale)發明了黏膠，
人造纖維的生產成為可

1885年～1914年

瘋狂、有害而又危險的領域

後印象主義

到了1880年代中期，印象派的危機初現端倪。莫奈幾乎與所有人不和，雷諾阿試圖轉型為古典主義畫家，畢沙羅嘗試着點彩技法，塞尚在艾克斯顛沛流離，早已惹惱了眾人的德加比從前更激烈地聲明自己從來就不是印象派畫家。此時，即使不能説印象主義運動已窮途末路，至少它也已經來到了關鍵的岔路口。

但另一批現代藝術的巨匠恰在此時開始嶄露頭角。他們領悟了印象主義的精髓，並希望將其發揚光大。他們中的許多人起步於印象主義，但卻已發現了印象主義的局限性，並不再滿足於印象主義本身。他們認為印象主義儘管似乎很輝煌，但過於淩亂。自然和人類生活的本質如此易逝，很難捕捉。它們都是光和影，因此無法被賦予足夠的激情去感染世人。

三位藝術家主宰了藝術的下一個時代，他們與印象派前輩們同樣驚世駭俗。他們自成一家，各領風騷，但也有許多共同點。塞尚（參見第50頁）、梵高（參見第114頁）和高更（參見第100頁）很了解彼此。他們的靈感都來自於法國南方的色彩和光線，而不是巴黎的大街小巷。他們三

沃爾比尼咖啡館

1889年夏天是後印象主義發展史上的另一個重要時期。高更和同伴們在巴黎的沃爾比尼咖啡館舉辦了著名的印象主義和綜合主義作品展，展出了被萬國博覽會所拒的作品。而萬國博覽會當時正在同一座城市裡舉行。

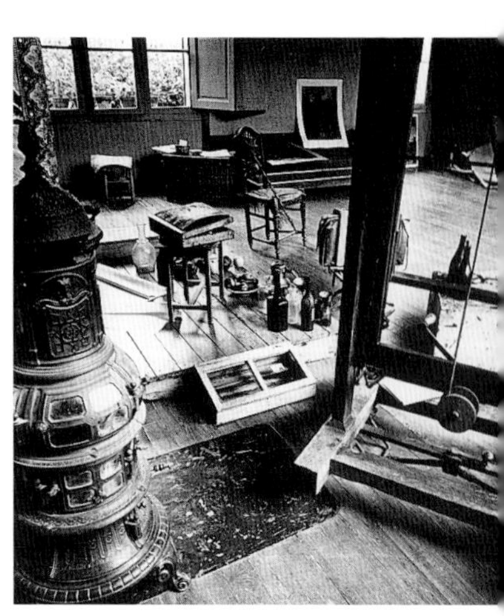

位於普羅旺斯地區艾斯克的塞尚畫室的現狀：就像他剛剛才離去一樣。當塞尚成為公認的藝壇泰斗之後，這間畫室就被保存了下來。

1898年
巴黎麗池酒店創立人愷撒・麗池建議倫敦甜酒生產商馬尼爾（Marnier La Postolle）將其香橙口味的甜酒命名為“豪華馬尼爾”。

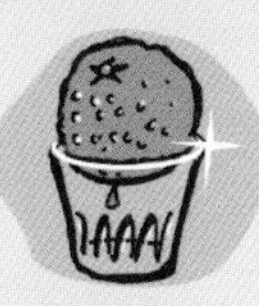

1903年
恩里科・卡魯索（Enrico Caruso）的美國首演在首都大劇院舉行，曲目是威爾第的《利哥萊托》（Rigoletto）。

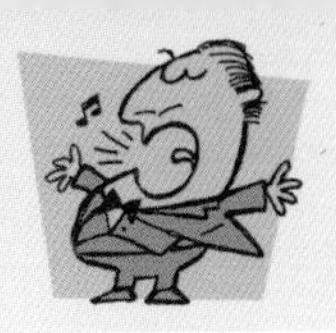

1911年
依迪斯・沃頓（Edith Wharton）創作了發生於新英格蘭的悲劇愛情故事《伊桑・弗羅姆》（Ethan Frome）。

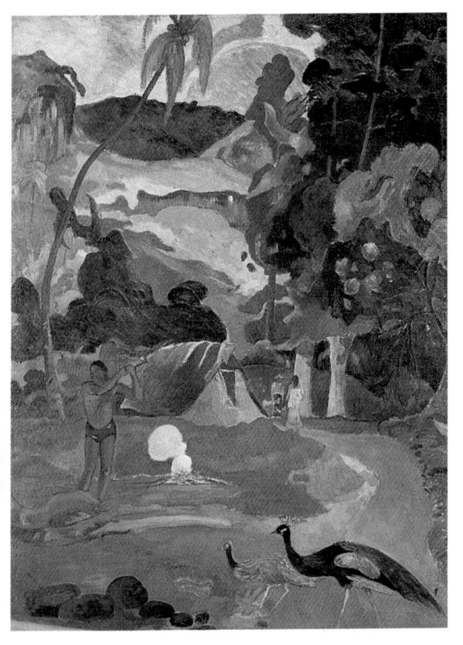

高更的《有孔雀的風景》（Landscape with Peacocks, 1892）又名《馬塔莫》(Matamoe)：高更醉心於原始世界的簡單感覺，並且為了追求真理而放棄了家庭生活。

個都有緊迫感、都是激情的、性格輕微不穩定的人物。

如果說印象派的苦痛源於他們的貧困，那麼後印象派大師們的苦痛則源於他們自身的性格：孤獨的塞尚難以自制地在艾克斯沉淪，梵高的歸宿是疾病和自殺，高更則在南太平洋顛沛流離。他們都是問題人物，而印象派藝術家們除了面對藝評界和畫商之外沒有什麼其他真正的問題，因此也就無法理解他們。即使如此，印象派的未來還是與他們息息相關的。藝術史學家岡布里奇（Ernst Gombrich）是這樣說的：“我們如何看待源自於諸多不滿之情的現代藝術呢……塞尚提出的解決方案通向起源於法國的立體主義；梵高的通向主要在德國引起反響的表現主義；而高更的則是通向原始主義的另一個流派。”

換言之，印象派正在分崩離析。他們作為時代先鋒的時間並不是太長。

畫框中的名字

這是後印象主義發展史上的一個重要時刻：1888年，後來成為“先知”團體創建者之一的青年畫家 ***保羅・塞律西埃*** *(Paul Sérusier, 1863～1927) 在布列塔尼遇到了高更，並觀看了他在一個雪茄箱的背面創作《護身符》(The Talisman) 的過程。“你覺得這些樹怎麼樣？”高更邊畫邊問。“是綠的，不是嗎？所以就用綠色，用你調色板裡最鮮艷的綠色。這是陰影，它們不是藍的嗎？所以，儘可能用藍色去畫它們，別猶豫。”*

1885年
德國兼併了非洲桑給巴爾(Zanzibar)的坦噶尼喀島（Tanganyika）。

1892年
奥斯卡．王爾德愛上了阿爾弗雷德．道格拉斯；三年後，他因此而入獄。

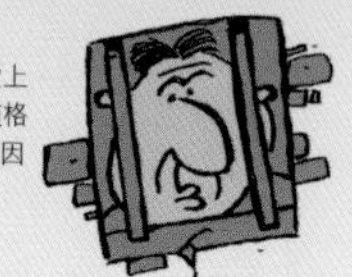

1904年
英國工程師查理．勞斯（Charles Rolls）和亨利．萊斯（Henry Royce）在利物浦成立了一家汽車製造廠。

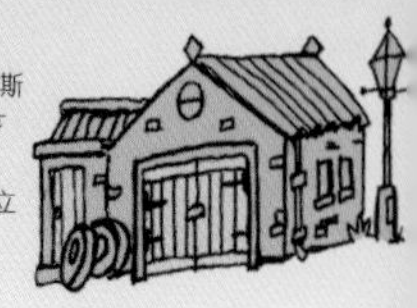

1885年～1942年

室內印象派藝術家

西客爾特和卡姆登城派

如果你要描繪印象，你可以用莫奈和雷諾阿的一切技巧，這毫無問題——不過，不要用原色，而且，無論如何不要在戶外寫生。這似乎就是英國印象派畫家們的哲學。他們將法國藝術家們的理念帶回家鄉，但卻試圖用報紙和雜誌上的照片而不是真正的觀察來尋求自我發展。

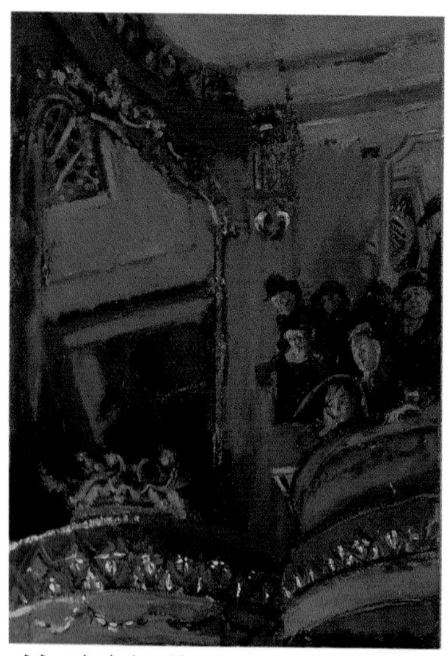

西客爾特：《老貝德福德音樂廳》(Old Bedford Music Hall, 1894～1895)。他的選材沿襲了德加而不是印象派風景畫家們的風格。

作畫時清風拂面的感覺或者撲鼻的鄉野氣息對於西客爾特（Walter Richard Sickert, 1860～1942）來說都算不了什麼。1885年，他到訪巴黎時先遇到了德加。德加對他的影響很快就明顯地顯現出來。西客爾特將自己超凡的繪畫技巧都投入於描繪倫敦的音樂廳和觀眾，還有威尼斯和迪拜的一些不太體面的角落；他曾在這兩個城市生活過幾年。這也許解釋了為什麼一位業餘偵探曾經懷疑他是“肢解者傑克”暗殺組織的成員之一。

在西客爾特與德加的重要會面的次年，倫敦引導印象派潮流的藝術家們聚集在一起，成立了“新英國美術俱樂部”。創建者包括喬治．克勞森（George Clausen, 1852～1944）、約翰．辛格．薩金特（John Singer Sargent, 1856～1925）和威爾森．斯蒂爾（Wilson Steer, 1860～1942）。該俱樂部一直延續至今，但是在20世紀初曾由於倫敦印象主義的兩大主要派別之間的不和而分裂，它們分別是西客爾特旗下的卡姆登城派（塞尚的追隨者）和由哈羅爾德．吉爾曼（Harold Gilman, 1876～1919）領導的倫敦派（梵高的追

1910年
一位倫敦醫生警告說，如果現在的精神病發病率繼續保持下去，精神失常者的人數在四十年內將超過精神正常的人。

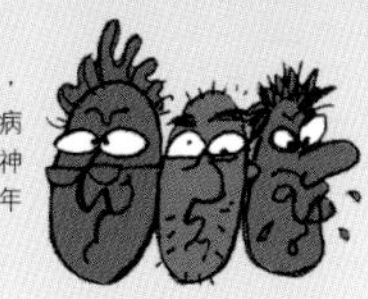

1928年
泰晤士河決堤，使倫敦因此遭受了洪災，共有四人淹死。

1942年
在英國，一個名為"荒島唱片"的廣播節目邀請名人們選出他們希望在荒島之行中隨身攜帶的音樂。

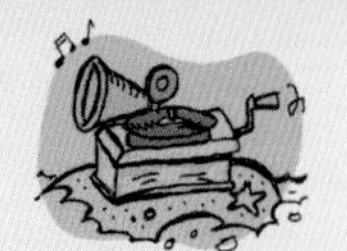

隨者）。

印象派畫家們曾經希望惠斯勒（參見第38頁）能夠使英國成為印象主義的樂土，但是惠斯勒本人過於自負和自戀，並沒有負上這個使命。以至1884年，當斯蒂爾參觀一次馬奈作品的回顧展時，他不得不承認自己從未聽過馬奈的名字。將印象主義理念傳遍英國的任務就這樣留給了西客爾特和他的朋友們。

畫框中的名字

威爾森·斯蒂爾是新英國美術俱樂部的創立人之一。在1882年到1883年間，他在巴黎求學，後來成為最成功的英國印象派藝術家之一。莫奈對他影響至深，而他一直恪守着描繪風景而不是低下層的生活的法國印象主義傳統。參見他的作品《布倫的沙地》（Sands of Boulogne, 1892）和《划槳的兒童，沃爾德斯威克》（Children Paddling, Walderswick, 1889～1894）。

德加對他們的影響要大於莫奈。英國人崇拜印象派藝術家，但卻並不真正喜歡他們："儘管印象派的作品很美，但人們還是不禁感到一些作品令人厭惡並且是粗暴的。"一位新英國美術俱樂部的創建者如是說。英國人希望藝術植根於傳統之中，因此德加的藝術風格更符合他們保守的口味。

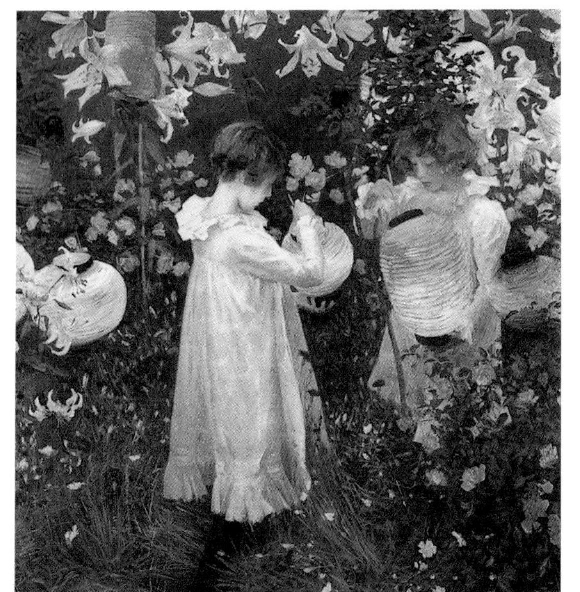

薩金特

莫奈的朋友約翰·辛格·薩金特是出色的肖像畫家，他曾畫過兩幅莫奈在工作時的肖像。他生於美國，但他為印象主義在英國傳播所做的努力不遜於其他任何人。參見他的作品《康乃馨、百合、百合、玫瑰》（Carnation, Lily, Lily, Rose, 1885～1886），它捕捉了晨光熹微時的景致。因為晨光持續的時間只有十幾分鐘，薩金特在戶外用了兩個秋天才完成這一作品。

薩金特的《康乃馨、百合、百合、玫瑰》（1885～1886）：這是英美印象主義嗎？現存於倫敦泰特美術館。

1886年
伯納姆（Daniel Hudson Burnham）和魯特（John Wellborn Root）在芝加哥以鋼為樑、以鑄鐵為柱，興建魯克雷大廈。

1886年
在布魯克林大橋下的水中，人們發現了史蒂夫，他自稱是從橋上跳下來的。但是，紐約人都不相信，因為以前的跳橋者無一生還。

1886年
凱洛格兄弟正在密歇根的巴特爾克里克療養院中研究他們的穀物和水果營養餐。

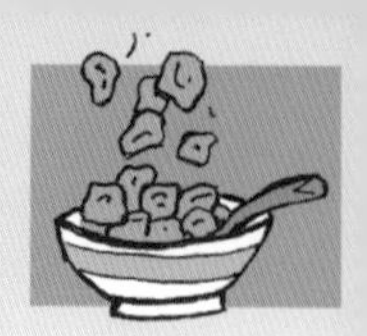

1886年

油彩的宣言

修拉的星期天下午

修拉的《大碗島的星期天下午》（A Sunday Afternoon on the Island of La Grande Jatte, 1884～1886）中的人物是不是都已經凍殭了？他們為什麼都站在那裡目視前方？他們是不是有些目光呆滯？當然不是！因為它並非像舊印象派的風格那樣，表現星期天下午室外的瞬間印象，相反它被認為是現代生活的寫照，而不帶一點古典主義的神秘色彩。而正因為畫面幾乎完全是由一些基本的色點所構成，它很快就被認為是新印象派（Neo-Impressionist）的宣言。

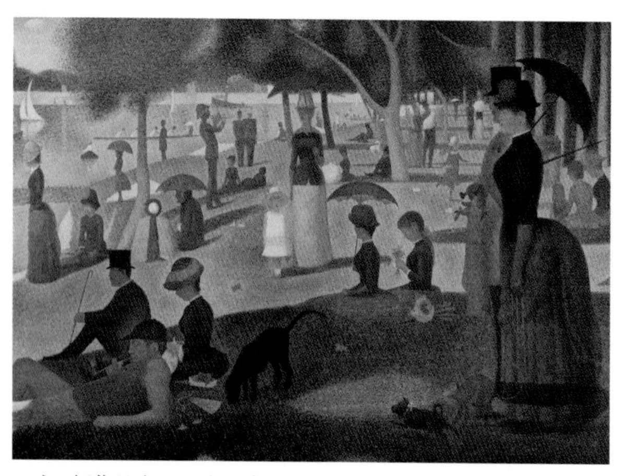

修拉：《大碗島的星期天下午》（1884～1886）。正是這幅作品被認為是新印象派藝術的宣言。

這幅作品在1886年印象派的最後一次作品展上引起了轟動。印象派畫家認識到，修拉正試圖為現代生活作寫照：每一個階級在畫面中都有所反映；但是，他們同時也本能地認識到這幅作品是一個直接的挑戰：修拉正嘗試使用一種新的科學。

並非每個人都喜歡這幅畫，一個批評家寫道：“人們會認為咖啡館音樂會的主顧們進入了上帝的家。”然而，也確實有很多人為這幅作品所激動。修拉還不到二十七歲，但已經擁有了大量追隨者（參見欄內文字）。他們喜歡那種運用色彩的方式；他們認為明暗色調是那樣的有力；而且每一個人物對畫面而言都很重要。而最重要的

1886年
通過第三次盎緬戰爭（Anglo-Burmese war），英國吞併了遠東的上緬甸。

1886年
法國小說家皮埃爾．洛蒂（Pierre Loti）出版了小說《冰島漁夫》（Pêcheur d'Islande），該書描寫的是冰島上的愛情與死亡。

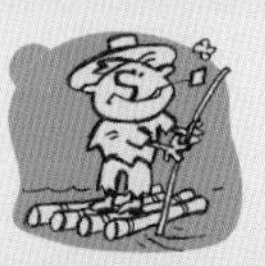

1886年
全世界的地圖都按照兩年前確定的格林威治子午線重新繪製。

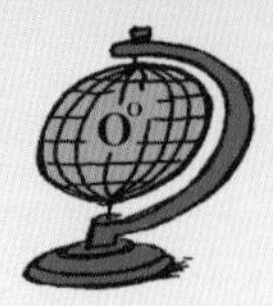

獨立

修拉沒有真正地承認過他的追隨者們，儘管他們中的大多數也是獨立藝術家協會（Société des Artistes Indépendants）的成員。這一團體發端於1884年成立的一個組織，專門展示被沙龍拒絕的繪畫（包括修拉的《阿涅爾的沐浴》，參見第92頁）。開幕式因執委會成員之間的鬥毆而變得一塌糊塗，其中一些人因此被警察所拘捕。1934年以前，西涅克始終是協會的主席，後由馬克西米連．魯斯（Maximilien Luce）繼任。

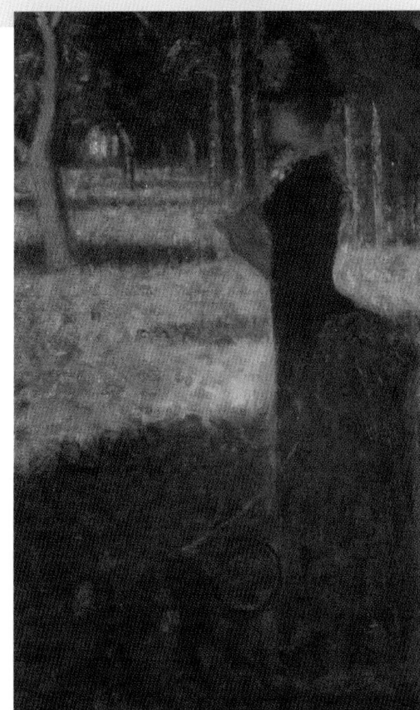

修拉為《大碗島的星期天下午》所作的一幅速寫，風格非常的“非印象派”。

是，他們喜歡修拉在作品中重新引入了線條和透視、要求人物符合畫面的構圖，就像在重溫文藝復興的美好時光。

這幅作品重提了謝夫勒爾（參見第22頁）所倡導的補色觀念，他認為繪畫應當是“畫家選題中各個時刻的真正抽象”，而這也正是修拉所追求的。修拉並不試圖抓住轉瞬即逝的情緒，相反，他反復將形象速寫下來，並將素材帶回畫室，勤奮地將所有的一切加工到一起。印象派再也不是完全單一的信仰，對此印象派的元老們還未有思想準備。他們始終在堅持發展自己的藝術，只是選擇了與修拉不同的道路而已。

畫框中的名字

在他忠實的朋友、同事、新印象派畫家 **西涅克** *的領導下，* **修拉** *不得不應付那些鬧事的景仰者，而後者宣稱修拉才是他們的領導，這中間包括愛好藝術的警察局長* **阿爾伯特．杜波伊斯－皮洛特** *（Albert Dubois-Pillet, 1846～1890）、蠟筆畫家* **查理斯．安格蘭特** *（Charles Angrand, 1854～1926）和無政府主義者* **馬克西米連．魯斯** *（1858～1941），他愛好繪畫逃難者的行囊。*

1886年
英國馬術冠軍弗雷德．阿切爾（Fred Archer）在英國紐馬克特附近的家中開槍自殺。

1886年
布魯明達勒商店（Bloomingdale's）在紐約開業，該店專賣鯨骨胸衣、布疋、婦女的佩飾和有裙撐的裙子。

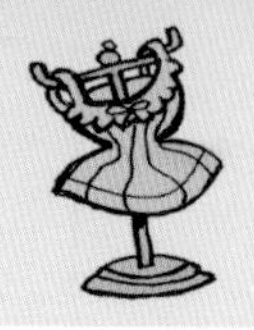

1887年
美國大平原上突降大風雪，其中最長時間的一次降雪長達72小時，人們躲在小屋裡凍得要死。

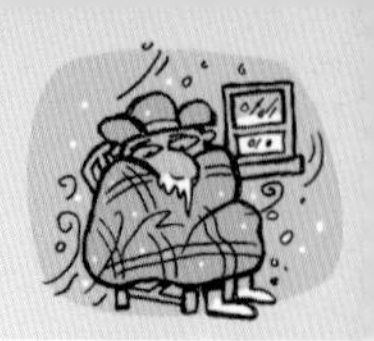

1886年～1890年
借我你的耳朵
梵高

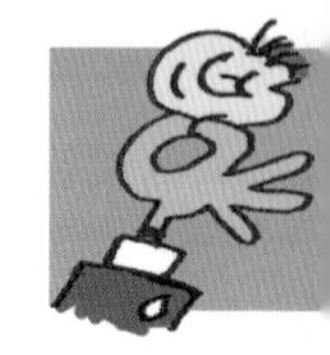
送給朋友的一件特殊的禮物

一位藝術家在畫壇前沿不足五年，其中大部分時間還是在精神病院中度過的，然而仍然能夠稱得上是歷史上最偉大的畫家，那簡直就是一個奇迹。而且，現在他作品的拍賣價格超過任何其他藝術家。他就是梵高（Vincent van Gogh, 1853～1890），正是他的精神病，以及他將內心的痛苦轉化成色彩和筆觸的驚人能力，使他今天如此的成功。他還是畫壇最浪漫的人物之一。

在當時看來，一切似乎都與浪漫無關。梵高是一個荷蘭牧師的兒子，也是一個失敗的傳教士，他置身於比利時一個工業小鎮，直到有一天他決定放棄一切，為自己也為那些礦工去尋找拯救：繪畫。

你不能認為梵高屬於印象派，但是他確實是印象派故事的一部分。他在安特衛普學習美術，並於1886年來到了巴黎。在那裡，他認識了印象派的大師們，並第一次欣賞了他們的作品。

技法

梵高在《星夜》（Starry Night, 1890）中使用的技巧流露出狂暴：背景是用油畫鏟，畫面上貫穿着平行的波紋。梵高對宗教非常虔誠，而這幅畫正是一幅宗教作品，試圖表達每個人靈魂深處的感受。再看他的另一幅晚期作品《麥田上的烏鴉》（Wheat Field with Crows, 1890），畫面上淒涼的絕望像一面鏡子一樣，反映出藝術家的精神狀態。

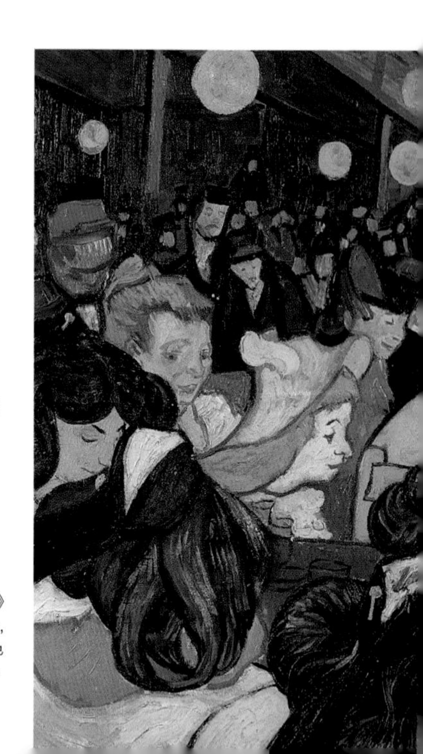
梵高的《阿爾勒舞廳》（Dance Hall in Arles, 1888）：運用了堅實的色塊，並重新用上黑色。

1888年
英國探險家理查德．伯頓（Richard Burton）翻譯的《天方夜譚》極受歡迎，但是他妻子在他死後兩年將其手稿全部燒燬。

1889年
威廉．格雷（William Gray）將投幣電話申請了專利，從此至1951年，在美國打市內電話均需付五分錢。

1890年
美國記者內爾．布萊（Nellie Bly）環遊地球，耗時72天6小時11分14秒。

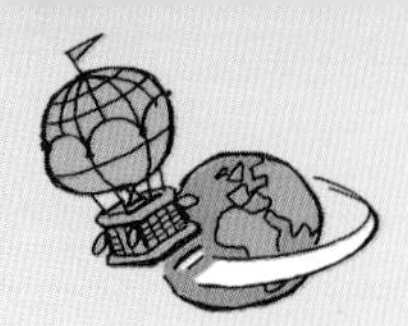

他用了兩年的時間去學習他能夠學習的一切，為了加快進程，他走遍了各種繪畫學校。

他如癡如醉地吸取日本版畫和左拉小說中的養分。在它們的啟發下，他在作品中再次運用了被人們忽略已久的黑白色調；這時候，他可以說是處於自己的印象派階段。隨後，他又開始吸收點彩畫派的技法，後來又在普羅旺斯開始接受塞尚的影響。1888年前後，他來到阿爾勒，開始建立自己的藝術家圈子，並邀請高更加入他的行列。

他做到了，而那次聚會是藝術史上最悲慘的聚會。高更到達後的兩個月，在聖誕前夜，他們之間發生了激烈的爭吵，最終梵高割掉了自己的一隻耳朵並送給當地的一個妓女。從那時起，梵高的狀況每況愈下：一開始，他被送到了位於阿爾勒附近的普羅旺斯聖雷米精神病院，後來一直生活在那裡，直到他在印象派的醫務顧問、雕刻家、精神病學家保羅．蓋賽特（Paul Gachet, 1828～1909）家附近的田野裡開槍自殺。

雖然梵高的精神迅速崩潰，但是他的藝術卻因為精神的瘋狂而取得了比以前更快的進步。他作品中那些扭曲的景物、亮麗的色彩是人們前所未見的。

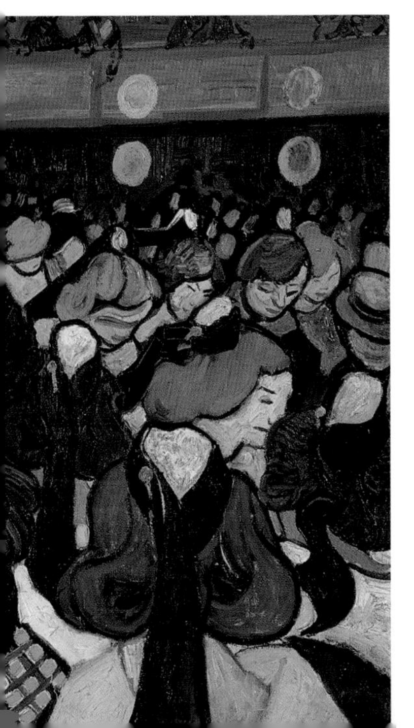

畫框中的名字

梵高長久以來受盡痛苦的兄弟 **西奧** *（Theo, 1857～1891）是他與巴黎印象派之間的聯繫，在梵高死後，他也瀕於崩潰。西奧是蒙馬特一家畫商分店的經理。儘管老闆反對，他還是於1870年代晚期開始經營印象派的作品。他保存了梵高給他寫的信，這些信於1959年出版，揭示了梵高的精神狀態以及在作品中的追求。"聽起來可能相當直率，"梵高寫道："但是，對現實的感受比對繪畫的感受要重要得多，這是完全正確的"。*

1886年
德國發明家保羅・戈特利布・尼普科夫（Paul Gottlieb Nipkov）是電視的早期研究者，發明了滾動掃描裝置。

1890年
餅乾商索默爾（F. L. Sommer）的撒鹽餅乾上市了，商標是一隻鸚鵡在說："波利要吃餅乾！"

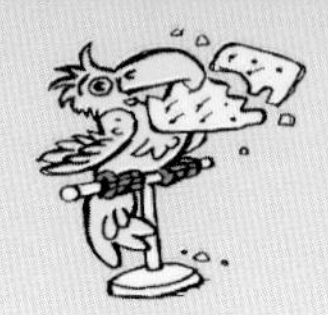

1893年
為了娛樂一個病兒，英國一位農民的妻子貝婭特麗克絲・波特創作了《兔子彼得的故事》。

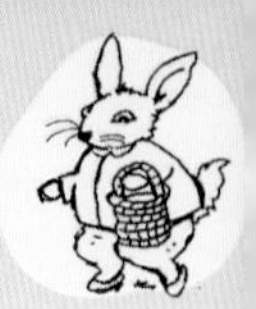

1886年～1920年

舉世皆揮毫

走向世界的印象主義

到1880年代末，來自世界各地的藝術家紛紛來朝拜印象派畫家，狂熱得就像他們發明了一種更有效的捕鼠器。批評家和學者展開長久的爭論，為的是研究清楚：印象派究竟是發端於巴黎並傳播於世界，還是在世界各地同時萌芽。但是，結果卻沒有任何區別：當19世紀結束的時候，全世界的藝術家都到户外作畫，並用明亮的色彩自由地描繪現代生活。

色帶

印象主義在全世界最重要的成就是什麼？按照一些評論家的説法，是使藝術家自由地運用明亮的色彩。批評家克里斯蒂安・布林頓（Christian Brinton）認為，巴黎是"新信條的發源地，從那裡傳遍歐洲，又傳到美洲。無數的傳播者迅速地改變了現代繪畫的面貌，從黑色、棕色變為金色、紫紅色和紫色"。

像薩金特（參見第106頁）、卡薩特（參見第80頁）和西客爾特（參見第106頁）這樣的藝術家，將新的東西從巴黎帶到了英語世界，但是直到迪朗—呂埃爾開始到國外舉辦畫展以前，印象主義並沒有真正吸引其他城市的注意。正是他

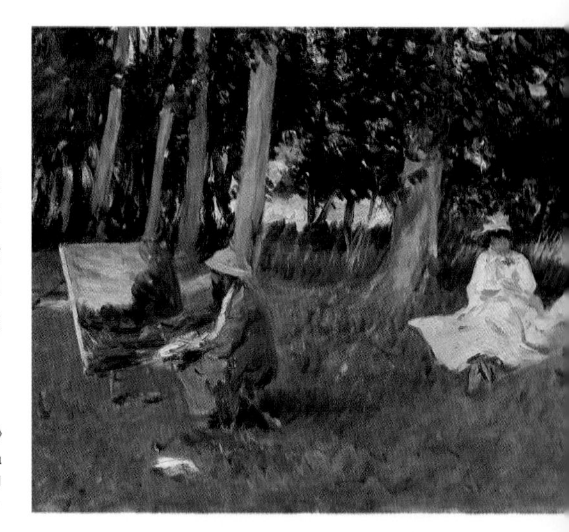

薩金特：《莫奈在林邊作畫》（Monet Painting at the Edge of a Wood, 約1887）。這對朋友將印象派運動傳播到世界各地。

1904年
在智利和阿根廷邊境建造了"安第斯的基督"，高29英尺（9米），用阿根廷廢棄大炮的青銅鑄成。

1910年
黑山宣佈自己是一個獨立的巴爾幹王國，尼古拉斯一世加冕。

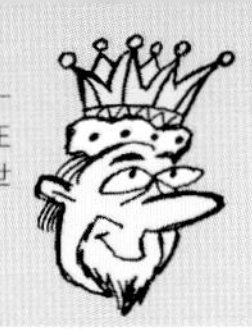

1920年
成千上萬的波士頓人因為龐氏騙局而損失了畢生的積蓄，該騙局承諾，投資後45天內收回投資的50%，90天內收回100%。

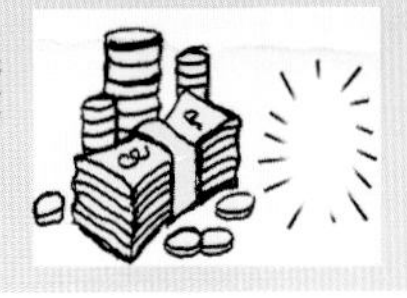

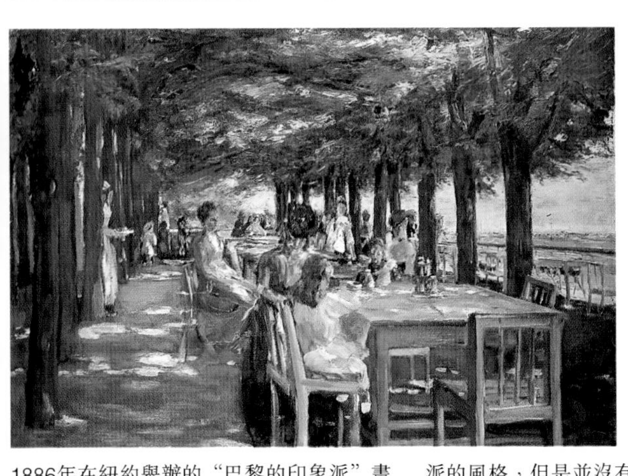

李卜曼的《易北河畔雅各餐廳的平台》（Terrace at the Restaurant Jacob in Nienstedten on the Elbe, 1902～1903）：德國印象主義。

1886年在紐約舉辦的"巴黎的印象派"畫展將這一流派介紹給美國，而不久以後，美國藝術家西奧多．魯賓遜（參見欄內文字）等藝術家就前往巴黎，親自學習這一風格。

評論家並不太喜歡印象派，其中一位形容雷諾阿是"從像格萊爾那樣健康、誠實和有靈感的男人退化成的小學生"。但是，印象主義卻在那裡扎下了根。由於美國懲罰性的税收體制，迪朗—呂埃爾不得不很快在美國開一家永久性的分店。

瑞典藝術家諾茲特洛姆（Karl Nordstrom, 1855～1923）、挪威藝術家貝克爾（Harriet Backer, 1845～1932）和克羅伊（Christian Krohg, 1852～1925）、西班牙的卡薩斯（Ramon Casas, 1886～1932）、德國的李卜曼（Max Liebermann, 1847～1935）以及日本的Seiki Kuroda（1866～1924）也都加入了朝拜的行列。

在意大利，一個被稱作"色塊畫派"（Macchiaioli）的派別已經發展了一種類似印象派的風格，但是並沒有參考莫奈和他的朋友們。他們之所以得名，正是因為他們採用一小片塗抹和敷蓋的手法作畫，而色塊在意大利語中就是"macchia"。不管怎麼説，在後印象派和象徵主義產生的同時，是莫奈的影響在世紀末將印象派的思想傳播到全世界。在這個時刻作為藝術家是多麼令人興奮的事情！

畫框中的名字

西奧多．魯賓遜 *（Theodore Robinson, 1852～1896）在迪朗—呂埃爾所辦的畫展之後，於1887年離開美國前往法國。他成為莫奈非常要好的朋友，在吉維尼附近居住了五年左右。他對法國印象主義最重要的影響在於向莫奈灌輸了對攝影的熱愛。參見魯賓遜的作品《吉維尼一景》（1890）。*

1887年
全世界的集市上都流行吞劍表演。

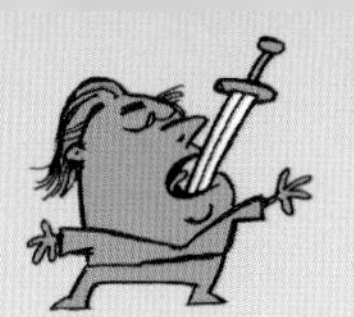

1888年
羅丹完成了他著名的雕塑《思想者》(Thinker)。

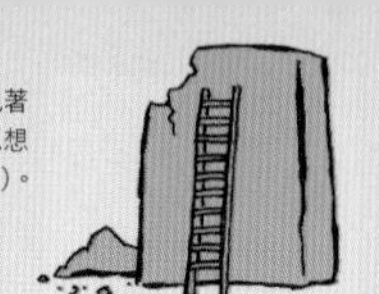

1896年
對劇場來説是個好年景：許多名劇上演，包括契訶夫的《海鷗》、王爾德的《莎樂美》和阿爾弗雷德·賈里的《尤比克國王》以及易卜生的《皇帝與伽利略》。

1887年～1914年

舞台喋血

契訶夫和印象派戲劇

到了19世紀末，印象主義已經成為那個年代最主要的創作靈感。最初，公眾大約花了十年左右的時間去容忍印象派的繪畫。後來，他們開始讚美它們，有些人甚至開始購買它們。相似的靈感也滲透到其他的藝術形式，像詩歌、小説(參見第70頁)和戲劇，如果人們願意，這些藝術又提供了無數的新機會去使人們感動。

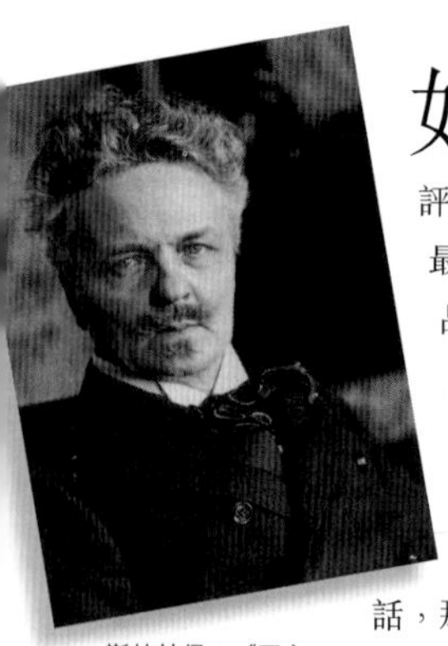

斯特林堡，《死亡之舞》(Dance of Death)的作者。他是一個戲劇性的印象主義者嗎？

如果藝術家可以按照保守的批評家所要求的那樣不最終完成他們的作品，如果他們可以廢棄那些對瞬間感覺和情緒的敘述而像一個冷靜、客觀的人一樣講話，那麼他們怎麼能被稱為是作家？那麼他們又怎麼能被稱為是劇作家？

印象派戲劇因演員安德烈·安托萬(André Antoine, 1858～1943)而來到巴黎。他與左拉一起成立了“自由劇團”(Théâtre Libre)並創作他們稱為“自然主義”的戲劇，而不是那些當時社會上常見的、謹慎寫出來的道德狂劇。這就意味着他們要演出斯特林堡(August Strindberg, 1849～1912)和契訶夫(Anton Chekhov, 1860～1904)的新戲劇。當時，斯特林堡正因為異常的拮据而前往巴黎。

畫框中的名字

一切全是挪威藝術家 **易卜生** *(Henrik Ibsen, 1828～1906)的錯，是他強調每個人對他自己的責任。在他的戲劇《群鬼》(Ghosts, 1881)和《海達·迦布勒》(Hedda Gabler, 1890)中，男女主人公除了對他們自己和他們的創造性外並不負任何道義上的責任。這不由得讓人想起印象派畫家。而這種作品的“生命力”，也迅速通過* **蕭伯納** *(George Bernard Shaw, 1856～1950)的作品流行起來。像印象派畫家一樣，易卜生也將無政府的個人主義置於至高無上的位置。*

1905年
經過九十一年的聯盟，挪威從瑞典獨立。

1909年
伊戈爾王子芭蕾舞團在巴黎成立，有利姆斯基．科爾薩科夫的音樂和達基列夫的舞蹈。

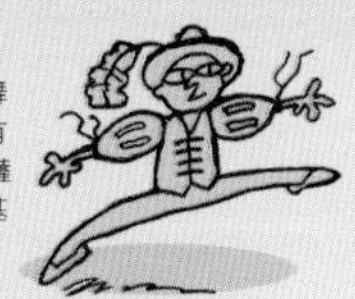

1914年
德國科學家製造了水銀殺菌劑，並用來包裹種子，以防止農作物疾病，但是經過幾年，殺菌劑卻產生了災難性的後果，嚴重危害野生動物和人類的健康。

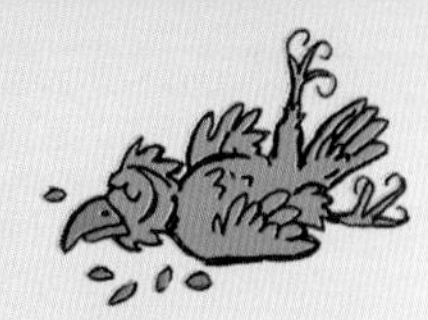

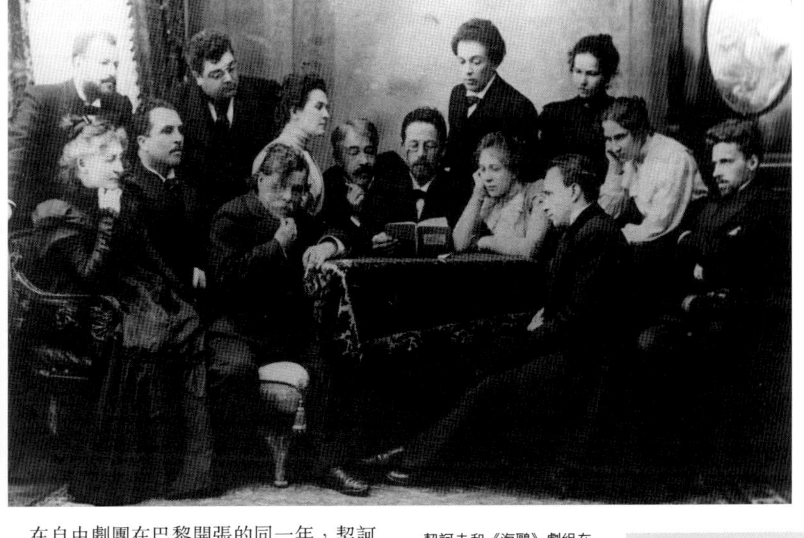

在自由劇團在巴黎開張的同一年，契訶夫在莫斯科創作了他第一部戲劇。很快，像《海鷗》(The Seagull, 1895)、《萬尼亞舅舅》(Uncle Vanya, 1900) 和《櫻桃園》(The Cherry Orchard, 1904) 就將莫奈和德加的技法應用於戲劇，並傳遍歐洲。就像印象派畫家一樣，契訶夫喜歡一系列的情緒而不是清楚的情節或高潮。就像德加一樣，他畫中的場景似乎都從中被切斷，像是被框住一樣：一些最重要的活動發生在舞台以外；就像莫奈一樣，他的畫重視的是色彩之間的相互作用，而不是完整的構圖；契訶夫的戲劇重視角色之間微妙的相互關係而不是情節。

這些現代名著的語言安排得非常巧妙，

契訶夫和《海鷗》劇組在聖彼得堡的亞歷山德林斯基劇院 (Alexandrinsky Theatre) 的合影。

就如演說家在慷慨陳詞一樣，而當時的演員並非如此說台詞的，這一特點也使其變得難以理解。契訶夫和斯特林堡要求一種全新的演技。而且，也像印象派一樣，他們永遠地改變了藝術。當然，公眾可能會譏笑這些新的戲劇，但是時代的發展已經在他們的手中。

批評家

“這是一部由笨蛋搞出來的無聊的戲，”當時倫敦的著名批評家在第一次看過易卜生的《群鬼》後這樣寫道：“一條開蓋的下水道、一個流膿的傷口、一件在公眾面前做出的褻瀆行為。”對斯特林堡，有人寫道：“他想尋找上帝，但卻遇到了魔鬼。”

1891年
為了"救生艇日"，在利物浦舉行了第一次街頭慈善募捐。

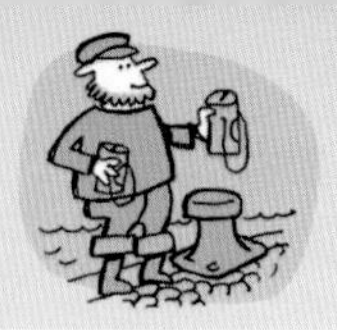

1893年
為了紀念沙夫茨伯里（Lord Shaftesbury），在倫敦的皮卡迪利廣場修建了一座噴泉，取名"厄洛斯"（Eros），儘管他清教徒般的聲譽還受到質疑。

1895年
二十七歲的愛爾蘭姑娘布里奇特．克拉里因巫術而被燒死在蒂帕雷里鎮。

1889年～1901年
海報畫家
圖盧茲—羅特列克

羅特列克在他最愛流連的地方

是什麼使那些後印象派畫家走上如此悲慘的絕路，要麼像梵高那樣突然崩潰，要麼像高更那樣從內心深處毀滅自己？無論原因是什麼，一些決定印象主義採用全新方式創作藝術的因素，已經對它的倡導者們產生了不良的影響。

以貴族藝術家羅特列克（Henri Marie Raymond de Toulouse-Lautrec, 1864～1901）為例，在他的童年即失去了雙腿，阻礙了他在餘生的發育，這只是不幸的開始。他對藝術的興趣使他脫離了家庭，並無休止地出入蒙馬特的舞廳和妓院，為自己的繪畫尋找素材。1899年，他曾前往一家診所治療酒精中毒，但是再也沒能完全康復，兩年以後他死於一次意外，年僅三十六歲。

在這麼短暫的藝術生涯裡，他創造了一種風格，幾乎完全為他所獨有，當然，這也要歸功於他吸收了周圍的一切：梵高的繪畫（參見第114頁）、日本版畫（參見第34頁）、高更和伯納德（參見第100頁）。他的風格受德加的影響超過任何其他人，但是吸引他的不是光線（像真正的印象派畫家那樣），而是尋找能概括動態和畫面

放蕩

羅特列克知道如何引起轟動。高雅的藝術不屬於他：他餐館菜單畫插圖，他在磨坊街的妓院中接待清教徒式的迪朗—呂埃爾，周圍滿是女人。他對妓女粗陋的生活充滿巨大的同情，並將這種同情表現在作品中，例如《在床上》（In Bed, 1893），當然這種同情也沒有阻止他同她們睡覺，如果他覺得喜歡。

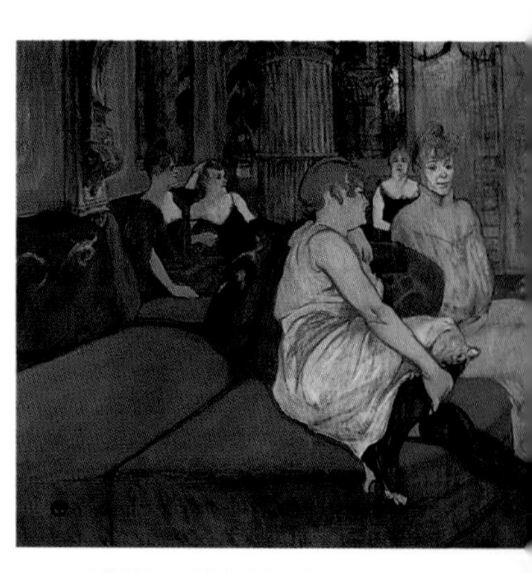

羅特列克：《磨坊街的酒館》（1894），他富有同情心地描繪妓女們在等候顧客時聊天的場面。

1896年
讚美詩《聖徒何時而至》(When the Saints Go Marching In) 作曲詹姆斯．布萊克，作詞凱瑟琳．伯維斯。

1898年
法國設計師路易．威登 (Louis Vuitton) 設計了帆布旅行包，並將他名字的第一個字母作為商標，以防止仿冒產品。

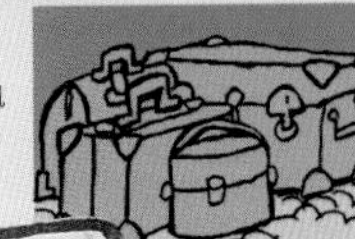

1901年
挪威藝術家蒙克 (Edvard Munch) 創作了《橋上少女》。

羅特列克的《蘭德爾小姐》(1895)：他的作品具有野性、狂熱精力的特質，而且越來越自由。

動勢的恰當的線條。

羅特列克廣受歡迎，因為他總能使人們發笑。而且，他總是坐在同一張椅子上或踡縮在角落裡，用手邊的任何一張紙進行速寫，花數周的時間研究構圖，然後才開始正式作畫。他完成的作品包括《磨坊街的酒館》(In the Salon, rue des Moulins, 1894) 中平靜等待的妓女，以及精力狂熱的《蘭德爾小姐》(Mademoiselle Lender, 1895)。

他的風格非常符合第一個廣告黃金時代的需要，羅特列克很快就運用他的畫筆創作了一些海報。在"海報的旺季"裡，他借鑑日本的版畫、英國的工藝美術運動和法國的新藝術運動（參見第124頁），在他的畫中總是出現一個波浪髮型的女郎，將觀眾的目光吸引到畫面的核心。

那算是藝術嗎？那些尋找深奧難懂的、精巧的前衛作品的人們被他的作風激怒了，然而羅特列克卻有完全不同的感受。

技法

平板印刷術的基礎——用於印製海報的技術，是根據水、油不相混合的原理。如果藝術家用油性蠟筆繪畫，然後再將整件作品弄濕，此時油墨粘在油彩部分而不是潤濕的表面。如果這時候，你將這塊"石頭"壓在紙上，油墨就會移印到紙上。

畫框中的名字

對海報藝術的發展貢獻最大的是莫奈和德加的朋友 **朱爾斯．切里特** *(Jules Chéret, 1836～1932)，是他發明了彩色平板印刷法，也是他的海報第一次啟發了羅特列克。在羅特列克之後，出現了著名的藝術家和漫畫家* **萊昂內特．卡比羅** *(Leonetto Cappiello, 1875～1942)，他的《服飾》(FrouFrou, 1899) 將他的技術帶入了新世紀。*

1890年
在美國，法律規定牛奶必須殺菌才能飲用，但是人們都反對這麼做，因為這樣的牛奶不夠天然。

1891年
在馬薩諸塞州的斯普林菲爾德，物理教師詹姆斯．納斯米斯發明了籃球，以幫助學生們打發橄欖球、棒球賽季之間的日子。

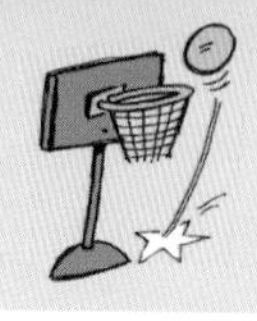

1892年
第一次公交系統罷工，給倫敦帶來了恐慌和壞心情。

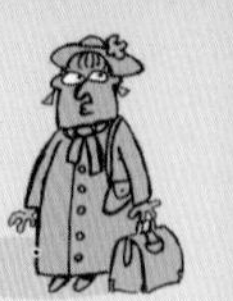

1890年～1894年

在乾草堆中尋找教堂

莫奈的系列畫

莫奈的性情變得像塞尚一樣乖戾，但是有一點是肯定的，他突然成功了！還有，他的風格也發生了細微的變化。這大概要歸因於一種新的靈感：如果那道光輝才是你夢寐以求的瞬間，那麼它就能夠支撐你反復地去表現哪怕是同一場景。當然，儘管作品或多或少有些類似，公眾卻是真的喜愛它們。

技法

坐在倫敦薩瓦酒店的套房裡，或偶爾來到泰晤士河對岸的泰晤士醫院，莫奈將自己置於一百張左右未完成的畫布之間。然後，便在它們中間瘋狂地尋找，尋找其中與面前場景有點類似的一幅，並完全修改它。當他完成了他想做的一切以後，他總是確保那些未完成的已經被銷毀。

故事講到了1890年，莫奈第一次產生了畫系列畫的念頭，他試圖去捕捉吉維尼屋後乾草堆上變幻的陽光。每當陽光改變，他都會叫妻子為他取一塊新的畫布。在接下來的一年裡，他創作了二十五幅《乾草堆》，不同的只是季節、光線和氣候。這些作品就像是印象派的宣言，而迪朗—呂埃爾（參見第66頁）於1891年5月對其中十五幅作品的展出，至今仍是莫奈最成功的畫展。

接下來他又創作了系列畫《艾普特河畔的白樺樹》(1891)，然後，從1892年起，他開始創作著名的系列畫：在各種光線和氣候下的《盧昂大教堂》，這些畫也招致了一些批評：由於以近距離描繪，畫

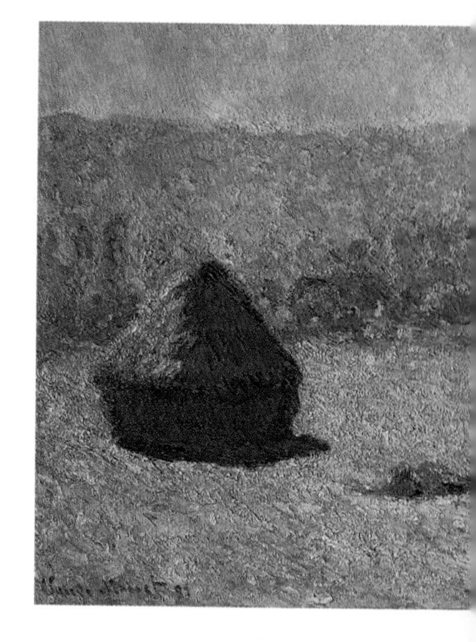

1892年
巴黎發生了無政府主義者暴亂。

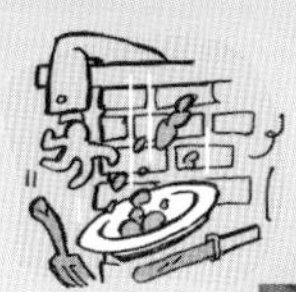

1893年
羅特列克為日本咖啡屋（Divan Japonais）繪製了一幅彩色海報畫。在那家位於巴黎的咖啡屋裡，女招待都穿着日本和服。

1894年
盧迪亞．吉卜林（Rudyard Kipling）的叢林故事描寫了Mowgli、Balloo和Shere Khan。

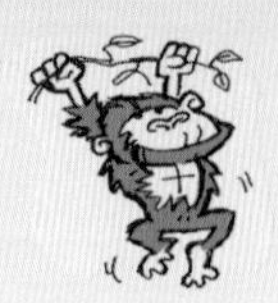

莫奈：《盧昂大教堂——日落光影》（1892），他的一幅早期盧昂教堂系列作品。

面上沒有留下足夠的天空或地面。不過這一次，他至少可以站在對面商店的窗口作畫，而不必像創作《乾草堆》時那樣，無論什麼天氣都得站在室外，去感受光線的變化。他的作法有點像畢沙羅（參見第98頁）。

再往後的一組系列畫始創於1899年，畫的是泰晤士河，當時他的兒子在倫敦學習英文。到了1904年，莫奈站在薩瓦酒店五樓他房間的陽台上，創作了超過一百幅作品，畫的都是威斯敏斯特相同的橋樑和建築。莫奈曾經說：“沒有霧，倫敦就失去了它的美。”而人們更好奇，面對今天沒有霧的風景，他還能做些什麼呢？

1895年，在創作這些系列畫期間，莫奈在前往挪威的路上說：“我始終在追逐一個夢。我渴望那些摸不到的東西。其他藝術家表現一座橋樑、一幢建築、一葉扁舟。至此，他們的工作也就結束了。而我希望描繪繚繞於橋樑、建築、扁舟之外的氣氛，這些物體所處的氛圍之美，而這才是難之又難。”

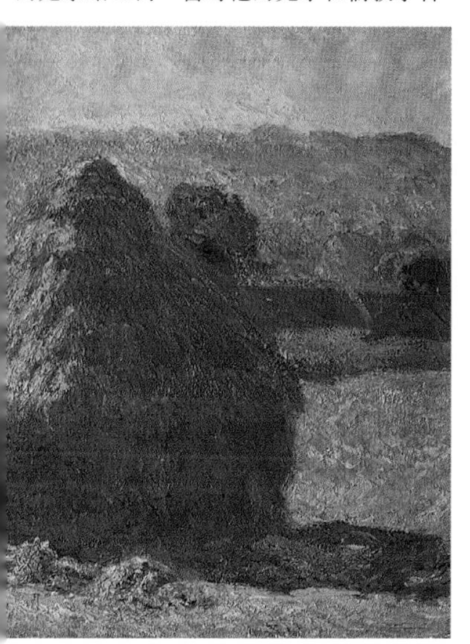

莫奈：《穀堆：夏末》（1891年），乾草堆上的光，第一次給了莫奈以靈感。

大教堂

迪朗—呂埃爾於1895年舉辦的莫奈畫展，將全部《盧昂大教堂》首次一同展出。最初的價格是，每幅12, 000法郎。又是一次巨大的成功！喬治．克列孟梭（Georges Clemenceau, 參見第128頁），莫奈的朋友，未來的法國戰時領袖，這樣說：“莫奈能夠賦予石頭以生命”。

1895年
倫敦的西敏寺大教堂興建工程開始，這是英國最後一座不使用鋼筋混凝土的磚結構大型建築。

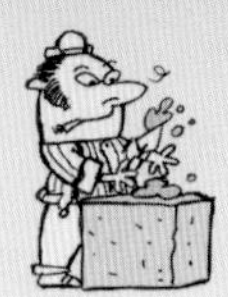

1898年
為了支持被錯誤地囚禁的德雷福斯上校，埃米爾．左拉（Emile Zola）以《我控訴》為題寫了一封公開信。

1914年
約瑟夫．蓋里尼將軍（Joseph Galliéni）由於沒有工具將他的士兵運往馬恩河戰場，不得不徵用了六百輛巴黎出租車，並在每輛車裡塞上十個人。

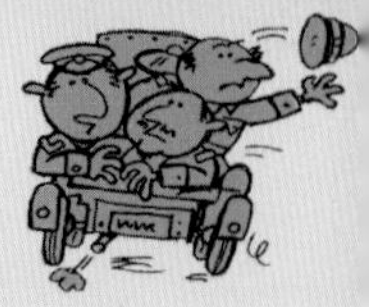

1890年～1947年

第二代

勃納爾和維亞爾

當下一代第一次稚嫩地展出他們作品的時候，正值蹩腳的後印象派竊據舞台。新的一代不得不通過令人興奮的象徵主義、原始主義和海報藝術，去探索他們自己的回歸印象主義的路，光線再次成為他們魅力的標誌。

勃納爾（Pierre Bonnard, 1867～1947）就在這種情況下起步了。他和塞律西埃、丹尼斯共同創建了納比斯（Nabis）團體，但沒能贏得一項重要的藝術大獎。從那以後，他就安頓下來，以設計海報為生，直到他的作品《法國香檳》（France-Champagne, 1891）突然贏得了羅特列克（參見第118頁）的注意。1890年以前，勃納爾始終與丹尼斯，以及他的朋友、合作者維亞爾（Édouard Vuillard, 1868～1940）共用一間畫室。

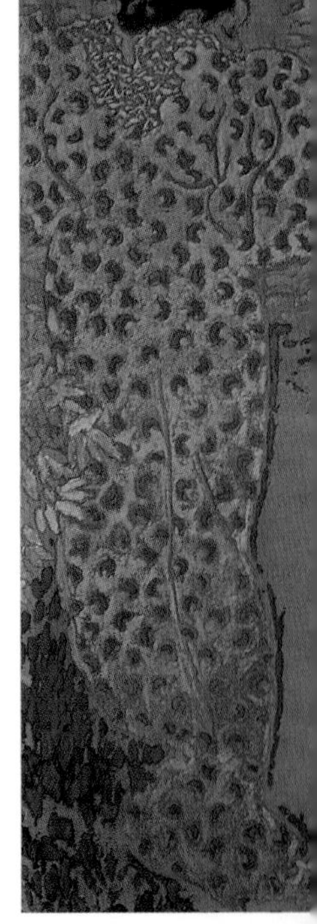

勃納爾的《晨衣》（The Dressing Gown, 1892）：圖案比印象更豐富。

畫框中的名字

同一代人中的其他藝術家選擇了不同的路向。

馬蒂斯（Henri Matisse, 1869～1954）*於1903年在聖—特洛普茲遇到西涅克後，就通過燦爛的色彩和高昂的情緒，將新印象主義變成了一種全新的運動，人們稱其為野獸派*（Les Fauves）*。例如，他妻子的肖像《綠條紋》*（Green Stripe, 1905）*。通過這種方式，印象派演變為二十世紀的非現實主義藝術。*

這三位年輕人同時受到德加、高更和日本版畫的啟發，而他們的畫室則成了納比斯藝術家主要的聚會場所。直到1899年分手以前，這群不尋常的年輕人一直致力於在繪畫中重新發現人的靈性。

勃納爾和維亞爾都將精力集中在日常生活的場景中，有時是室內，有時是街上。

1919年
布雷頓（André Breton）與蘇波（Philippe Soupault）合作了“Les Champs Magnétiques”，是超現實主義者自動寫作的一次嘗試。

1923年
科學家加斯頓．雷蒙（Gaston Ramon）在法國巴斯德學院研發出了破傷風疫苗。

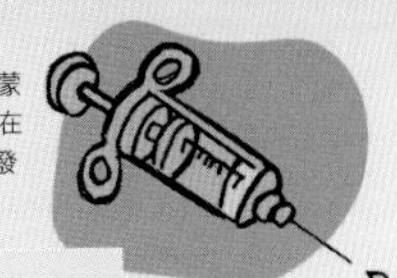

1942年
法國人在土倫將他們的艦隊沉入大海，以防止艦隊落到德國人手中。

畫面中的物體不像傳統的印象派般被光線所充滿，而是強調色彩、圖案和紋理，就像壁紙鋪滿了整個房間。例如，維亞爾的作品《鋼琴》（The Piano, 1896），或者勃納爾具日本風格的窄長幅作品《四季》（The Four Seasons, 1891）。

當丹尼斯還在迷戀像安吉里柯（Angelico）這樣的文藝復興宗教藝術家的時候，他的畫友們已經創造出了一種新的、個人化的室內印象主義風格，並以“家庭生活情景畫派”（Intimisme）而聞名。到了1900年，家庭生活情景畫派非常興盛。不過，這一派有別於莫奈和雷諾阿所領導的印象主義。他們更像西客爾特（參見第106頁）或卡薩特（參見第80頁），描寫的是安靜的房間和家居常景：幾個人在沐浴或者透窗而入的陽光。他們的風格沒有《盧昂大教堂》那樣宏偉，但是，他們確實仍可以算作印象派。

劇院

新的一代醉心於劇院。勃納爾和塞律西埃（參見第108頁）為象徵派和超現實派藝術家阿爾弗雷德．賈里的革命性戲劇《尤比克王》（1896）創作了舞台佈景。納比斯派也將蒙帕爾納斯大道的保羅．蘭森（Paul Ranson）畫室用作傀儡劇劇場，並暱稱其為“禮拜堂”。蘭森死後，蘭森學院曾邀請勃納爾、丹尼斯和塞律西埃前往授課。

勃納爾的《早餐室》(Breakfast Room, 年代不詳)：描寫室內生活，但仍可被認為是印象派作品。

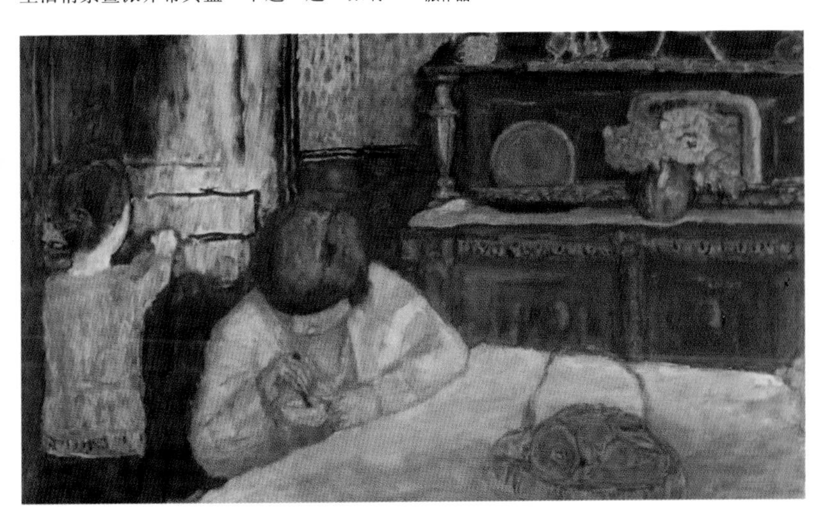

1895年
第一屆威尼斯雙年展舉行，展示了國際現代藝術。

1896年
一支由讓─巴普蒂斯特·馬爾尚（Jean-Baptiste Marchand）率領的探險隊宣佈法國對蘇丹的主權。

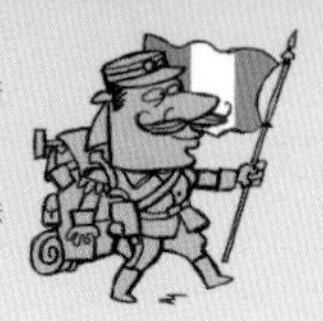

1897年
一個倫敦出租車司機喬治·史密斯成為第一個因酒後駕車而被拘捕的英國人。

1893年～1910年

世紀末的頹廢

新藝術運動與唯美主義

在英國，人們稱那些長途跋涉前往巴黎去尋找激情、藝術和那些聲名狼藉的享樂的厭倦的英國貴族為“不規矩的九十年代人”。而正是印象派的客觀性在它的追隨者中間產生了一種全新的憤世哲學：除了城市生活和對現實的探索，他們反對中產階級社會，並厭棄一切。

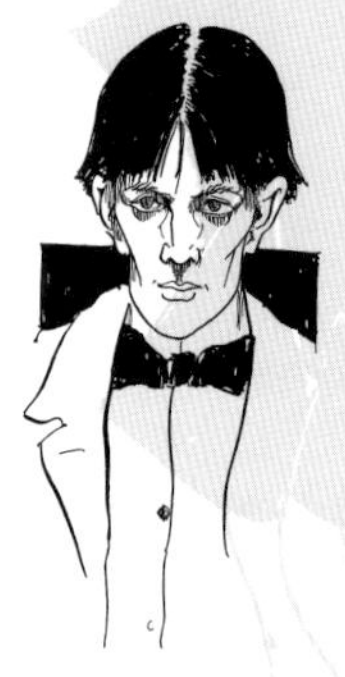

奧布里·比爾茲利如何看自己：《莎樂美》的感性插圖。

可憐的老奧斯卡·王爾德（參見第38頁）是一個極端的唯美主義者（他臨終時說：“這些壁紙在謀殺我，我與它們勢不兩立”）。但是在他以及其他主要的唯美主義者徹底放棄自己的精神追求以前，他們不情願地看到，正是他們推崇的羅馬天主教會使他們背叛了自己。

軼事

毫不令人感到驚訝，正是德加，總是對唯美主義（Aesthetes）表示輕蔑。事實上，他認為唯美主義與同性戀沒有區別：德加認為，如果你改變“口味”，那麼你極有可能與另一個男人睡覺。在王爾德入獄前夕，德加認識了他。王爾德說：“你知道你在英國有多著名？”而德加答道：“有幸的是，稍遜於你”。

這一運動的主角，是年輕的奧布里·比爾茲利（Aubrey Bearsley, 1872～1898）。他死於肺結核，享年26歲，但是他的黑白版畫（其中一些非常露骨地色情）為插圖藝術創造了一種全新的風格。正是他通過《設計室》（The Studio, 1893）這份新雜誌，對被稱為新藝術運動的混合了日本版畫、凱爾特象徵主義和工藝美術運動特點的裝飾風格產生了重大影響。在因王爾德被捕而被上流社會所嫌棄以前，比爾茲利堅持為王爾德的《莎樂美》（1894）繪製插圖，並通過編輯雜誌《黃色書籍》（The Yellow Book, 1895）推動新藝術運動的發展。

從巴黎地鐵的新入口（1898～1901）到蘇格蘭建築師麥金托什（Charles Rennie Mackintosh, 1868～1928）的椅子和樓梯，從美國設計師蒂凡尼（Louis Comfort

1899年
在巴黎的一家電影院中發生了一起騷亂，起因是一位婦女因看不見屏幕而坐在椅子的扶手上，警察出面並帶走了這位婦女。

1900年
調查發現，只有七分之一的美國家庭擁有浴缸。

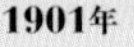
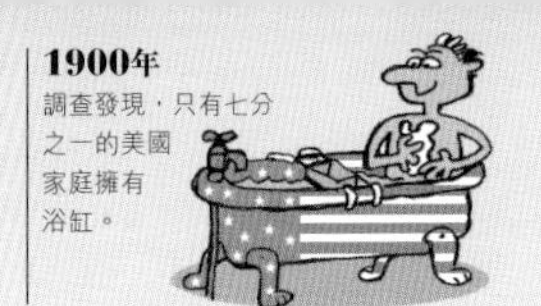

1901年
在布法羅舉辦的第一屆泛美博覽會上出現了第一種即溶咖啡。

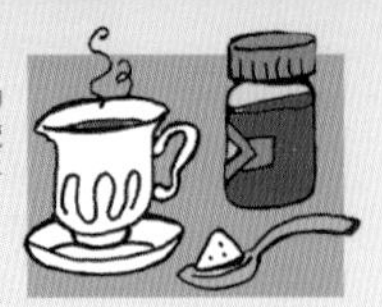

Tiffany, 1848～1933）的玻璃器皿到巴黎風靡一時的美心餐廳的室內裝飾，新藝術運動無處不在。在德國，它被稱為“青年風格”（Youth Style）；在奧地利，它被稱為“分離派”（Secession Style）；在意大利，它被稱為“自由主義”（Liberty Style）。在倫敦，甚至還出現了專營新藝術紡織品的百貨商店。

所有這一切已經遠離了印象派，但正是印象派，才是新藝術運動的根源：藝術家的客觀性；每一個瞬間、每一個個體的唯一性；以及對世俗品味的少許不屑，都仍然打着印象派的烙印。

今天，除了意識形態上的混亂，新藝術運動仍然與我們同在。

克里木特：《女朋友》（Girlfriends, 1916～1917）。新藝術繪畫有時看起來會有點庸俗而又時新有趣。克里木特在他的圖案中使用了黃金和貴金屬。

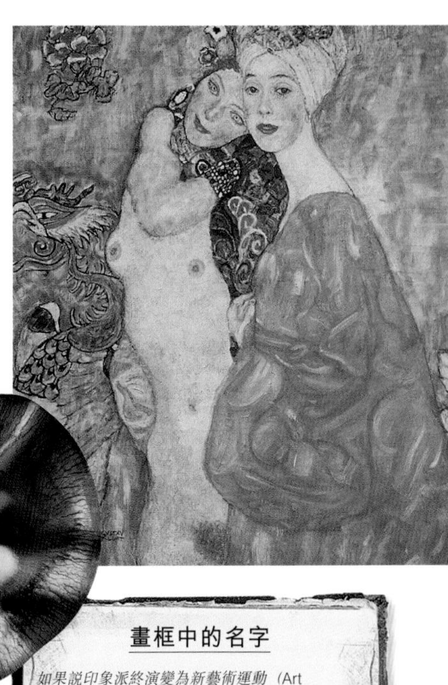

凡尼設計的枱燈
912），作品顯示
新藝術運動對當代
計師的巨大影響。

畫框中的名字

如果說印象派終演變為新藝術運動（Art Nouveau），那麼新藝術運動又演變成什麼呢？它一度令人驚訝地受人歡迎，但是它最極端的支持者，極可能是奧地利藝術家 **克里木特** *（Gustav Klimt, 1862～1918）和他金色的象徵主義繪畫，以及西班牙建築師* **高迪** *（Antoni Gaudí, 1852～1926）和他奇特的建築巴塞羅那大教堂。和當初一樣，這座建築至今仍顯得很現代、很與眾不同。*

1895年
韋爾斯（H.G. Wells）的《時間機器》將時間設定為802701年，故事中社會分為稱為Morlocks的底層工人和稱為Eloi的頹廢貴族。

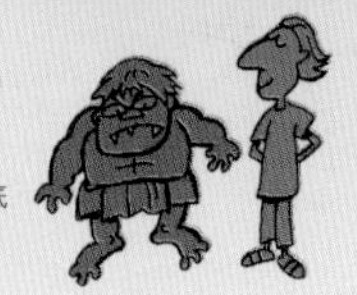

1900年
巨石陣（英國索爾茲伯里平原的巨石紀念碑）的22號巨石及其過樑坍塌。

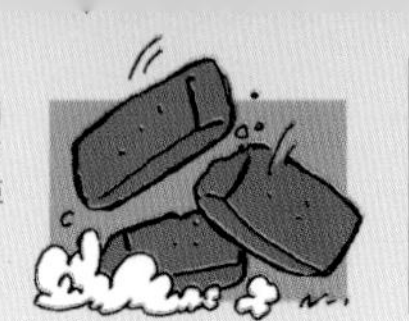

1902年
倫敦警察首次根據指紋贏得了一項有罪判決，被告叫亨利·傑克遜。

1895年～1914年
電影工業
愛迪生、呂米埃以及電影

讓我們接受這一結論：通過描寫變化光線中的同一物體，莫奈的系列畫正是追求電影的效果。他沒有等太久。在嘉布欣大道的大咖啡館（早期印象派畫展舉辦地）中，很快就播放了第一部嚴格意義上的電影《呂米埃工廠下班時間》（Quitting Time at the Lumière Factory）。1895年，在電影院裡，觀眾親歷了火車迎面駛來的經典場面。

美國發明家愛迪生（Thomas Alva Edison, 1847～1931）在他位於新澤西州西奧倫奇的小屋中，發明了活動電影放映機。在法國，路易斯·呂米埃（Louis Lumière, 1862～1954）和他的兄弟奧古斯都（1864～1948）發明了更為實用的電影放映機。然而，不幸的是，呂米埃兄弟沒有意識到他們做了什麼，在準備投入其他發明之前，他們說：“電影是一件沒有未來的發明。”

講述故事

第一部嚴格意義上的電影“故事”《鐵路大盜》（The Great Train Robbery, 1903）誕生於愛迪生在美國的工作室。該片片長僅八分鐘，首次將在不同時間拍攝的鏡頭進行剪接處理，也是首次出現銀幕追擊的場面。它獲得了巨大的成功，導致美國各地迅速出現了大量的小型電影院。

是法國魔術師喬治·梅里愛（Georges Méliés, 1861～1938）提出了讓媒體講述故事、解釋生活甚至成為藝術作品的創意。他的電影《月球之旅》（A Trip to the Moon, 1902）被公認為第一部使用特技的電影。他發現，通過讓中景保持靜止、讓物體來回移動，可以產生出現和消失的效果。

喬治·梅里愛：《月球旅行》（1902）。

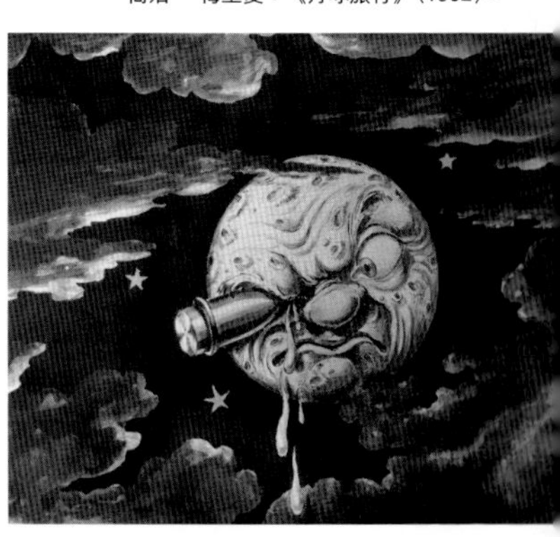

莫奈擁有四架照相機，並將它們用於輔助《盧昂大教堂》和其他系列畫的創作。德加對伊德韋爾德·邁布里奇（參見第91

1905年
亞歷山大·斯克里亞賓（Alexander Scriabin）創作了C小調交響樂第3號《聖詩》（Divine Poem），同年，他拋棄了他的俄國妻子和四個孩子，與瑞士情婦私奔。

1908年
漢斯·蓋格（Hans Geiger）和歐內斯特·盧瑟福（Ernest Rutherford）發明了蓋格計算器，用於測量放射能。

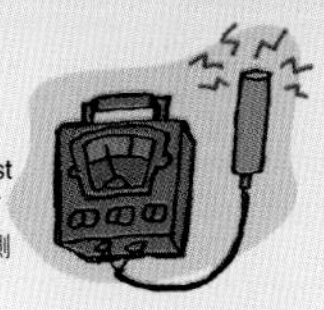

1914年
差利·卓別林（Charlie Chaplin）在《課生》中扮演一個好色的無賴。片中出現了一場閨房中的混戰，並以行駛火車的清障器為結尾。

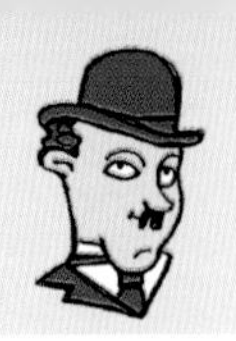

頁）的作品很着迷，特別是1887年出版的《動物運動》，該書收集了十萬張馬、動物和裸體人步行和跑動的照片。後來被證明，在德加創作關於馬的作品時，這一素材非常有幫助。

伴隨電影而來的問題是所有的動作都進行得太快。而對印象派畫家有影響力的卻是那些凝固的瞬間。儘管攝影機可以為他們提供光線瞬間的感受和流動的韻律，但是如果缺少了天才的個人詮釋，那麼印象主義也將變成毫無意義的符號。你不必裝作對電影毫無偏見，因為攝影機本身就是客觀的。電影是真正的大眾媒體。又是藝術再次前進的時候了。

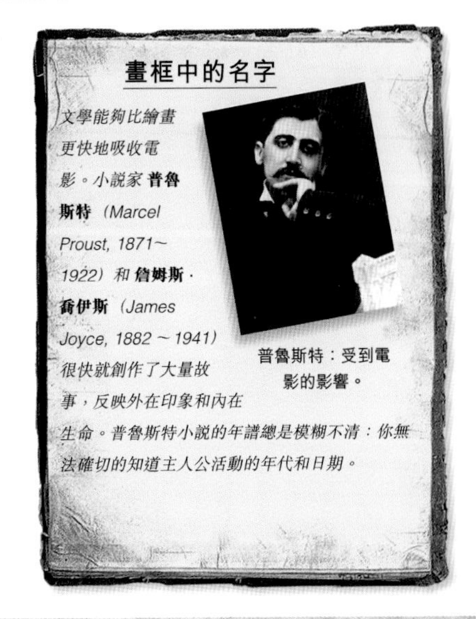

畫框中的名字

文學能夠比繪畫更快地吸收電影。小說家 **普魯斯特**（*Marcel Proust, 1871～1922*）*和* **詹姆斯·喬伊斯**（*James Joyce, 1882～1941*）*很快就創作了大量故事，反映外在印象和內在生命。普魯斯特小說的年譜總是模糊不清：你無法確切的知道主人公活動的年代和日期。*

普魯斯特：受到電影的影響。

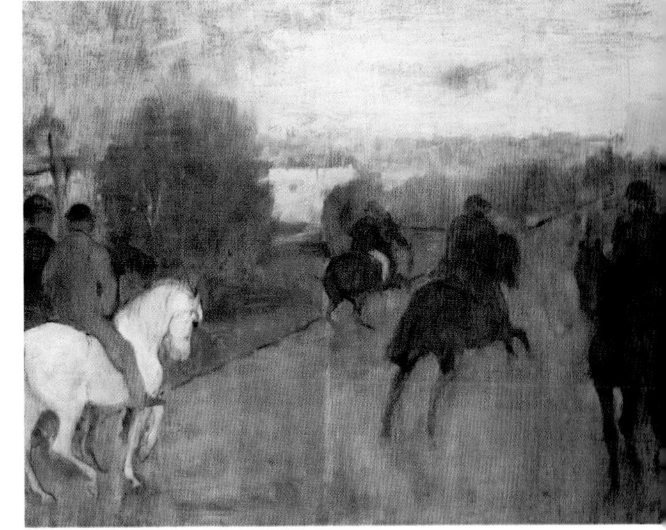

德加：《騎馬者》（Riders on the Road, 1861～1868）。德加對畫運動中的馬越來越着迷，並成了當地賽馬場的常客。

1900年
商標“它主人的聲音”出現在留聲機上，一起的還有一幅畫：一隻叫尼波的獵犬在喇叭前聽留聲機。

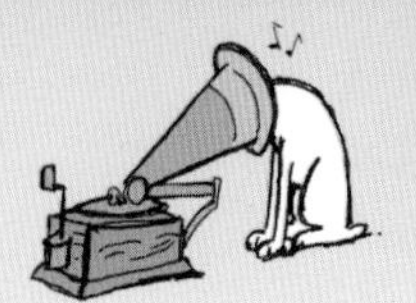

1903年
佛羅里達州取得了支配大沼澤的權力。排水從1906年開始。

1905年
在一次劇目為G・B・蕭伯納的《英國人的另一個島嶼》的皇家演出中，愛德華七世大笑不止，以至於折斷了他的椅子。

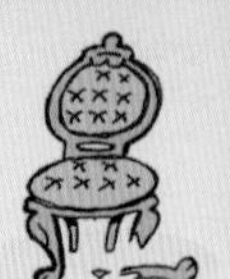

1899年～1926年

潮濕與藍色

睡蓮

在莫奈一生最後的二十五年中，他深深地被他身邊的一些東西所吸引，那就是離他位於吉維尼的家不遠的睡蓮池塘。那些旋渦狀的綠色和藍色似乎也成了印象主義所要表達的主要內容。在他的晚年時候，他轉向創作一系列不朽的作品，獻給他的祖國法國。

工程進行中

巨幅畫是一項巨大的工程。它確實太大了，以至於莫奈不得不在花園中建立一座新的、足夠大的畫室以容納它們。馬爾克・埃爾德的書《莫奈在吉維尼的家》（1924）描寫了他“強壯、憤怒、忙亂的手”以及堆在屋角的未完成的畫布（莫奈命令僕人將那些畫布燒掉）。

莫奈，《睡蓮池塘》（Waterlily Pool, 1904）畫面邊緣的天空被切掉了。景物本身是次要的；他主要的興趣總是那些可用色彩表現的效果。

當1890年他移居吉維尼的時候，莫奈就產生了繪畫自己家的池塘的念頭。在那一年，他用他慣用的自編自導的風格寫道，“我又在從事一項不可能完成的工作：有花草搖曳的水面。觀賞它還好，但是如果要描繪它，簡直是瘋了。哎，我總是這樣。”然而這一次，他一旦投入，就再也不能夠擺脫。對着睡蓮，他不停的畫，在晨曦中、在薄暮裡、在陽光下，畫面角度採用視平線，並帶有印象派的特徵：在畫面上，沒有天空。不但他的名作《睡蓮》（Waterlilies, 1899）如此（還有另一印象派特徵：日本風格的橋），儘管天空被樹木所遮蓋；而且，他的《睡蓮池塘》（Waterlily Pool, 1904）也是如此：在玻璃一樣碧綠的水面上，漂浮着紅的、黃的花朵。

1906年
鈴聲一響，即使沒有食物，巴甫洛夫的狗也開始流口水。

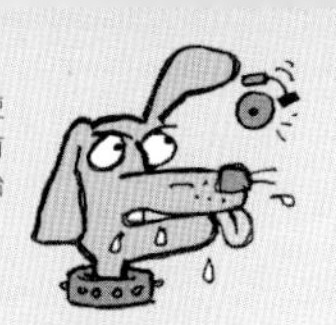

1916年
由於浮游生物的大量繁殖，佛羅里達發生"紅潮"，並造成數以百萬計的魚類死亡。

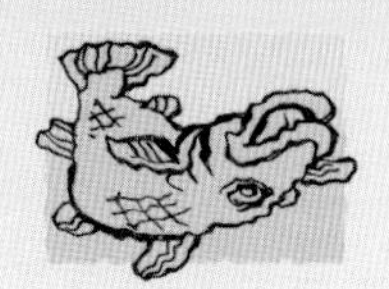

1926年
因英國小說家吉爾伯特．弗朗克勞（Gilbert Frankau）在展示會上說："Zip，打開；Zip，合上"，拉鏈因此得名"ZIP"。

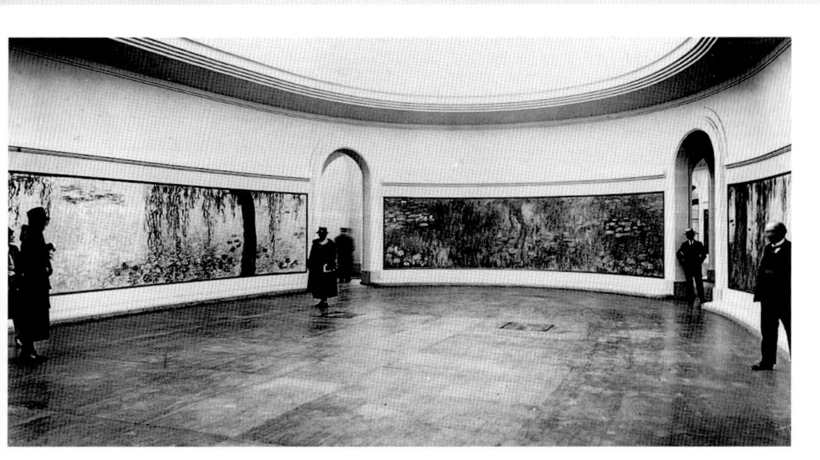

受到他的朋友、戰時的法國領袖、前蒙馬特市市長、許多藝術評論書籍的作者喬治．克列孟梭（Georges Clemenceau, 1841～1929）的鼓勵，莫奈在第一次世界大戰期間以及隨後的幾年裡，根據他的水景花園，創作了由十二幅13英尺（4米）長的巨大畫幅組成的圓景畫。同樣，在克列孟梭的鼓勵下，他打算將這些畫獻給祖國。莫奈只要求了一或兩個小條件：這些畫必須在最好的條件下展出，同時法國政府必須購買他的《花園中的女人》(Women in the Garden, 參見第28頁)。

現在，你可以在巴黎杜勒里的橙園美術館（Orangerie）見到這些作品。協議簽署於1922年，但是直到1927年才實際對公眾開放。莫奈的餘生幾乎都在那裡度過。如果人們看到早期的印象派藝術會被其似乎未完成的外觀所震驚，那麼莫奈的由粗糙色點構成的《睡蓮》畫幅（Nymphéas）可以說是無與倫比，相較於他的早期作品（參見第132頁）而言，這些畫更接近抽象藝術。不管怎麼說，此時的莫奈已經被視為法國的國寶。在經歷了半個世紀的印象派藝術以後，公眾的品味已經發生了很大的變化，並開始欣賞他們。

1930年，藝術家死後的第四年，莫奈的《睡蓮》（Nymphéas）在巴黎展出。作品十分受歡迎，但展館的氣氛卻非常肅穆。

挫折

由於是克列孟梭同意與莫奈達成協議，因此，當他在1920年法國選舉失利後，整個項目遭受了挫折。然而，經過相當令人迷惑的過程，新政府為了《花園中的女人》向莫奈支付了二十萬法郎（相當於他最早期作品價格的一百多倍）並最終同意採用橙園的房間來展出那些作品。

1899年
年僅26歲的秘書艾麗斯·蓋伊—布萊切（Alice Guy-Blaché）成為法國Gaumount電影公司的製片主管。

1901年
比利時未來的諾貝爾獎得主莫里斯·梅特林克（Maurice Maeterlinck）完成了哲學論文《蜜蜂的生活》。

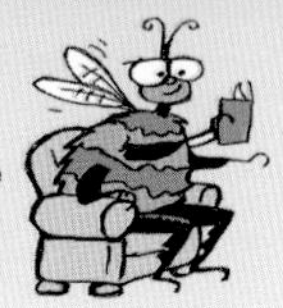

1913年
阿蘭—富尼埃（Alain-Fournier）出版了經典現代小說“Les Grands Meaulnes”。他寫作的靈感來自他對邂逅於1905年6月的一位身材高挑、金髮碧眼姑娘的愛慕。

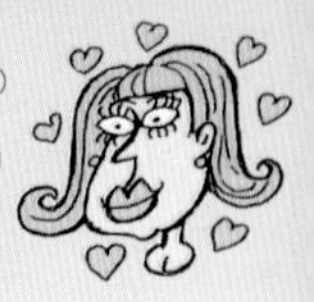

1899年～1926年

霧、裸體和睡蓮葉

老去的印象派藝術家

1899年發生的許多事情，突然昭示着印象派藝術家們已經老去。不僅雷諾阿患上了風濕，羅特列克成了酒鬼，莫奈也在前往泰晤士河作畫的旅途中被流感所擊倒。在這一年，西斯萊死於喉癌。莫奈對他的評價是“可與任何大師媲美的偉大藝術家”。

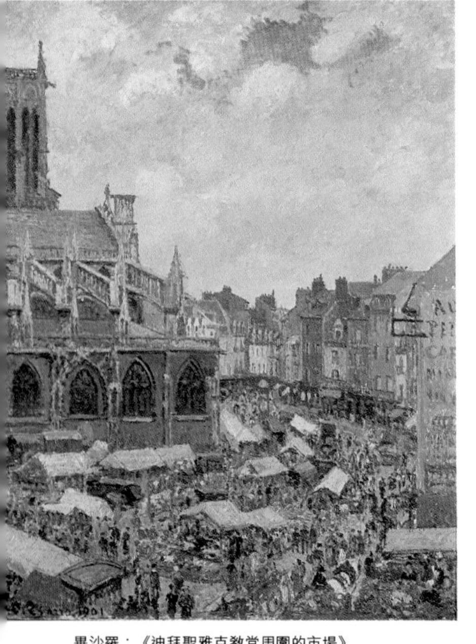

畢沙羅：《迪拜聖雅克教堂周圍的市場》(1901)。他透過自家窗戶作畫，努力去捕捉日常生活的喧鬧忙亂。

當活着的印象派藝術家們進入他們的花甲之年的時候，周圍的環境發生了改變。其中之一就是他們變得成功，藝術史也開始承認他們。他們的作品不但陳列於博物館，而且到處被高價所追捧。即便如此，畢沙羅還是試圖將自己安置於迪拜一處魚市下面的匿名畫室中，以便發現普通生活中的場景進行創作。

但是，當他們進入老年以後，他們傾向於變得更加極端。反猶太人的德加被德雷福斯事件（參見第71頁）氣得幾近語無倫次；莫奈的作品更加抽象（參見第132頁）；雷諾阿的裸像（參見第94頁）甚至有意地緬懷法國的傳統繪畫。雷諾阿也花了大量時間與新的藝術先鋒馬蒂斯打交道，而他發現自己對高更的作品也充滿景仰之情。

許多印象派藝術家失明了，可能是由於過度注視光線造成的。在他們最後的日子

1919年
喬治·格什溫（George Gershiwin）創作了"Swanee"，阿爾·喬森（Al Jolson）於第二年錄製了這一曲目。

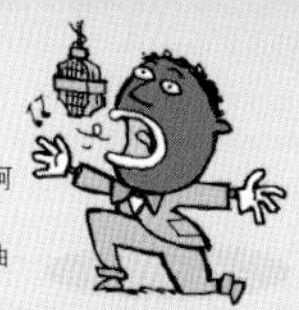

1922年
路德維希·密斯·凡·德羅（Ludwig Mies van der Rohe）在一幢寫字樓設計中首次使用了帶形窗；條狀的玻璃被垂直的混凝土板所分割。

1926年
阿爾·卡蓬（Al Capone）位於芝加哥的總部遭槍手襲擊，槍手乘坐八輛車從旁邊駛過，並射擊，但是沒有造成人員傷亡。

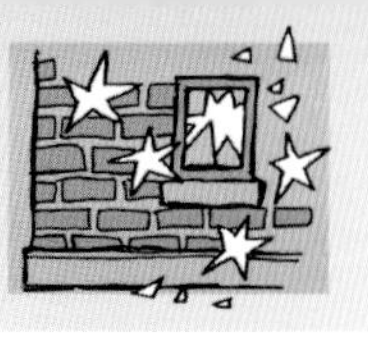

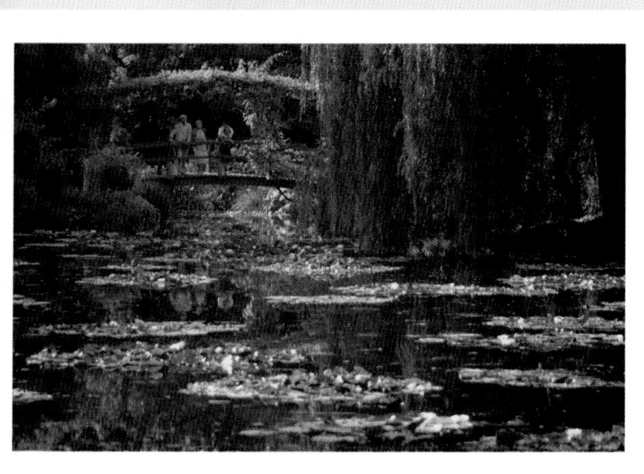

莫奈位於吉維尼花園中的一個睡蓮池塘，現在已對公眾開放。

青銅雕塑

德加和雷諾阿晚年轉向雕塑。德加在去世前完成了大約七十個蠟模，其中只有一個在他生前翻鑄成青銅雕塑。雷諾阿有一點不同，他實際上沒有親自操作。他聘用了雕塑師理查德·吉諾（Richard Guino, 1890～1975），在他的指導下工作。但是，由於不能達成一致，1917年吉諾拂袖而去。

裡，德加、莫奈、雷諾阿、畢沙羅和卡薩特幾乎看不到自己手中的畫筆。諷刺的是，他們中有些人在自己的早年曾宣稱願意變成一個盲人，以便用不同的方式去觀看世界。莫奈在自己幾乎無法看到的時候仍然在作畫；而雷諾阿因握不住筆，而不得不將它綁在手上。"坐下的他有些可怕，雙肘夾住肋部，前臂抬起，"一位批評家於1918年拜訪他時，這樣寫道："他搖動自己恐怖的肢體抽曳細線和很窄的帶子。他的手指已經被勒得露出了嫩肉，白骨畢現，幾乎失去了每一寸皮膚。"

雷諾阿死後七年，莫奈在吉維尼的家中去世。現在，其故居已由國家進行保護。1926年，當他離開時，克列孟梭匆忙地從巴黎趕去，趕到時，棺木已經被黑布蒙上。由於了解莫奈在他的一生中棄絕這種顏色，克列孟梭撕開黑布以示抗議。

畫框中的名字

1903年是印象派不幸的一年，在這一年，他們失去了 **羅特列克**、**高更** *和* **畢沙羅**。*像其他朋友一樣，畢沙羅死時失明，但是他留下了一個熱愛繪畫的家庭。他的兒子* **盧西恩** *（參見第36頁）於1890年定居英國並創建了埃拉格尼出版社（Eragny Press），後成為有影響力的出版商。他的孫女* **奧羅維達** *（Orovida, 1893～1968）也是一位畫家。*

1900年
意大利國王翁貝托（Umberto）被無政府主義者布雷西（Angelo Bresci）刺殺。

1907年
在法國，化學家尤金·舒勒爾（Eugene Schueller）創建了香水帝國“歐萊雅”（L'Oréal）。

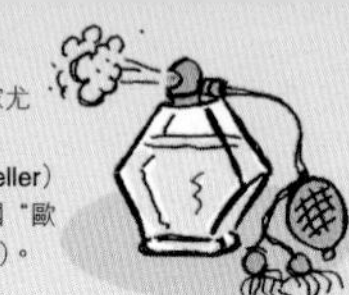

1909年
在巴勒斯坦的約旦河谷出現了第一個合作農場。

1900年～1926年

挪去場景

抽象印象主義

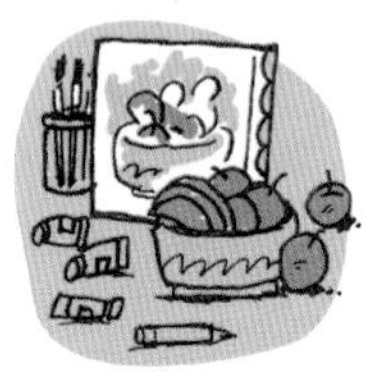

你眼見的並不一定就是你感受到的

印象主義存在內在的矛盾，而你可能期望緩和這種矛盾或為它找到解決的方案。可問題是，如果藝術家都是一成不變的客觀的觀察者，記錄下他們看到的，而不加解釋和昇華，那麼他們怎麼會成為如此與眾不同的個人主義者呢？事實上，他們在演繹他們所見的。他們也不得不如此，否則就沒有繪畫。

早期的心理學家威廉·詹姆斯（William James, 1842～1910）嘗試去想像，當新生嬰兒第一次經歷全部五種感官時的感受。他形容那是一種“興奮而躁動的混亂”。也許是莫奈所運用技術的必然結果，也許是因為他的失明，但是，不管怎樣，興奮而躁動的混亂恰當地反映了他所開始進行的繪畫。

結果產生了著名的抽象印象主義（Abstract Impressionism），或稱作抽象表現主義（Abstract Expressionism）。兩者是指相同的流派。這種風格有點像自動繪畫，將色彩四處潑濺。一位評論家這樣寫道：“將平和、統一的筆觸塗滿畫布，沒有高潮、沒有重點；這些追隨者們保留了印象派觀察場景的方式，卻將場景從畫面上挪走了。”換

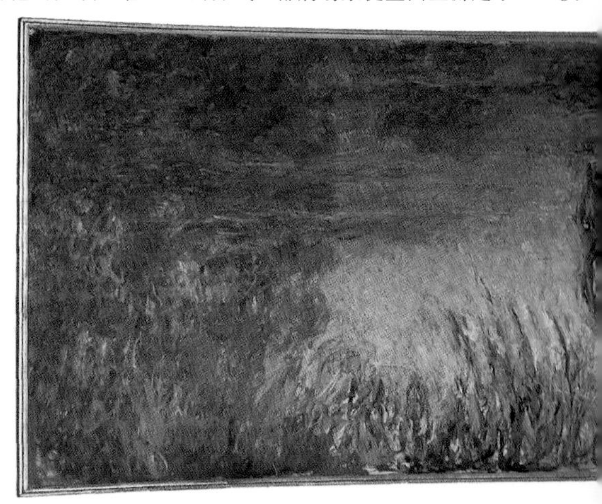

莫奈，《睡蓮之夕陽》（Nymphéas: the Setting Sun, 1916～1926）。畫面令人感到眩暈。但是如果不知道標題，你能猜出畫中的內容嗎？

1911年
馬蒂斯創作了《紅色畫室與藍色窗戶》(the Red Studio and the Blue Window)。

1917年
經過在拉布拉多三年的食品冷凍試驗，克拉倫斯．伯宰(Clarence Birdseye) 返回了紐約。他已經掌握了如何用海水冷凍椰菜。

1920年
巴黎的亨利酒吧發明了血腥瑪莉這種雞尾酒。

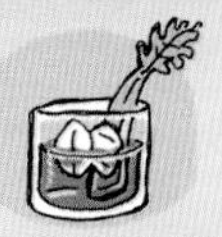

言之，這是沒有畫面的印象主義。

你可以在莫奈的巨幅《睡蓮》中找到這種風格，例如《睡蓮之夕陽》，或他造訪倫敦時匆忙完成的關於萊切斯特廣場的作品；你也可以在梵高晚期的作品中找到這種風格，例如《巴黎的七月十四日》(1886～1888)。也許你要問，是莫奈創造了抽象或超現實主義嗎？那麼，首先莫奈確實嘗試在繪畫中表現潛意識，正如超現實主義者所做的那樣。但是，在莫奈採用這種手法以前，超現實主義早已發展完備了。

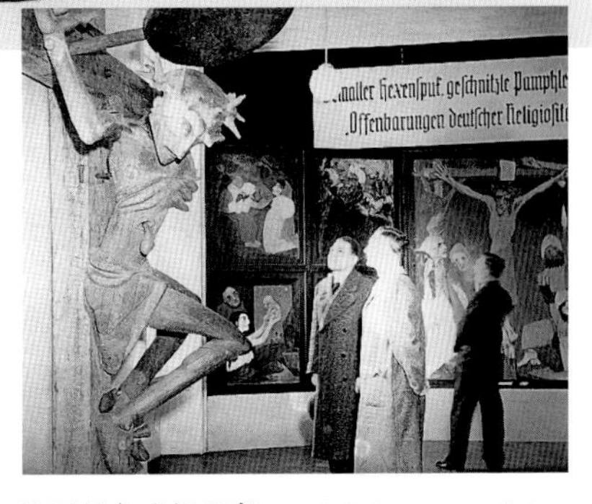

吉斯(Ludwig Gies's)的《耶穌釘在十字架上》(Crucifix)，展出於1938年納粹展覽會上，並被醒目地標明"頹廢藝術"。

畫框中的名字

也許這些應歸咎於莫奈的朋友詩人 **馬拉梅** *(參見第70頁)，他是世紀末法國唯美主義最有影響力的人物之一。在他家舉辦的著名的周二聚會上，他散佈了他的理論：印象主義過於精確，而我們所要做的是啟蒙。莫奈正是按他的意見改變了風格。*

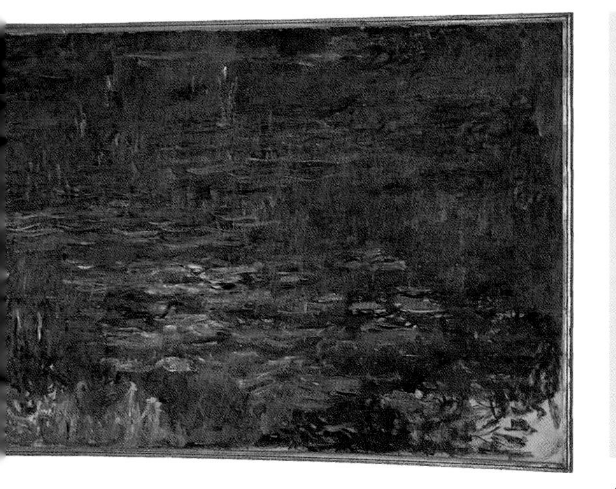

頹廢

儘管超現實主義的早期倡導者將他們的新運動與共產主義聯繫在一起，但是總體上講，它正是20世紀極權主義領袖所最不喜歡、最不信任的一種哲學。也許，一點都不應當奇怪，塞尚、梵高和高更的作品被包括在1938年於慕尼黑舉辦的題為"頹廢藝術"的納粹展覽中。

1902年
經過九年的施工，匈牙利壯麗的哥特式國會大廈竣工，它屹立於布達佩斯的多瑙河畔。

1905年
美國第一家比薩餅店"Lombardi"在紐約斯普林大街開張。

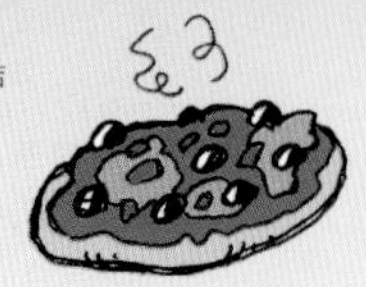

1913年
愛德華·埃里克森將他的雕塑《小美人魚》安放在哥本哈根的岩石上。

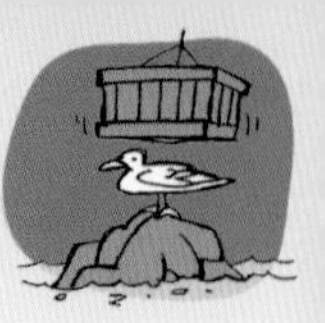

1900年～1945年
相對的陰莖妒忌
愛因斯坦、弗洛伊德以及印象派遺產

"呸！什麼潛意識！"德加極可能這樣評價精神分析，而且他可能確實這麼説過，因為在弗洛伊德重要的書籍《夢的解析》(the Interpretation of Dreams, 1900）出版後，他又生活了十七年。他不太可能太關注夢、相對論或量子力學。然而，沒有印象派，這些20世紀的重要思想可能根本不會出現。

畫框中的名字

印象派是20世紀存在主義（Existentialism）的表徵和起因。而後者的哲學是基於個人自由和個人選擇。"我必須找到一條真理，它對我而言是真理，"丹麥先驅 **瑟倫·克爾愷郭爾** *（Søoren Kierkegaard, 1813～1855）這樣寫道，"我能夠為這一理念而生，也可以為它而死。"19世紀的* **尼采** *（Friedrich Nietzsche, 1844～1900）以及20世紀的* **薩特** *（Jean-Paul Sartre, 1905～1980）也是同道中人。*

接下來的世紀中有如此多的思想可以歸結到一種理念，即表象與實際可能完全不同。我們認為，我們對於我們之間的關係和行為有一個清楚的認識，然而，實際上，存在大量的潛意識力量將我們推來撞去。弗洛伊德（Sigmund Freud, 1856～1939）正躲在他維也納的診室裡，通過研究來説明這一點。

我們認為，我們對影響歷史的力量，以及塑造歷史的國王、主教和戰爭有着清醒的理解。但是，馬克思（Karl Marx, 1818～1883）在大英博物館的閱覽室裡埋頭寫作的著作中指出（至少對那些相信他的人而言），我們實際上任憑階級鬥爭的擺佈。

蓋塔諾·普雷維阿提（Gaetano Previati）；《母性》(Maternity, 1981）。新一代的印象派藝術家試圖創作一些更有哲學深度的作品，而不僅僅是表現美麗的瞬間。

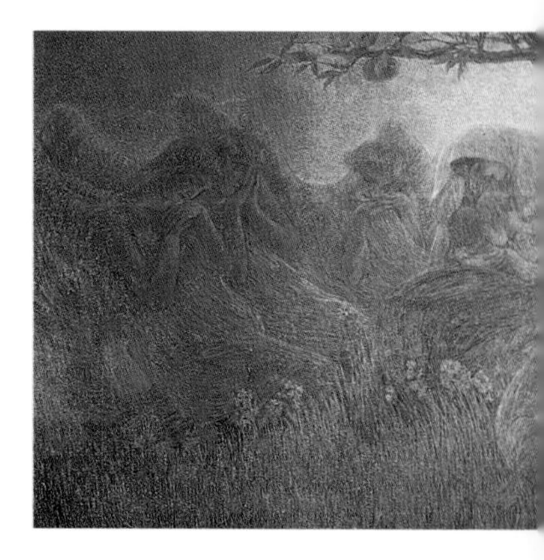

1922年
由於為了毛皮偷獵者幾乎使其滅絕，澳洲開始採取措施保護樹熊。

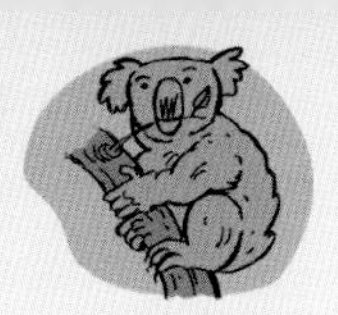

1934年
亨利·米勒（Henry Miller）的《北回歸線》（Tropic of Cancer），因描寫1930年代他在巴黎的性愛經歷，出版後不久就被列為禁書。

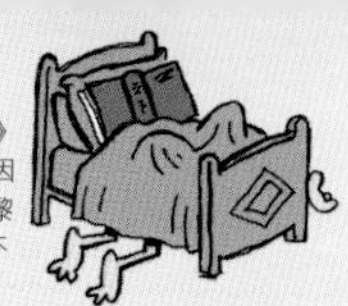

1938年
希特勒（Adolf Hitler）吞併了奧地利，並製造了全民公決，結果顯示99.75%的奧地利人希望與第三帝國結盟。

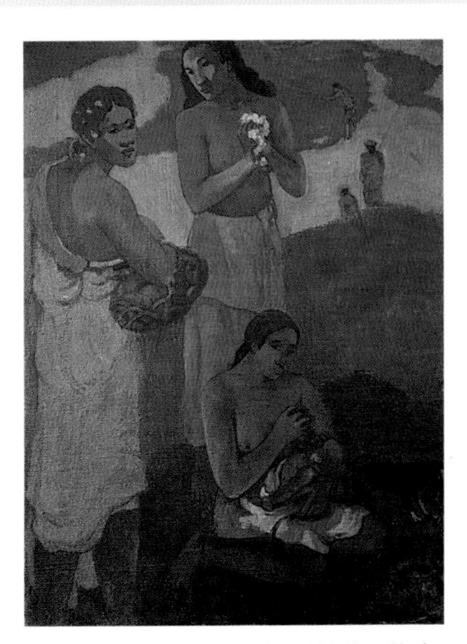

高更：《母性》（Maternity）或作《海濱的三個女人》（Three Women on the Seashore, 1899）。與普雷維阿提試圖表達的同一主題的另一幅作品。

我們認為，我們理解了重力是如何使我們站立在地面上，時間是如何匆匆溜走。但是，按照愛因斯坦（Albert Einstein, 1879～1955）在蘇黎世的電車上揭示給世界的理論，我們實際上生活在一個任何事物都具有相對性的時空變幻的世界上。更糟的是，實驗中唯一在場的帶測量儀器的科學家還歪曲了結果（就象印象派藝術一樣）。

換句話說，在我們認為我們所見、我們所知，與事物的本來面目之間，存在着一條巨大的鴻溝。我們生活在一個相對的世界裡，在這裡我們獲得的一切都僅僅是印象，或者用量子力學家的話說，在這裡你所知道的只是事物真偽的或然率。

這就是世紀之交的時代思潮，詩人們不再關注永恆的激情而是瞬間的情緒；符號和精微的差別成了一切的主宰；而客觀的真理似乎已經完全謝幕而去。

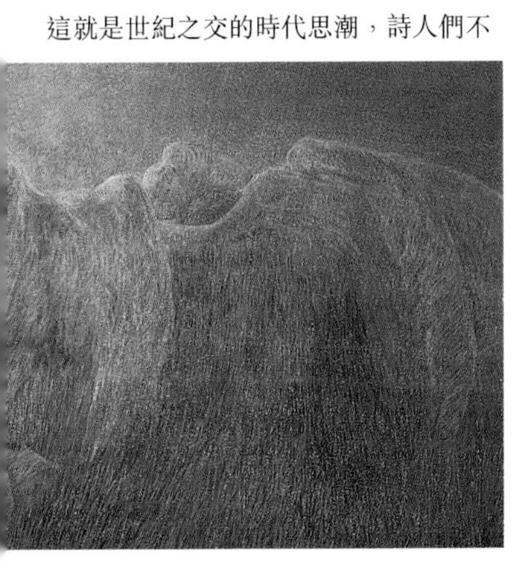

澄清……

批評家阿爾諾德·豪瑟爾（Arnold Hauser）說，“‘……我們所獲得的任何印象，既是知識，也是幻想’，這一詭辯的概念是一種印象派的觀念；而‘男人一生都在隱藏，無論對自己，還是對別人’，在印象派產生以前，這種弗洛伊德式的概念，也不可能存在”。

1930年
當烏拉圭慶祝獨立一百周年的同一年，他們贏得了第一屆世界杯冠軍。

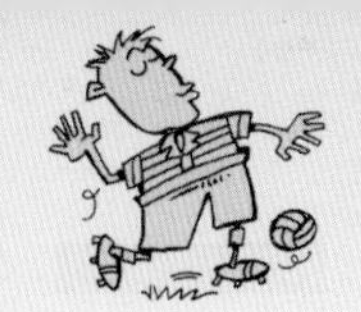

1940年
瘋狂的巴尼在《一隻野兔》中登場亮相：“嘿，出什麼事了？”

1957年
非洲殺人蜂從巴西的餵養基地逃脱，並向北進發。

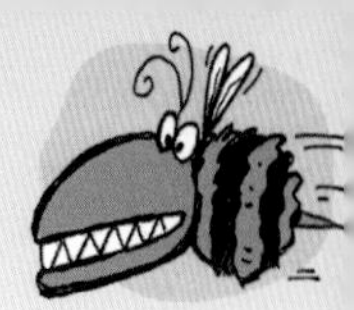

1930年～2001年

狂熱的拍賣

印象派畫家身後的榮顯

如果那些貧窮而遭人輕賤的印象派先驅能夠活到今天，他們將做夢也想不到自己會這般富有。在拍賣會上，他們的作品通常都會達到八位數。當然，他們將因為太老而無法享受那些財富。即便如此，他們仍將經歷最不尋常的改變：從輕賤的當代藝人成為歷史上最有價值的藝術家。

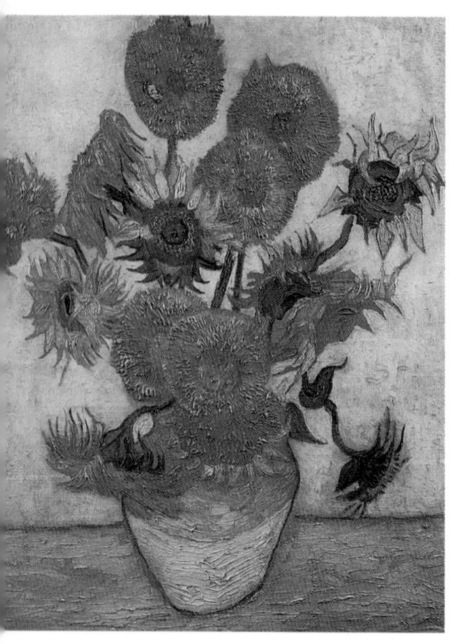

梵高的《向日葵》(Sunflowers, 1889)，藝術家生前沒有賣出的作品，在1987年的拍賣會上，以2, 470萬美元的高價售出。

印象派時代最後的見證人，摩里索的作家女兒朱莉 · 魯奧爾特（Julie Rouart, 娘家姓馬奈）和莫奈最後一個活着的兒子邁克爾（Michel），二人均於1966年去世。雷諾阿當電影導演的兒子尚恩（Jean）活到了1979年。小馬奈（Manet Jr.）將吉維尼的故居捐贈給了美術學院。

當他們全部辭世時，印象主義已經經歷了由興而衰的輪迴。但是，在最近的四十年中，我們看到了對印象派藝術的癡迷，也看到了有錢的收藏家，那些作品的價格像火箭一樣沖天而去。

大同盟

無論主流印象派畫家的作品達到多高的售價，這一紀錄總是被梵高所突破。在1987年破紀錄地銷售了《向日葵》後的數月中，紀錄再次被他的《鳶尾花》(Irises, 1889）所打破，售價達到5, 390萬美元。這一趨勢持續到1998年的《剃鬚後的自畫像》(Self-Portrait with a Clean-Shaven Face, 1889)，售價6, 500萬美元。具有諷刺意味的是，在他生前只售出過一幅作品。

1977年
美國詩人羅伯特·洛厄爾（Robert Lowell）寫道，“如果我們看到隧道盡頭的光輝，它發自迎面駛來的列車”。

1996年
蘇富比拍賣行拍賣雅克萊恩·肯尼迪·歐納西斯的財產，買家出價33,350美元購買一個腳櫈，85,000美元購買一隻搖擺木馬。

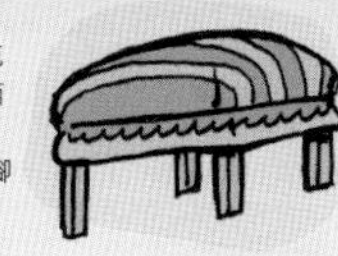

2000年
強盜們試圖駕駛JCB衝入千年穹頂盜竊De Beers的價值五億七千八百萬的千年鑽石，再駕高速快艇逃跑。但是，他們被裝扮成清潔工的便衣警察所挫敗。

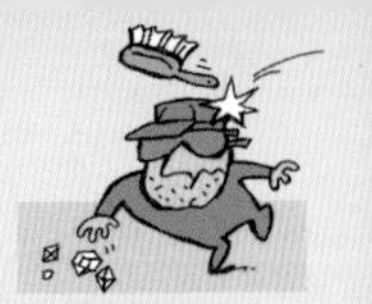

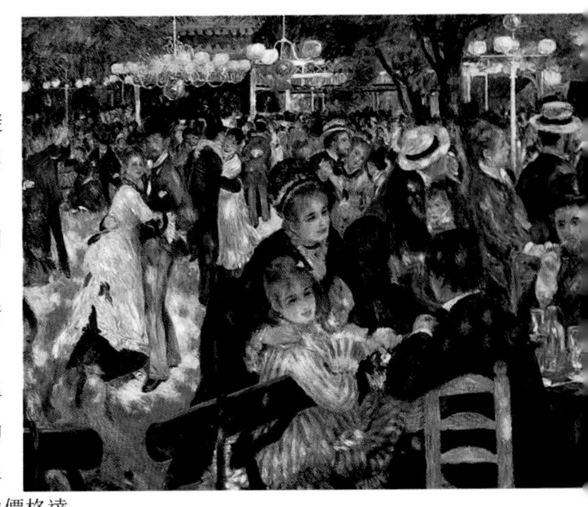

雷諾阿：《加萊特磨坊的舞會》（1876）。這幅畫是為了欣賞而非金錢而作！

解釋這一現象的部分原因是規避通貨膨脹，意思是正道的財富需要尋找避風港以規避通貨膨脹和稅收。通常，他們選擇繪畫。另一個原因是1980年代日元的迅速升值，以及富有的日本博物館對藝術作品逐漸濃厚的興趣。截止1985年，東京的松岡藝術館在莫奈、畢沙羅和雷諾阿的作品上花費了大約四百萬美元。但是，實際是安田火災和海運保險公司令印象派作品的價格達到高峰。

1987年，當最後一幅由私人收藏的梵高作品《向日葵》被他們創紀錄地以2,470萬美元的價格在拍賣中購買得到時，引起了好一陣子的轟動。這一價格比以往售賣油畫的世界紀錄還要高三倍。然而，這才剛剛開始。

1990年代，印象主義空前興盛，而受益的還不僅是拍賣行。在波士頓、芝加哥、巴黎、費城和倫敦舉辦的主要展覽會，年年都吸引着大量的觀眾，至1999年在倫敦皇家藝術院舉辦的題為“二十世紀的莫奈”的展覽會達到了頂峰。當然，最賺錢的，還是拍賣行。1990年，雷諾阿的一幅《加萊特磨坊的舞會》（參見第78頁），在紐約蘇富比拍賣行拍賣時，售價達到了驚人的7,810萬美元。隨後在1993年，塞尚的《靜物：大蘋果》（Still Life: Large Apples, 1890～1894），售價2,600萬美元；雷諾阿的《浴女》（1888），售價1,900萬美元。

畫框中的名字

戰爭期間，納粹是印象派藝術的主要威脅，因為他們認為印象派“頹廢”。在佔領巴黎後的兩個月裡，納粹從猶太收藏家那裡沒收了兩百多幅繪畫，其中許多是印象派的作品。為了拯救這些傑作，許多聯合起來的藝術團體所進行的努力，促進了藝術史的研究，最終，於1946年出版了約翰·雷瓦爾德（John Rewald）最重要的著作《印象派史》（History of Impressionism）。這些努力今天還在繼續，幫助將一些作品歸還給它們戰前的主人。

印象派作品導航

在1874年，印象派藝術家們能夠找到的唯一一處作品展出地就是納達爾的舊畫室。幸運的是，隨着印象派藝術的日趨流行，絕大多數博物館和美術館現在都有一些作品收藏。如果你想一飽眼福的話，下面為你提供一些資料：

奧賽博物館（Musée d'Orsay），巴黎
藏品包括：德加的《苦艾酒徒》；加里波特的《刨地板者》；馬奈的《奧林比亞》、《草地上的野餐》；莫奈的《盧昂大教堂》、《聖拉查爾火車站》、《睡蓮》、《乾草堆》、《花園裡的女人》；雷諾阿的《加萊特磨坊的舞會》；西斯萊的《馬爾港的洪水》；惠斯勒的《畫家母親的肖像》。

馬莫坦博物館（Musée Marmottan），巴黎
藏品包括莫奈自己的藝術收藏，由莫奈之子米歇爾遺贈。

雷諾阿藝術館（Musée Renoir）, Cagnes-Sur-Mer
雷諾阿的宅邸。

克洛德·莫奈藝術館（Musée Claude Monet），吉維尼
莫奈的宅邸和藏品。

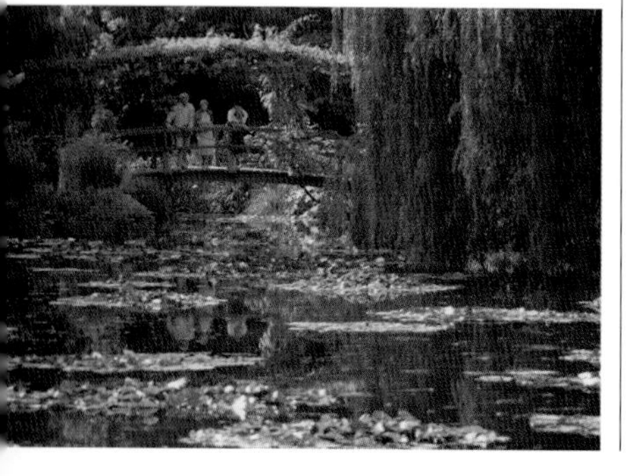

保羅·塞尚藝術館（Musée de L'Atelier de Paul Cézanne）
包括塞尚的私人收藏。

法布爾博物館（Musée Fabre），蒙彼利埃
巴齊耶作品的善本。

普希金美術博物館（Pushkin Museum of Fine Arts），莫斯科
包括莫奈的《卡布辛尼大道》和畢沙羅的《歌劇院大街》。

新國家美術館（Neue Nationalgalerie）
包括雷諾阿的《麗莎和吉普賽女郎》。

沃爾拉夫—理察茲博物館（Wallraf-Richartz Museum），科隆
包括西斯萊的《漢普頓·科特大橋》。

Neue Pinakothek，慕尼黑
包括馬奈的《在阿奈德依河上船中作畫的莫奈》。

庫恩斯特博物館（Kunstmuseum），巴塞爾
包括畢沙羅的《拾穗》。

莫奈在吉維尼的花園和睡蓮池塘現已對外開放，供人參觀。

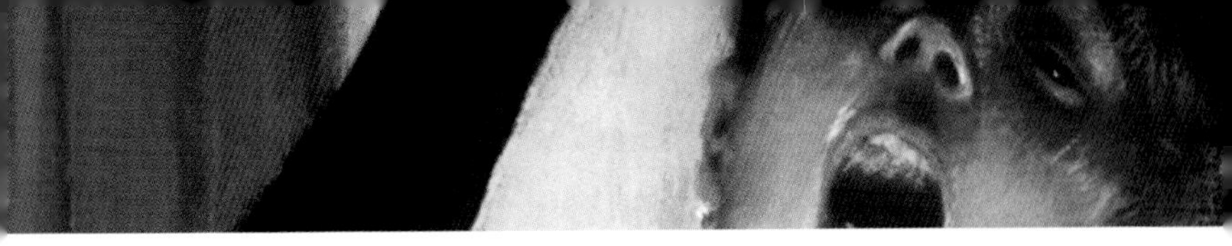

費茨威廉博物館（Fitzwilliam Museum），劍橋
包括莫奈的《白楊樹》。

考陶爾德藝術館（Courtauld Institute），倫敦
包括馬奈的《費里—貝熱爾酒吧》和雷諾阿的《包廂》。

國家美術館，倫敦
包括塞尚的《浴女》；德加的《費爾南多馬戲團的拉拉小姐》；馬奈的《槍決馬克西米連》殘品；莫奈的《威斯敏斯特的泰晤士河》；畢沙羅的《下諾伍德》；雷諾阿的《雨傘》和修拉的《阿涅爾浴場》。

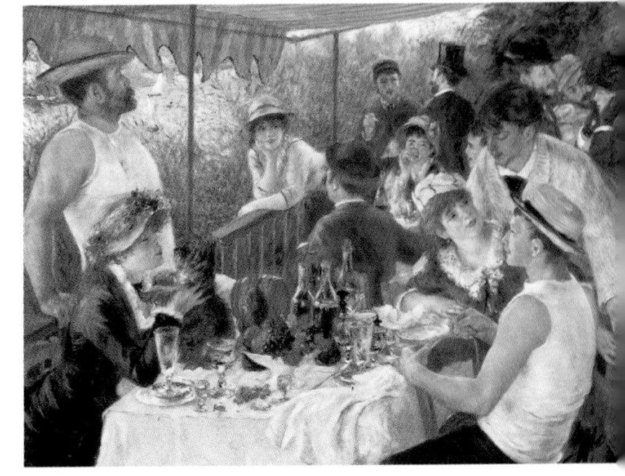

菲利普珍藏品展上的雷諾阿作品——《遊船上的午餐》（1880～1881）。

泰特美術館（Tate Gallery）
包括德加的《小舞者》。

美術博物館（Museum of Fine Arts），波士頓
包括莫奈的系列作品和《日本女人》；雷諾阿的《Bougival的舞會》；卡薩特的《五點鐘的下午茶》。

芝加哥美術館（Art Institute of Chicago）
包括加里波特的《巴黎大街》；塞尚的《馬賽海灣》；修拉的《大碗島的星期天下午》。

克里弗蘭美術博物館（Cleveland Museum of Art）
包括雷諾阿的《三浴女》。

紐約大都會美術館（Metropolitan Museum of Art, New York）
包括德加的《羅伯特．迪亞博的芭蕾舞》；莫奈的La Grenouillère 以及《白楊樹》和《乾草堆》系列的部分作品。

紐約現代美術館（Museum of Modern Art, New York）
包括塞尚的《靜物：蘋果》以及一間莫奈《睡蓮》系列的專門展室。

費城美術博物館(Philadelphia Museum of Art)
包括德加的《舞蹈課》；莫奈的《艾普特河畔的白楊樹》、《日本橋》和《吉維尼的睡蓮池塘》。

國家美術館（National Gallery of Art），華盛頓
包括馬奈的《鬥牛士》；畢沙羅的《開花的果樹》和雷諾阿的《整理頭髮的浴女》。

菲利普珍藏系列（Phillips Collection），華盛頓
包括雷諾阿的《遊船上的午餐》。

藝術流派速讀篇

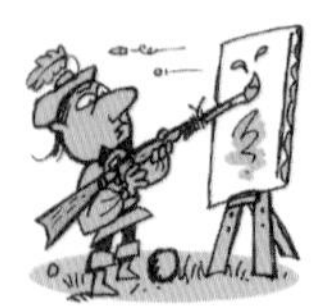

這些瘋狂的藝術運動！簡直是此起彼伏，令人應接不暇，藝術家們還隨意地穿梭於其間。以下是關於重要流派和術語的簡單總結。還在困惑之中嗎？來看看吧……

抽象印象主義（Abstract Impressionism）
利用潛意識去構建形狀和色彩，而不去過多地考慮完成後是否一幅可辨識的作品。莫奈的許多完稿都屬於這一流派。

美學運動(Aesthetic Movement)
19世紀晚期的哲學和藝術運動，將美視為至高無上的理念，是比爾茲利和王爾德思想的延續。

新藝術運動（Art Nouveau）
1890年代席捲歐洲的藝術運動，其中的文學分支最引人注目。

工藝運動（Arts and Crafts）
英國維多利亞時代晚期的運動，崇尚簡單的手工模型和設計，以對抗維多利亞時代裝飾過分繁冗的工廠製品。

先鋒派（Avant-Garde）
在藝術或文學領域的先鋒和改革家。

明暗對照法（Chiaroscuro）
光和影的混合，以前在繪畫中很難表現。

補色（Complementary Colors）
兩種顏色結合在一起能夠配成完整的色譜。紅色和綠色、藍色和橙色、黃色和紫色都互為補色。

立體派（Cubism）
在二維的紙面上嘗試表現三維空間。這一藝術運動很大程度上是從塞尚的作品發展而來的。

點彩派（Divisionism）
修拉和西涅克對“點彩技法”（Pointillism）較為偏好的稱呼。

存在主義（Existentialism）
建立在個人自由和人類選擇基礎上的哲學，主要提倡者是薩特（Jean- Paul Sartre）。

表現主義（Expressionism）
故意誇張或扭曲線條和色彩以達到情緒化的效果：由梵高開創。

野獸派（Fauvism）
由包括馬蒂斯（人稱“野獸”）在內的一群藝術家開創的流派。他們使用平面的圖案和大膽的色彩自成一家。

家庭生活情景畫派（Intimisme）
由第二代印象派發起的運動。這些藝術家將現代生活的室內場景作為主題。

平版印刷術（Lithography）
製作海報的印刷過程，其理論基礎是水不會附於油性表面之上。

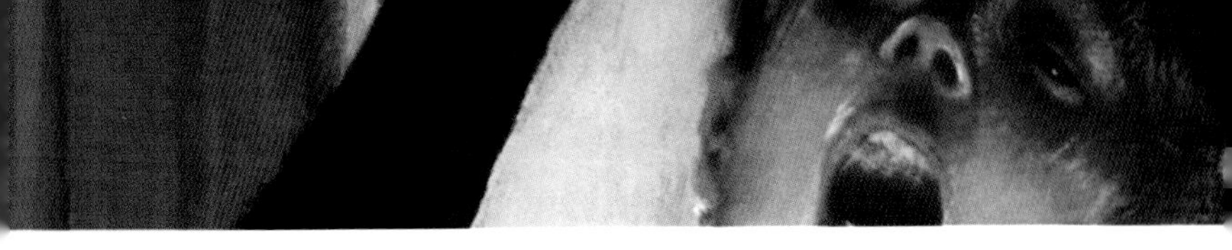

色塊畫派（Macchiaioli）
發展了一種特殊印象主義風格的意大利美術流派，獨立於主流印象主義之外。

納比斯畫派（Nabis）
與象徵主義相關的美術運動：畫家使用鮮艷的色彩，題材通常是宗教肖像。這一流派的名稱是希伯來語的“先知”一詞。

自然主義(Naturalism)
描繪人物和現代生活的原貌。

新印象主義（Neo-Impressionism）
這是對修拉領導的點彩風格的另一種叫法，由藝評家菲利克斯·裘南首創。

調色板（Palette）
畫家用來放置並混合顏料的平台。

點彩技法（Pointillism）
使用純色油彩點塗的技法。色彩在觀賞者的眼中混合，而不是在調色板上。

後印象主義（Post-Impressionism）
對於在印象主義的直接影響下出現的眾多革命性風格的稱呼。

原始主義（Primitivism）
與象徵主義相關的藝術運動。藝術家使用簡單而稚氣的繪畫方法。在很大程度上是在高更作品的基礎上萌芽的。

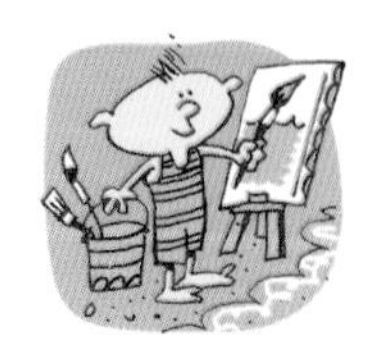

浪漫主義（Romantic）
18世紀末出現的具影響力的藝術和文化運動，反抗在啟蒙時期佔據主導地位的枯燥、傳統與毫無情感表現的風格。

沙龍（Salon）
法國的官方藝術展。從1667年起每年舉辦一次。亦指評選參展作品的專門團體。

超現實主義（Surrealism）
認為藝術家應當超脫於傳統方法去描繪現實的理念，與共產黨的聯繫日漸緊密。

象徵主義（Symbolism）
使作品的主題或作品本身成為情緒的象徵的藝術運動。

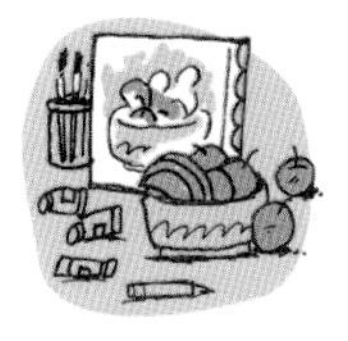

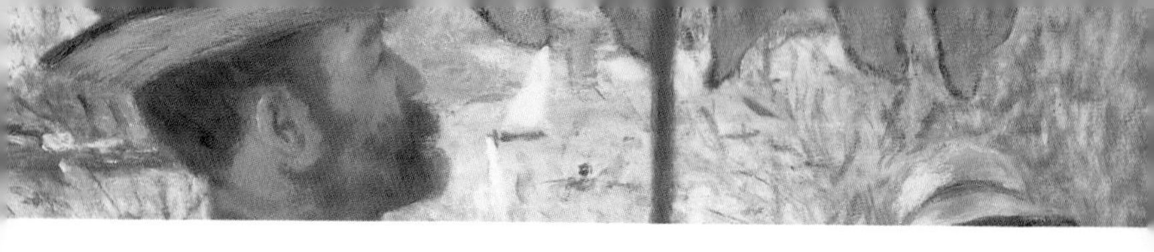

索引

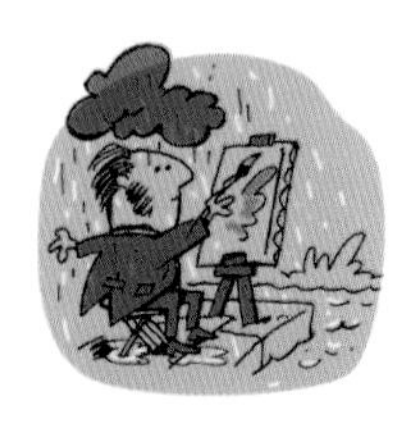

Abstract Impressionism 抽象印象主義 132-3
Aesthetic Movement 美學運動 38-9, 83, 124-5
Architecture 建築 30-1, 124
Art Nouveau 新藝術運動103, 119, 124-5
Arts and Crafts Movement 工藝美術運動119, 124

Bar at the Folies-Bergère 費里一貝熱爾酒吧 96-7
Baudelaire, Charles 查理．波德萊爾 28, 40, 56, 70-1, 76
Bazille, Frédéric 弗雷德里克．巴齊耶 19, 28-9, 42, 49, 56, 64-5
Beardsley, Aubrey 奧布里．比爾茲利83, 124
bohemianism 波希米亞風格76-77
Bonnard, Pierre 皮爾．勃納爾 85, 122-3
Boudin, Eugène 尤金．布丹 27, 50, 68
Bracquemond, Felix 費利克斯．布拉克蒙德 53
Burne-Jones, Edward 愛德華．伯恩一瓊斯83

Cafés 咖啡館 32, 45, 46, 48-9, 56-7, 58, 61, 76, 96, 97, 100
Caillebotte, Gustave 古斯塔夫．加里波特33, 73, 75, 78, 80, 86, 97
Cassatt, Mary 瑪麗．卡薩特 58-9, 64, 83, 84-5, 114, 120, 130
Cézanne, Paul 保羅．塞尚21, 36, 42, 45, 46-7, 50, 53, 56, 64, 68, 69, 72, 74, 86, 88-9, 106-7, 108, 111, 118, 132, 134, 136
Charigot, Aline 艾琳．查里哥特 91, 94
Chekhov, Anton 安東．契訶夫 116-17
Chevreul, Eugène 尤金．謝夫勒爾 22-3, 92, 104, 111
Cinema 電影院 126-7
Classicism 古典主義 94-5
Clemenceau, Georges 喬治．克列孟梭 57, 121, 129, 131
Constable, John 約翰．康斯太勃 16-17, 19, 20, 50
Corot, Jean-Baptiste-Camille 讓．巴普蒂斯特．卡米尤．柯羅 20-1, 27-8, 36, 45, 60, 66
Courbet, Gustave 古斯塔夫．庫爾貝 21, 25, 36, 38, 45, 64, 66, 76
Cubism 立體派 101

Daubigny, Charles 查理．杜比尼 20, 27, 66, 76
David, Jacques-Louis 雅克．路易．大衛 13, 15
Debussy, Claude 克洛德．德彪西 106-7
Degas, Edgar 埃德加．德加 29, 35, 38, 56, 57-60, 64, 68, 72-8, 82, 84-8, 91, 92, 94, 96, 97, 102, 104, 105, 108-9, 117-19, 122, 124, 126-7, 129, 130-1, 132
Delacroix, Eugène 尤金．德拉克羅瓦 18-19, 66
Denis, Maurice 茅里斯．德尼 88
Divisionism 點彩派 23
drama 戲劇 116-17, 123
Dreyfus Affair 德雷福斯事件 58, 71, 130
Durand-Ruel, Paul 保羅．迪朗一呂埃爾 64-7, 74, 84, 90, 94-5, 97, 114-15, 118, 120-1

Edison, Thomas 托馬斯．愛迪生 126
Einstein, Albert 阿爾伯特．愛因斯坦 134-5
exhibitions 作品展 37, 58, 61, 64, 66-7, 74, 84, 100, 114, 124, 137
Expressionism 表現主義 101, 132

Fantin-Latour, Henry 亨利．范丁．拉圖爾30, 56, 60-1
Flaubert, Gustave 古斯塔夫．福樓拜 25, 71
Franco-Prussian War 普法戰爭30, 32, 42, 50, 60, 64-6, 81
Freud, Sigmund 西格蒙德．弗洛伊德 134-5

Gare Saint-Lazare 聖拉查爾火車站 80-1
Gaudi, Antonio 安東尼．高迪 125
Gauguin, Paul 保羅．高更98-9, 106, 107, 110, 116, 117, 118, 122, 130-1, 133, 135
Giorgione 喬爾喬涅 54
Giverny 吉維尼 50, 51, 57, 115, 120, 128, 130, 136
Gleyre, Charles 查理．格萊爾42, 48, 50, 115
Goya, Francisco 弗朗西斯科．戈雅 14-15
Guillaumin, Armand 阿曼德．吉約曼 68-9

Haussman, Georges E．喬治．E．奧斯曼 32-3
Hiroshige, Ando 安藤廣重 35
Hokusai, Katsushika 葛飾北齋 35, 104-5
Huysmann, Joris-Karl 朱里斯一卡爾．于斯曼 89-0

Ibsen, Henrik 亨利克．易卜生

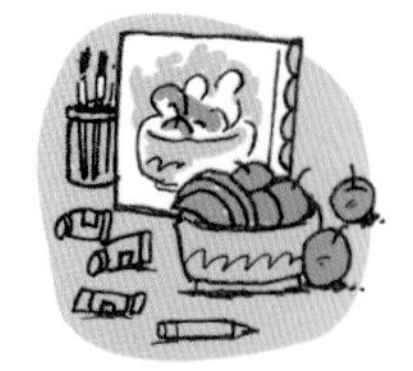

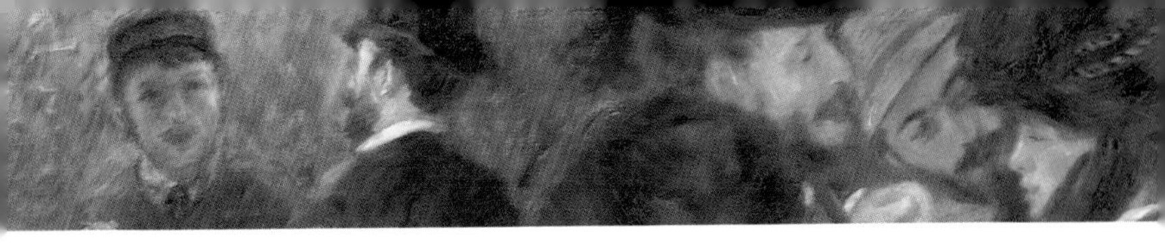

116-7
Italy 意大利 92, 113, 123

Japan 日本 34-5, 57, 81, 101, 105, 110, 115, 118-9, 122, 123, 124, 128, 137
Jongkind, Johan B. 約翰・B・戎金 27

Klimt, Gustav 古斯塔夫・克里木特 125

L'Etoile 明星 86-7
Louis Napoleon 路易斯・拿破侖 25
Luce, Maximilian 馬克西米連・魯斯 111

Mackintosh, Charles Rennie 查爾斯・倫尼・麥金托什 124
Mallarmé, Stephane 斯蒂芬・馬拉梅 71, 104, 105, 131
Manet, Édourad 愛德華・馬奈 14, 15, 25, 26, 28, 36, 38, 40-2, 47, 50, 52-6, 58, 60, 64-5, 70, 72, 75, 77, 91, 94, 95, 106, 136
Marx, Karl 卡爾・馬克思 134-5
Matisse, Henri 亨利・馬蒂斯 93, 122, 130
Meurent, Victorine 維多利娜・繆蘭特 55
Millet, Jean-Francois 讓・弗朗西斯・米勒20, 26
Monet, Claude 克洛德・莫奈 19, 21, 23, 25-6, 28, 33, 34-6, 42, 49-51, 57, 60-4, 66-8, 70, 72, 75, 77, 80-1, 83, 84, 90, 102-4, 106, 107, 114, 115, 117, 119-21, 126, 128-33, 136-7
Morisot, Berthe 貝特・摩里索 41, 59, 60-1, 64, 68, 84, 85, 136
music 音樂 102-3
Muybridge, Eadweard 伊德韋爾德・邁布里奇 91, 126

Nadar 納達爾 28-9, 57, 68
Napoleon III 拿破侖三世 32, 53, 64

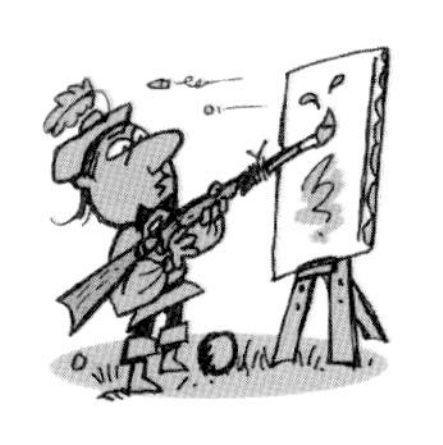

Neo-Impressionism 新印象主義 98-9

photography 攝影 28-9, 91, 106, 126-7
Pissarro, Camille 卡米爾・畢沙羅 21, 30, 36, 37, 40, 42, 44, 46-7, 48, 50-53, 56, 64-9, 81, 98-100, 104, 121, 130-1, 137
Pointillism 點彩技法 23, 92-3, 98-9, 113
Post-Impressionism 後印象主義 106-7
Poussin, Nicolas 尼古拉斯・普桑 16, 17
Primitivism 原始主義 101, 102-3

Raphael 拉斐爾 90-1
Renoir, Pierre-Auguste 皮爾一奧古斯都・雷諾阿14, 21-2, 33, 40-1, 42-3, 46, 48-9, 53, 56, 60-3, 65-8, 72-4, 76, 77, 84, 87, 89-91, 94-5, 98, 102, 104, 106, 115, 121, 128, 129, 130-1, 136, 137
Robinson, Theodore 西奧多・魯賓遜 115
Rodin, Auguste 奧古斯都・羅丹 50-1, 102-3
Romanticism 浪漫主義 12-14, 16, 20, 24, 26, 42, 94
Ruskin, John 約翰・羅斯金 39, 80-1

Sargent, John Singer 約翰・辛格・薩金特 108, 109, 114
Seurat, Georges 喬治・修拉 36, 92-4, 98-9, 110-11
Sickert, Walter 沃爾特・西客爾特 108-9, 114, 123
Signac, Paul 保羅・西涅克 93, 98-9, 111
Sisley, Alfred 艾爾弗雷德・西斯萊 42, 44-5, 65, 68, 73, 130
Steer, Wilson 威爾森・斯蒂爾 108-9
Strindberg, August 奧古斯特・斯特林堡 116-17
Surrealism 超現實主義 133
Symbolism 象徵主義 102, 107, 113, 125
Synthetism 綜合主義 102-3

theater 劇院 116-17, 123
Tiffany, Louis 路易斯・蒂凡尼 124-5
Toulouse-Lautrec, Henri 亨利・土魯斯—羅特列克 35, 118-19, 130-1
Turner, Joseph M・W・約瑟夫・透納 18, 19, 50

Van Gogh, Vincent 文森特・梵高 35, 100, 106, 107, 108, 112-13, 118, 133, 136-7
Vuillard, Édouard 愛德華・維亞爾 81, 122-3

Waterlilies 睡蓮 128-9
Whistler, James 詹姆斯・惠斯勒 36-7, 38-9, 42-3, 44, 52-3, 61, 76, 82-3, 95, 109
Wilde, Oscar 奧斯卡・王爾德 38, 124

Zola, Emile 埃米爾・左拉 25, 40, 47, 51, 56, 70-1, 73, 90, 96, 113, 116

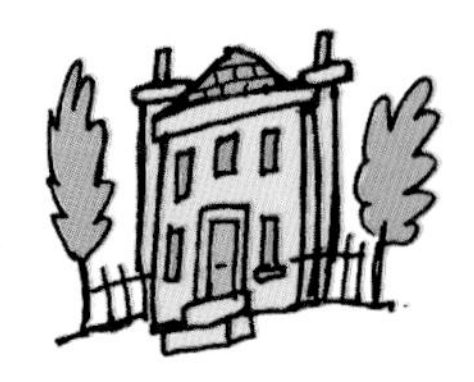

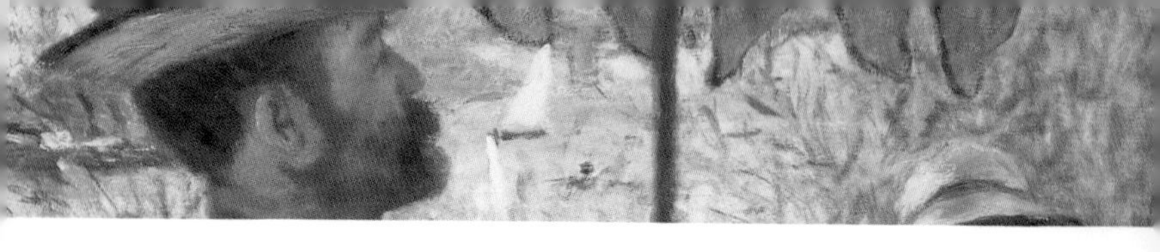

照片來源

THE ART ARCHIVE, LONDON:
pps.16/7 The National Gallery London, 23, 25B, 26 Musée d'Orsay Paris, 114.

AKG,LONDON:
pps.12 Stadelsches Frankfurt, 15 Musée Historique Palais de Versailles Paris, 21 Dresden Gemaldegalerie, 27 Neue Pinakothek Munich, 47 Museu des Arte Sao Paulo, 48 Museum Fokwang Essen, 50/1, 121 Musée Marmotton Paris, 66, 67, 70, 78/9 Ordrupgaardsamlingen, 82, 95BL Prof. Dr. H. C. Herman Schnabel Hamburg, 85TR Institute of Arts Minneapolis, 106, 115 Kunsthalle Hamburg, 133 Nolde Foundation AKG/S. Dominigue – M.Rabatti: 54 Galleria dell Accademia Venice AKG/Erich Lessing: 13 Napoleon Museum Paris, 14 Museo del Prado Madrid, 18 The Louvre Paris, 32/3 Art Institute of Chicago, 39 The Tate Gallery London, 63, 107 Puskin Museum Moscow, 65 Stadtische Kunsthalle Mannheim, 81 Petit Palais Paris, 89, 92/3 Tate Gallery,London, 97 Musée des Beaux Arts Lyon, 105 Metropolitan Museum New York, 118 Musée Toulouse Lautrec Albi, 125T Galerie Welz Salzburg, 132 Musée d'Orangerie Paris AKG/Erich Lessing/Musée d'Orsay Paris: 20, 28, 37, 38, 44/5, 46, 49, 52, 55, 58, 60, 61, 68, 69, 71, 72, 74, 75, 77T, 80, 86, 88, 112/3, 120/1, 122, 137

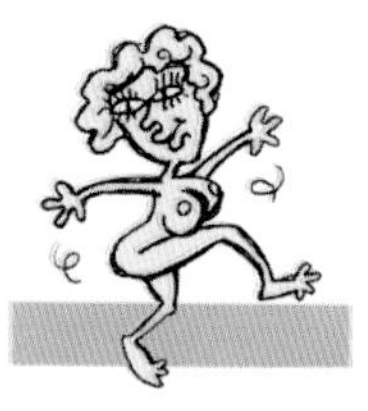

THE BRIDGEMAN ART LIBRARY,LONDON:
pps. 22, 30 Art Institute of Chicago, 24 Scottish National Portrait Gallery Edinburgh, 57 Burrell Coll Glasgow,76 Galerie Daniel Malingue Paris, 90 Phillips Coll Washington, 96 Coutauld Gallery London, 98 Fine Arts Museum of San Fransciso California, 101 National Gallery Scotland, 108 Fitzwilliam Museum University of Cambridge, 130, 134/5 Banca Populaire L'Novara, 135 Hermitage St. Petersburg, 136 BAL/Giraudon: 34 Museum of Fine Arts Boston, 36/7 Musée d'Orsay BAL/Roger-Viollet: 102TR Musée d'Orsay Paris, 129 BAL/Peter Willi: 25T Musée des Beaux Arts Rouen, 128 Musée des Beaux Arts Caen

CORBIS,LONDON:
pps. 29T Alexander Burkatowski, 42/3, 100 Archivo Iconografico, 56, 85 Burstein Coll, 93 Edimedia, 103 Bruce Burkhardi, 110, 126 Bettman: 111Corbis/Francis G. Mayer, 116, 127T, Corbis/Hulton Deutsch, 117 Austrian Archives, 125BR James L. Amos, 125BL Peter Harholdt, 127B Christies, 131 Franz Marc Frei Corbis/National Gallery Collection, 40/1, 62, 87 By Kind Permission of the Trustees of the National Gallery, London Corbis/Philadelphia Museum of Art: 59, 84, 94, 99

版權持有者